D0886343

OPERACIÓN
VALKIRIA

OPERACIÓN
VALKIRIA

JESÚS HERNÁNDEZ

nowtilus

Colección: Historia Incógnita
www.historiaincognita.com

Título: Operación Valkiria
Autor: © Jesús Hernández

Copyright de la presente edición: © 2008 Ediciones Nowtilus, S.L.
Doña Juana I de Castilla 44, 3º C, 28027 Madrid
www.nowtilus.com

Editor: Santos Rodríguez
Coordinador editorial: José Luis Torres Vitolas

Diseño y realización de cubiertas: Carlos Peydró
Diseño del interior de la colección: JLTV
Maquetación: Claudia Rueda Ceppi

Reservados todos los derechos. El contenido de esta obra está protegido
por la Ley, que establece pena de prisión y/o multas, además de las correspondientes
indemnizaciones por daños y perjuicios, para quienes reprodujeren, plagiaren,
distribuyeren o comunicaren públicamente, en todo o en parte, una obra
literaria, artística o científica, o su transformación, interpretación o ejecución artística
fijada en cualquier tipo de soporte o comunicada a través de cualquier
medio, sin la preceptiva autorización.

ISBN-13: 978-84-9763-520-2
Fecha de edición: Septiembre 2008

Printed in Spain
Imprime: Gráficas Díaz Tuduri S.L.
Depósito legal: BI-2332-08

Índice

Introducción

El 20 de julio de 1944 es una fecha destacada en la cronología de la Segunda Guerra Mundial. Ese día, el coronel Claus von Stauffenberg colocó una bomba a un metro escaso de Adolf Hitler, mientras se celebraba una conferencia en el Cuartel General del *Führer* en Rastenburg. El artefacto estalló, pero una increíble cadena de casualidades y coincidencias hizo que el dictador germano saliese ileso del atentado. El golpe de Estado que se desarrolló en Berlín a continuación también sería víctima de la fatalidad, lo que le condenaría al fracaso. Nunca antes estuvo el régimen nazi tan cerca de ser derribado, pero de forma milagrosa éste sobrevivió, al igual que su líder. Es comprensible que Hitler quedase convencido tras el frustrado intento de asesinato de que la Providencia estaba de su parte.

Las doce horas transcurridas entre el estallido de la bomba y el aplastamiento final del golpe han sido narradas en innumerables libros, y han sido llevadas al cine en varias ocasiones. Difícilmente encontraremos otro hecho histórico que haya sido analizado tan minuciosamente, prácticamente al minuto. Eso puede llevar a creer que conocemos con

DER SPIEGEL

20. Juli 1944
Protokoll eines Staatsstreiches

exactitud todo lo ocurrido ese día, pero nada más alejado de la realidad; paradójicamente, los historiadores no se ponen de acuerdo sobre muchos de los detalles que conformaron esa histórica jornada. Si tomamos al azar dos obras referidas al 20 de julio, comprobaremos de inmediato cómo difieren las versiones presentadas por cada uno de los autores, llegando seguramente a contradecirse.

Para confeccionar el presente trabajo ha sido necesario llevar a cabo una investigación más propia de las que suelen aparecer en las novelas policíacas. En esos casos, ante un mismo hecho criminal, el inspector procede a recoger las versiones proporcionadas por los testigos; pese a lo reciente del hecho, estos testimonios diferirán enormemente dependiendo del lugar que ocupaba en ese momento preciso cada uno de los que presenciaron el crimen, aunque al final, para asombro del lector, el protagonista logrará encajar todas las piezas del rompecabezas, descubriendo así al culpable. Pero en el caso del complot del 20 de julio, hay que tener presente que casi todos los testigos fueron ejecutados o se suicidaron antes del final de la guerra y que los supervivientes no dejarían sus impresiones por escrito hasta una, dos o incluso tres décadas después del suceso.

En estas circunstancias, intentar reconstruir lo ocurrido aquel día se antoja una misión imposible. En cuanto el investigador cree haber completado el rompecabezas de las diferentes versiones, encajando una pieza aquí y otra allá, siempre aparece una nueva a la que no se le encuentra acomodo y que amenaza con poner en entredicho el trabajo de reconstrucción realizado hasta ese momento. Intentar conocer en detalle lo que pasó el 20 de julio de 1944 se ha convertido en un trabajo de Sísifo que ha puesto a prueba la paciencia de los historiadores.

Como se ha apuntado, los elementos con los que cuentan los investigadores son muy limitados. La mayor parte de los documentos relativos al complot fueron destruidos por los propios conspiradores o sus

Portada de la revista alemana *Der Spiegel* de julio de 1994, dedicada a la conmemoración del cincuenta aniversario del atentado del 20 de julio.
La acción de Stauffenberg se sigue recordando cada año en Alemania, como homenaje a todos aquellos que se enfrentaron a la dictadura de Hitler.

familiares y amigos. Los que cayeron en manos de las autoridades nazis serían destruidos también, después de servir para incriminar a miles de sospechosos, y los pocos documentos que sobrevivieron perecerían bajo los bombardeos.

La fuente principal de información es el trabajo llevado a cabo por la Gestapo en los días posteriores al atentado, recopilado en unos informes que eran remitidos diariamente a Hitler, y que son conocidos como los Informes Kaltenbrunner. Pero el valor de estos informes es muy discutible, puesto que no se citan largas declaraciones, sino frases aisladas, fuera de contexto, y aderezadas con comentarios del compilador, más preocupado por establecer la bajeza moral de los implicados que de descubrir la verdad. Además, muchas manifestaciones no son reflejadas de forma textual, sino que son expuestas en palabras del funcionario de la Gestapo encargado del interrogatorio.

A esta escasez de fuentes fiables, hay que sumar las especiales circunstancias que vivió Alemania en los años posteriores. Hasta el final de la guerra, el recuerdo del atentado del 20 de julio se fue diluyendo hasta olvidarse casi por completo; los alemanes, intoxicados por la propaganda y aterrorizados por la represión policial, llegaron a convencerse de que, tal como habían repetido hasta la saciedad las autoridades nazis, el complot había sido obra de "una reducida camarilla de oficiales criminales". La brutal venganza contra los conjurados disuadió a los sectores descontentos del Ejército de intentar organizar otro golpe. Los alemanes cerraron filas con el régimen nazi y, de hecho, ya no se produciría ningún nuevo intento de atentado.

Tras la derrota de Alemania, a los vencedores —tanto los occidentales como los soviéticos— no les interesó que aflorase el conocimiento de las actividades llevadas a cabo por la resistencia al régimen nazi, más numerosa y organizada de lo que se suele creer. Es posible que los Aliados quisieran evitar que quedase así al descubierto su falta de apoyo a estos movimientos, o que deseasen culpabilizar al conjunto de la sociedad alemana, sin excepciones, de haber servido de sustento a la causa nazi, para poder así disfrutar de una superioridad moral sobre los vencidos que les ayudase a imponer las nuevas reglas. Las autoridades ocupantes se oponían a la publicación de artículos o libros sobre el tema. Sea por la razón que sea, la oposición al nazismo se convirtió en un tabú que sólo un par de décadas más tarde comenzó a ser derribado, cuando los alemanes se decidieron a restituir a su país el crédito moral perdido en el traumático período del Tercer Reich.

El complot del 20 de julio quedó también oculto tras esa cortina de silencio. La consecuencia es que, tal como se ha avanzado, cuando los testigos rompieron a hablar ya había pasado demasiado tiempo. Los recuerdos ya no tenían la frescura necesaria y se confundían unos hechos con otros, o se fundían en uno solo. Además, no eran pocos los que habían "elaborado" esos recuerdos con el fin, consciente o no, de atribuirse una importancia en el complot mayor de la que se tenía en realidad, o los que decían haber presenciado escenas que se contradecían con la lógica temporal. La consecuencia de todo ello es que los historiadores han debido hacer un esfuerzo titánico para reconstruir de forma aceptable lo ocurrido ese día, y han tenido que aceptar que algunos puntos permanecerán para siempre en la oscuridad, ante la imposibilidad de establecer una verdad histórica inequívoca.

Por lo tanto, el lector ha de acercarse a este trabajo consciente de estas limitaciones. Por mi parte, he intentado ceñirme lo más posible a la versión de los hechos comúnmente aceptada. Todo el relato que figura a continuación ha sido elaborado siguiendo las conclusiones de los investigadores. Cada diálogo aquí reproducido está basado en fuentes precisas y dignas de credibilidad. Cuando una afirmación ha sido objeto de controversia entre los historiadores, se indica la existencia de esta discrepancia. Con todo ello se ha intentado confeccionar un relato lo más ajustado posible a la realidad.

Pero si, tal como se ha señalado, resulta difícil ofrecer garantías de que la narración de lo sucedido el 20 de julio responda efectivamente a la verdad, cuando intentamos aproximarnos a la personalidad del gran protagonista de aquella jornada, Claus von Stauffenberg, nos encontramos, por desgracia, en la misma tesitura.

Si el coronel Stauffenberg hubiera logrado su propósito, con toda seguridad hoy conoceríamos casi todos los detalles de su vida y su personalidad. Si sus biógrafos hubieran nadado en documentos relativos a él, dispondríamos de sus escritos y sus cartas, por lo que no sería muy difícil hacernos una idea de cómo era aquel decidido soldado que tomó sobre sus hombros esa ciclópea responsabilidad.

Sin embargo, el destino no quiso que Stauffenberg consiguiese su objetivo. La Historia reservaba seguramente un lugar destacado para él, pero la fatalidad quiso que en un solo día pasase de poder convertirse en el verdugo del régimen nazi a ser asesinado precisamente por ese régimen que deseaba con todas sus fuerzas ver hundido. Su nombre quedaría ya ligado para siempre al fracaso del golpe del 20 de julio de 1944.

Con Stauffenberg muerto, la Gestapo llevó a cabo un meticuloso registro en su vivienda de Berlín y en casa de su familia, en Bamberg. Sus familiares quedaron de inmediato sometidos a una estrecha vigilancia. La policía nazi confiscó todos los documentos que hallaron, sin olvidar el más pequeño papel. Ese material, que hubiera sido de enorme interés para los historiadores, no ha podido ser recuperado; se desconoce por completo su paradero. Es muy posible que esa documentación quedase destruida en cualquier bombardeo, pero no es descartable que los soviéticos se apoderasen del archivo en que debían figurar esos papeles. Las pesquisas realizadas en los archivos occidentales han dado todas resultado negativo; no se conserva ni uno solo de sus papeles. Quizás, las notas de Stauffenberg reposan hoy en una polvorienta caja de un vetusto archivo ruso.

Los únicos testimonios personales de Stauffenberg con los que cuentan los investigadores son algunas cartas postales hoy en poder de sus destinatarios, una orden de la época de la campaña de Francia, un trabajo mecanografiado con algunas notas manuscritas y, por último, el texto editado de una conferencia pronunciada por Stauffenberg. Sin duda, la Gestapo no facilitó el trabajo de los futuros historiadores. Aparte de estas fuentes que proceden directamente de Stauffenberg, sin intermediarios, su rastro puede seguirse en otros documentos menores[1]. Y éstas son todas las fuentes primarias con las que cuentan los investigadores.

Evidentemente, con estos escasísimos mimbres, la misión de confeccionar una biografía del personaje se antoja casi como imposible. Por lo tanto, los historiadores han debido recurrir al testimonio de todos

---

1 En los Archivos Nacionales de Estados Unidos en Virginia se encuentra el diario de guerra de la sección de organización del Estado Mayor, que proporciona información de cierto interés sobre las actividades de Stauffenberg. En unos archivos alemanes, en Freiburg, se hallan algunas órdenes que Stauffenberg elaboró cuando era director del Grupo II de la Sección de Organización.

Claus Shenck von Stauffenberg, el autor del atentado contra Hitler. Sus biógrafos se han encontrado con muchas dificultades para trazar su recorrido vital, ya que casi toda la documentación relativa a su persona desapareció.

aquéllos que le conocieron. Afortunadamente, se conserva la transcripción de sus declaraciones, recogidas sobre todo en la década de los sesenta. Ésta es una fuente que resulta de gran utilidad, pese a aparecer mediatizada por apreciaciones personales y subjetivas.

Por tanto, el presente trabajo, cuyo objetivo es trasladar al lector todo lo sucedido aquel 20 de julio de 1944, será necesariamente incompleto. No obstante, considero que con la información que contamos puede tejerse de forma fidedigna el argumento de aquel episodio. Además, mi intención es ofrecerlo de modo que se mantenga el interés a lo largo de todo el relato, pese a que el desenlace sea ya conocido.

Para cumplir con este segundo objetivo, me he visto en la necesidad de descartar información cuya inclusión en la presente obra podía lastrar innecesariamente la narración. Hay que tener en cuenta que en el complot del 20 de julio intervinieron, de un modo u otro, cientos de personas y que al menos varias decenas merecen ser nombradas, pero las referencias a estos implicados habrían desviado la línea del relato, además de que nos habría llevado por las infinitas ramificaciones de los movimientos de resistencia al nazismo.

Mi intención ha sido la de simplificar al máximo el volumen de información, en aras de la agilidad y la amenidad del texto, por lo que creo pertinente ahorrar al lector el abrumador aluvión de datos que suelen proporcionar las obras de corte académico. De todos modos, para proporcionar al menos una referencia a estos personajes secundarios, al final del libro he incluido un capítulo dedicado a los protagonistas más destacados del episodio, en el que aparece un buen número de ellos. Además, ese capítulo puede ser utilizado por el lector como *dramatis personae* para situar de inmediato cada uno de los nombres que van apareciendo a lo largo del libro.

Espero que esta narración de los antecedentes, el desarrollo y las consecuencias del golpe del 20 de julio de 1944 no acuse los condicionantes aquí referidos y que el lector, además de conocer la historia, pueda disfrutar con el relato de la misma como si de una novela se tratase. El argumento ofrece todos los alicientes para ello; ahora es responsabilidad del autor trasladar al papel la emoción, la inquietud, la frustración, el miedo y la resignación —por este orden— que se vivió en aquella intensa jornada que a punto estuvo de cambiar la historia del siglo XX.

*En la guerra, causas triviales
producen acontecimientos trascendentales.*

JULIO CÉSAR

Al encuentro de la historia

Para comprender un acontecimiento histórico, no hay nada más recomendable que acudir al lugar en el que ese hecho tuvo lugar. Cuando uno conoce un episodio concreto de la historia mediante la lectura, como suele suceder en la inmensa mayoría de ocasiones, ese hecho llega a nosotros a través de un único sentido: la vista. Aunque uno pueda gozar de gran imaginación, y en su mente tomen vida sus protagonistas y se plasmen sus escenarios, es indudable que la capacidad para penetrar en su conocimiento es forzosamente limitada.

En cambio, cuando uno visita el lugar en el que ese suceso se desarrolló, pasan a intervenir los otros sentidos. Llegan a nosotros los sonidos y los olores que seguramente percibieron los que entonces actuaron en ese mismo lugar. Y también interviene un sexto sentido, difícil de definir o clasificar; se trata de una vibración especial, la inquietante sensación física de que allí, en ese mismo sitio, pervive de un modo u otro la emoción, el drama, el miedo o la alegría que unas décadas o unos siglos antes —qué más da— experimentaron los que ocupaban ese mismo espacio. En ese momento, el tiempo pasa a ser una variable irrelevante; lo que realmente importa es que tanto los personajes históricos como el visitante comparten las mismas coordenadas, hay una coincidencia real entre ambas realidades, y esa confluencia provoca un efecto tan poderoso como indescriptible.

Un ejemplo es el lugar actual bajo el que se encuentran las ruinas del búnker de Adolf Hitler, en Berlín. Allí fue donde el Tercer Reich vivió sus últimas jornadas, en las que discurrieron episodios dramáticos como el suicidio de Hitler y Eva Braun, y su inmediata incineración, o el de la familia Goebbels al completo. Tras la guerra, los rusos dinamitaron esa sólida construcción; sus gruesos muros permanecieron incólumes, pero los restos quedaron tapados por toneladas de tierra. La zona del búnker, que estaba situada en el Berlín Oriental muy cerca del Muro, fue reabierta en 1989 para construir unos bloques de viviendas y un aparcamiento de superficie para los vecinos. En la actualidad, eso es lo único que puede verse, un paisaje urbano como el de cualquier barrio residencial de cualquier ciudad. Sin embargo, la afluencia de aficionados a la Historia, y de turistas en general, es ininterrumpida.

La mayoría de los que acuden al lugar en el que se hallaba el *Führerbunker*, y que de hecho se encuentra casi intacto a quince metros de profundidad, lo hace por simple curiosidad. Tras un rápido vistazo en derredor, y comprobar que lo único que recuerda la existencia del búnker es un panel de información turística colocado sobre el césped contiguo al aparcamiento, la mayor parte de los turistas, tras un gesto de decepción, despliegan sus mapas de la ciudad y encaminan sus pasos hacia otro objetivo que resulte más agradecido con sus cámaras, como el *Checkpoint Charlie*, en donde incluso podrán encontrar figurantes disfrazados de soldados norteamericanos de la época, con los que podrán fotografiarse a cambio de una propina.

Aspecto actual del lugar bajo el cual se encuentra el búnker de Hitler, en Berlín. La habitación en la que el dictador y Eva Braun se suicidaron el 30 de abril de 1945 se localiza aproximadamente a unos 15 metros bajo el soporte de la barrera de entrada al aparcamiento.

Pero hay otros visitantes que, tras leer atentamente todas las explicaciones del panel, comienzan a deambular lentamente por el aparcamiento, comprueban en algún mapa la orientación y la extensión del búnker que en ese momento tienen bajo sus pies, miden mentalmente sus lados y su distribución, intentan imaginar sobre qué habitación o sala se encuentran, e intentan descubrir el lugar exacto bajo el cual existe aún la estancia en la que el dictador nazi y su esposa se quitaron la vida.

Para el que realmente quiere conocer lo que allí ocurrió, tiene poca importancia que su sentido de la vista sólo capte unos edificios impersonales, un aparcamiento con su correspondiente barrera de paso y unas suaves ondulaciones de cuidado césped. Su sexto sentido le hace percibir una difusa corriente que procede del subsuelo, que le transmite pequeños y casi imperceptibles fogonazos de las trágicas escenas que allí mismo, en ese exacto lugar, tuvieron lugar hace varias décadas. Al alejarse de allí, uno tiene la sensación de haber estado compartiendo una parte infinitesimal, pero real, de aquel drama wagneriano que supuso el último acto del hundimiento del Tercer Reich.

En busca de sensaciones similares, partí a finales del verano de 2007 rumbo a uno de los lugares más significativos de la Segunda Guerra Mundial, pese a ser casi desconocido para el gran público. Se trata de la conocida como Guarida del Lobo, *Wolfsschanze* en alemán o *Wolf's Lair* en inglés. Fue allí en donde la historia de Europa y del mundo pudo haber cambiado en menos de un segundo; en aquel mismo lugar, el 20 de julio de 1944, una bomba dejada por el conde Claus von Stauffenberg estuvo a punto de acabar con la vida de Hitler.

Esas instalaciones militares, que permanecen en un aceptable estado de conservación, se encuentran actualmente en Polonia, pero durante la guerra estaban situadas dentro del territorio alemán. El desplazamiento de fronteras decidido por Stalin y refrendado por sus aliados occidentales hizo que este lugar, situado en la Prusia Oriental, pasase a ser territorio polaco, quedando situado en el extremo nororiental del país. Son éstas unas tierras llanas y fértiles, punteadas por pequeños bosques, y que entonces estaban cuarteadas en extensas fincas; sus propietarios eran nobles germanos, los *junkers*, cuyas familias las poseían desde la época medieval. Allí, en esa región escasamente poblada y cercana a la frontera rusa, Hitler decidió en el verano de 1940 la construcción de un cuartel general. Se construyeron barracones de madera, así como búnkers con muros de tres metros de espesor. Con toda seguridad, ya en ese momento su mente estaba en la campaña contra la Unión Soviética, que sería lanzada el 22 de junio de 1941.

A partir de esa fecha, con la que daba comienzo la Operación Barbarroja, la Guarida del Lobo pasó a ser el principal Cuartel General de Hitler. Estas instalaciones se encuentran a seis kilómetros de la ciudad polaca de Ketrzyn. Esa ciudad era conocida, cuando formaba parte de Alemania, con el nombre de Rastenburg, por lo que muchas veces se denomina a ese cuartel con el nombre de la ciudad. Rastenburg es pequeña y agradable, y puede advertirse claramente la herencia del periodo alemán, por la inconfundible silueta de sus iglesias y edificios. La larga era comunista ha dejado como herencia muchos bloques residenciales típicos de esa época, lo que desluce considerablemente el conjunto de la ciudad. Aunque se percibe un intento de contrarrestar esa uniformidad de estilo soviético con la rehabilitación de los edificios supervivientes de la época germana, es necesario realizar un esfuerzo para visualizarla como era entonces.

Durante la guerra, los habitantes de la apacible Rastenburg sabían que allí cerca había una base militar, pero nadie se imaginaba que allí pudiera estar el *Führer*. El temor de la población a la policía política del régimen hacía que nadie formulara preguntas inconvenientes, por lo que la presencia de Hitler en la zona pasó inadvertida para todos ellos.

En la actualidad, la Guarida del Lobo sigue siendo, en cierto modo, tan ignorada para sus habitantes como lo pudo ser en aquel momento. Ketrzyn, la antigua Rastenburg, no es un polo de atracción turística; los enclaves que atraen a los visitantes se encuentran más al este, en los lagos Masurianos. Allí pueden acampar, realizar rutas fluviales, practicar deportes acuáticos o descansar en alguno de los numerosos hoteles de la zona. Pero Ketrzyn no ofrece ninguno de esos atractivos, y tiene que conformarse con ser una lánguida ciudad provinciana, en la que se intuye que disfrutó de tiempos mejores, pero que hoy habita en la nostalgia por ese esplendor pasado que difícilmente volverá.

Aun así, cuando llegué a Ketrzyn, pude advertir el encanto de las escasas calles que conservan aún el ambiente germano de aquella época. Los aires del Báltico, trasladados de forma inconfundible a la arquitec-

Imagen del centro de Ketzryn. Cuando esta localidad polaca pertenecía a Alemania, su nombre era Rastenburg, un nombre por el que también era conocido el Cuartel General de Hitler, situado a solo seis kilómetros. Durante la guerra, sus habitantes no supieron nunca nada de la cercana presencia del dictador.

tura, transportan al visitante a esos tiempos que movían a la reflexión y a la melancolía, un bálsamo en la ajetreada vida moderna. Tenía la sensación que, de un momento a otro, iba a cruzarme con Immanuel Kant, el filósofo prusiano que vivió toda su existencia en la cercana Königsberg, hoy ciudad rusa con el nombre de Kaliningrado, y cuyos puntuales paseos servían —según cuenta la leyenda— para que sus vecinos pusieran en hora los relojes.

A la antigua Rastenburg había llegado yo como los auténticos viajeros, ligero de equipaje. Pero eso no había sido por decisión propia, sino por la incompetencia de la compañía aérea que me había llevado hasta Varsovia. La inexplicable pérdida de la impedimenta facilitaba, eso sí, la capacidad de desplazamiento de mi expedición unipersonal, pero en ese momento no dejé de acogerla con un gran fastidio. Lo que no sabía era que, como se verá más adelante, el destino me tenía reservada una razón para agradecer ese extravío.

Desde Ketzryn me dispuse a ir a la *Wolfsschanze*. Existe una línea de desvencijados autobuses que une las aldeas de la zona y que tiene parada en ese lugar, pero debido a sus erráticos horarios fui aconsejado de tomar un taxi, lo que hice a primera hora de la mañana. El amable conductor me llevó por la estrecha carretera que, serpenteando entre huertos, campos y algún riachuelo, lleva hacia el pueblo de Gierloz, cuyo nombre era Görlitz en la época germana. Antes de llegar a él se encuentra el cuartel general de Hitler, que los polacos llaman *Wilczy Szaniec*, de traducción "la Guarida del Lobo".

En un inglés básico, el conductor me habló de las citas que mantenía el *Führer* con su *girlfriend* Eva en un pequeño refugio situado a la derecha de la carretera que cruza el cuartel, recomendándome que acudiera a verlo. Los turistas a los que, seguramente, solía repetir una y otra vez esa historia, no debían saber que Eva Braun nunca visitó esas instalaciones, pero simulé sorprenderme por la revelación y le prometí que iría a ver la cabaña en la que se celebraban esos encuentros románticos.

El taxi siguió rodando por la bucólica carretera, meciéndome con sus suaves curvas, hasta que comenzó a descender en línea recta hacia un bosque que quedaba oculto tras un cambio de rasante. De inmediato supe que estábamos a punto de adentrarnos en la Guarida del Lobo. El luminoso día quedó velado por las hojas de los altos y frondosos árboles, sumiéndonos en una repentina penumbra. Casi de golpe, la temperatura en el interior del taxi bajó unos grados.

El conductor paró el vehículo en la puerta de acceso al recinto y, tras recibir una generosa propina, se ofreció a venir a buscarme cuando acabase mi visita. Al contemplar la desangelada parada de autobús situada al borde de la carretera, en un estado de abandono que era difícil pensar que allí hubiera sido recogido algún pasajero en los últimos lustros, acepté sin dudar la oferta del taxista. Tras acordar que viniese a buscarme dos horas más tarde, emprendió el regreso a Ketrzyn.

Allí estaba yo, a las puertas de lo que había sido el Cuartel General de Hitler. Entonces había tres entradas, una en el este, otra en el oeste y la última al sur, así como tres zonas de seguridad antes de entrar en el perímetro del complejo propiamente dicho, con alambradas y zonas minadas. Hoy se accede directamente al interior de la segunda y, a diferencia de entonces, pude franquear ese perímetro sin ninguna dificultad, tan sólo satisfaciendo el pago de una entrada de importe más que moderado.

Lo primero que hallé fue un par de edificios bajos, pintados de color verde, que formaban una "L". Uno era un restaurante y otro un pequeño hotel. En la documentación de que disponía comprobé que esos dos edificios unidos estaban destinados a alojar a los oficiales que visitaban el cuartel. Muy próximos a estos dos edificios se encontraban los barracones de la guardia de las SS, el punto que marcaba la entrada a la zona de seguridad máxima del Cuartel General de Hitler.

El cuartel era en realidad un conjunto de casi cien construcciones bajas de hormigón, distribuidas por el bosque, en un orden aparentemente aleatorio. Había búnkeres, barracones, almacenes, oficinas, incluso una pequeña sala de cine. Los búnkeres estaban construidos con muros de hormigón de hasta diez metros de espesor, dispuestos con cámaras intermedias para aminorar el impacto de las explosiones.

El conjunto ocupa una extensión de 2,5 kilómetros cuadrados, sobre los 8 de la extensión total del bosque de Gierloz, que antaño fue un área de caza y recreo. En su construcción participaron 3.000 obreros alemanes; todo era alemán, incluso el cemento y el acero, que fue transportado expresamente desde Alemania. La primera estancia de Hitler tuvo lugar a finales de junio de 1941.

El complejo tenía la ventaja de estar cerca del territorio soviético y, además, estar protegido por la frontera natural que forman los lagos masurianos. En los alrededores de la Guarida del Lobo se establecieron otros centros de mando, todos ellos en un radio de cincuenta kilómetros; Secretaría del Tercer Reich, Jefatura del Ejército de Tierra, un Cuartel de Himmler, un Centro de Espionaje de la SS y un Centro de Espionaje militar.

Para que el Cuartel General de Hitler no pudiera ser detectado desde el aire, se camuflaron esos edificios e incluso los caminos, cubriéndolos con redes de hojas simuladas, que iban siendo cambiadas según la época del año, para confundirse perfectamente con el bosque.

En 1942 y 1943 se siguieron haciendo trabajos de construcción, reforzando con hormigón los barracones de madera que habían sido instalados anteriormente. Entre febrero y octubre de 1944 se construyeron dobles búnkers, cubriendo los muros de tres metros de grueso con una nueva estructura de cuatro metros de grosor, dejando medio metro de espacio y rellenando este espacio con piedra molida, para absorber mejor los impactos.

Este edificio destinado al alojamiento de los oficiales que acudían al Cuartel General de Hitler en Rastenburg es en la actualidad un restaurante.

Ante la proximidad de las tropas rusas, Hitler abandonó el Cuartel General el 20 de noviembre de 1944. El 4 de diciembre se cursó la orden secreta de destruir todo el complejo, con el nombre en clave de *Insel-sprung* ("volar la isla"), pero ésta no sería puesta en práctica hasta el 24 de enero de 1945. Se utilizaron entre ocho y diez toneladas de explosivos para volar cada búnker, pero esa cantidad no fue suficiente para destruirlos.

Tras la guerra, los rusos decidieron destruir lo que quedaba aún en pie. En el intento de demolición de cada búnker se volvieron a emplear unas diez toneladas de explosivos pero las sólidas construcciones tampoco no pudieron ser voladas por completo. Gracias a la solidez de sus muros, aquellos búnkers se conservan hoy en un aceptable estado. El trabajo que los soviéticos sí culminaron fue el de la desactivación de las más de 55.000 minas que rodeaban el complejo, una labor que les ocupó entre 1952 y 1955.

En la actualidad, se hace evidente que el lugar merecería estar mejor conservado, pero las autoridades se limitan a controlar el acceso y a pintar unos carteles con el aviso de "¡Peligro!" en varios idiomas, que indican que es peligroso meterse entre las ruinas de los búnkeres, un aviso que los turistas suelen ignorar.

EL LUGAR DE LA EXPLOSIÓN

Teniendo toda esa información presente, inicié el recorrido. Gracias a mi mapa, sabía que lo primero que encontraría, a mi derecha, sería el lugar que ocupaba el barracón en el que estalló la bomba de Stauffenberg. Caminando a paso rápido por el sendero que allí conducía, mi corazón se aceleraba, más que por el esfuerzo, por la emoción al acudir a ese encuentro con la Historia. A distancia, un claro en el bosque al lado derecho del camino me advertía de que aquél había sido el emplazamiento de aquella construcción; me aproximé y, en efecto, allí delante tenía el lugar que a las 12.42 del 20 de julio de 1944 sirvió de escenario para aquella tremenda explosión.

Despacio, me acerqué al sitio concreto en el que se produjo la deflagración: una viga de hormigón que había servido entonces de cimiento a la estructura. El punto exacto, ennegrecido aún por el efecto de la explosión, estaba señalado con una pequeña placa. Puse la palma de mi mano sobre ella. Era difícil reprimir un estremecimiento al compartir el espacio físico con aquel estallido brutal de luz amarillenta y calor infernal, aquella detonación seca que rompió los tímpanos, que hizo volar astillas y cristales, que hirió y mató en un instante. Todo ello lo capté en ese emocionante momento, como si el frío y húmedo hormigón quisiera transmitirme a través de la placa metálica su elocuente testimonio.

Una vez saboreado el *plato fuerte* nada más comenzar la visita, el resto de la misma amenazaba con convertirse en un tedioso anticlímax, pero nada más lejos de la realidad. Seguí caminando por el sendero marcado, contemplando los restos de varios edificios auxiliares, como el barracón destinado a las mecanógrafas, que aún se conserva en buen estado.

Al cabo de un rato, cuando comenzó a diluirse la excitación provocada por el contacto con el lugar exacto de la célebre explosión, sentí por primera vez como un frío húmedo penetraba a través de mi fina camiseta veraniega. En ese momento me acordé, y no en términos muy favora-

Aquí explotó a las 12.42 del 20 de julio de 1944 el artefacto explosivo dejado por Claus von Stauffenberg unos minutos antes. La placa señala el lugar exacto de la deflagración.

bles, de la línea aérea que me había traído a tierras polacas, y su falta de cuidado en la custodia de mi equipaje, aligerándome así de cualquier ropa de abrigo. Conforme fui adentrándome en el bosque, la sensación de humedad iba incrementándose. Las partes del suelo más sombrías aparecían embarradas y de las enmohecidas estructuras de hormigón pendían pequeñas estalactitas.

La sensación de frío fue máxima al llegar al búnker marcado con el número 13. Su ocupante, como no podía ser de otro modo, había sido Adolf Hitler. Fue en ese momento cuando comprendí que el destino me había reservado la misma experiencia que tantos visitantes a la Guarida del *Führer* habían sentido en su propia piel. Todos los que acudieron allí a la llamada del tirano coincidirían en el ambiente frío y húmedo que, en cualquier estación del año, rodeaba aquel lugar. Además, Hitler odiaba el sol y el calor, por lo que renunciaba incluso a la calefacción en su búnker. Ese ambiente gélido suponía una pesadilla para las secretarias que debían trabajar a sus órdenes.

Así pues, la experiencia en la *Wolfsschanze* era ya completa. Entendí perfectamente el estado depresivo que se abatía casi de inmediato sobre la mayoría de los que visitaban aquel complejo. El frío, la niebla, la densa humedad, conformaban una atmósfera opresiva e insana. Pero, afortunadamente, el destino no consideró necesario que conociera otro elemento habitual, como eran las nubes de mosquitos que solían infestar aquella zona semipantanosa.

Vistos esos dos puntos de interés, el emplazamiento del barracón en el que estalló la bomba de Stauffenberg y el búnker de Hitler, tan sólo restaba pasear entre los numerosos búnkers y edificios auxiliares distribuidos por el bosque.

Pero aún me quedaba por vivir otra experiencia excitante. Una vía férrea atraviesa el cuartel y a la entrada de éste existía un apeadero, al que llegaban tanto Hitler como sus visitantes, incluyendo jefes de Estado como el italiano Mussolini o el rumano Antonescu. Llevado por el atractivo que podía desprender ese lugar histórico, me encaminé hacia él. Llegué hasta la vía y comencé a caminar por ella, buscando con la mirada el célebre apeadero, tantas veces reproducido en innumerables fotografías; seguí andando más y más, alejándome del recinto y extrañándome de que pudiera estar a tanta distancia.

Continué caminando hasta que, tras una curva, perdí de vista el cuartel. El lugar había adquirido ya un aire irreal. La hierba alta cubría buena parte de los raíles y las traviesas, y podían verse en el suelo unas extrañas babosas de enorme tamaño, de un color naranja muy vivo. El zumbido de algún insecto rompía de vez en cuando el inquietante silencio. Entonces, allí, en mitad de la vía, tuve la sensación de que en cualquier momento iba a surgir de la cerrada curva una humeante locomotora negra, escupiendo vapor y dirigiéndose a toda velocidad sobre mí. Quizás, del mismo modo que el frío hormigón me había transmitido todo aquello de lo que había sido testigo, las oxidadas vías y las traviesas de madera podrida me estaban traspasando sus experiencias al servir de camino férreo a aquellos trenes que iban o regresaban de la *Wolfsschanze*.

La maleza cubre parte de las vías de la línea férrea que comunicaba el Cuartel General de Hitler con el exterior. Al final de la curva se llegaba al apeadero del recinto, a donde llegó Mussolini el mismo día del atentado.

Los restos del edificio destinado al personal del Ministerio de Asuntos Exteriores. El efecto de los infructuosos intentos de volarlo desde el interior, por parte de alemanes y soviéticos, se puede apreciar claramente en la grieta horizontal que parte de la ventana.

Como el tiempo ya apremiaba, renuncié a seguir buscando el apeadero y emprendí el regreso. Pero cuando ya me encontraba cerca del recinto, distinguí al borde de la vía, entre la tupida vegetación, lo que parecía ser el borde de una plataforma. Sí, allí estaba el andén, o lo poco que quedaba de él, pero el bosque se lo había tragado casi por completo. Abriéndome paso entre unas zarzas, pude adivinar unos pocos metros más allá los restos de una pequeña construcción, seguramente la caseta del encargado de la estación. Eso era todo lo que quedaba de aquel lugar al que los jerifaltes de los países dominados por el Tercer Reich acudían a rendir pleitesía al que entonces era dueño de casi toda Europa.

Miré el reloj y vi que aún disponía de algún tiempo antes de la hora prevista para el regreso del taxista. Paseé por el área que no había visitado, reflexionando sobre todo aquello que estaba viendo. Vinieron a mi mente esos pasajes de la literatura fantástica, en las que el espíritu del mal, en forma de dragón o de cualquier animal mitológico, habita en un pantano, de entre cuyas fétidas aguas surgen gruesos árboles con enmarañadas raíces. La Guarida del Lobo aparecía como el escenario perfecto para una de esas leyendas. Y allí, del mismo modo que sucede en esas historias, entró el héroe dispuesto a acabar con la encarnación del mal; Stauffenberg, desafiando al terrorífico dragón, acudió hasta su cubil decidido a darle muerte. Pero lo que suele funcionar en las historias de ficción no siempre soporta su descenso a la realidad; la espada de Stauffenberg no acertó con el corazón del dragón, y el héroe acabó siendo devorado por éste.

La visión del lugar desde el que Hitler dirigió la guerra durante los ochocientos días que allí residió me hizo comprender de inmediato, como ningún libro podrá hacerlo, la irrealidad que rodeó al dictador germano; las fronteras, los ejércitos, la vida de millones de personas, todo se transformaba allí en fríos informes basados en fríos números, y que llevaban a adoptar frías decisiones. Estaba claro que de allí, un tétrico y oscuro pantano, no podía salir nada que pudiera resultar benéfico para ningún ser humano.

A la hora convenida, apareció el taxista. Ya dentro del coche, me preguntó muy sonriente si, tal como me había recomendado, había visitado la cabaña en la que Hitler y Eva Braun mantenían sus encuentros. Aparentando un despiste, le confesé que no. Pero le prometí que la próxima vez sí que le haría caso. Ya tenía una excusa para regresar allí algún día.

Capítulo 1
La resistencia

El atentado contra Hitler del 20 de julio de 1944 fue el gran éxito, y paradójicamente el mayor fracaso, del movimiento de resistencia al régimen nazi. La bomba que estalló ese día en el Cuartel General del *Führer*, y que a punto estuvo a acabar con la vida del dictador, constituyó la culminación de una serie interminable de esfuerzos, que habían comenzado hacía más de una década, y cuyo objetivo era librar a Alemania de la pesadilla nacionalsocialista.

Antes de ese intento, fueron muchos los que se sacrificaron por conseguir derrocar a Hitler. Hay que tener presente que cualquier acto de rebeldía ante el sistema totalitario creado por los nazis podía tener fatales consecuencias. Un simple comentario crítico con el régimen en un autobús, escuchado por oídos dispuestos a delatar al descontento, podía desencadenar una investigación de la Gestapo. Durante la guerra, sintonizar una emisora extranjera equivalía a una condena a muerte si uno era descubierto. Las denuncias entre la población estaban muy extendidas; los vecinos se denunciaban entre ellos e incluso entre miembros de una misma familia.

Pero sobre los opositores al régimen no sólo pendía la amenaza de los riesgos físicos. El hecho de mostrarse abiertamente crítico con los nacionalsocialistas, y ya no hablemos en el caso de implicarse en algún movimiento de resistencia, suponía padecer un distanciamiento de amigos y compañeros, e incluso de la misma familia, y entrar en un mundo incierto de aislamiento social, ideológico e incluso moral. Como en todos los sistemas totalitarios, la disidencia era una opción que no resultaba recomendable para aquél que quisiera llevar una vida tranquila y sin sobresaltos.

Es difícil imaginar la atmósfera de terror que impregnaba la vida diaria durante la época nazi. Y en ese ambiente opresivo, asfixiante, en el que en cualquier momento uno podía verse arrojado a los pies del aparato represivo del régimen, hubo quien estuvo dispuesto a enfrentarse a él.

Pero en este caso David no podría vencer a Goliat. Como marca la lógica, el fuerte se impondría al débil. En ningún momento, excepto durante las inciertas horas que siguieron al atentado del 20 de julio de 1944, el poder de Hitler estuvo realmente en peligro. La oposición, pese a sus loables intentos de variar el terrible rumbo que estaba tomando la nave alemana, no logró socavar los cimientos del sistema. La falta de coordinación, las dudas, los personalismos, la ausencia de un programa común y, cómo no, el miedo, hicieron que el trabajo de los que se oponían al nazismo no diese su fruto. Pese a que fueron numerosos los políticos, militares y dirigentes sociales que se conjuraron para combatir la marea nacionalsocialista, fueron muy pocos los que pasaron de los conciliábulos a la acción. Significativamente, los mayores logros de la oposición fueron los protagonizados por elementos individuales, actuando a veces casi en solitario.

A continuación conoceremos sucintamente la historia de la oposición al régimen nazi, en la que hay que enmarcar el golpe del 20 de julio. Una exposición más amplia de este movimiento tan heterogéneo rebasaría los límites de la presente obra; por sus propias características, la oposición antinazi fue un fenómeno enormemente complejo, con inabarcables ramificaciones, que incluso llegaban al círculo dirigente del propio sistema, como por ejemplo al jefe de los servicios de Inteligencia del Reich, el almirante Wilhelm Canaris.

Desde el primer día

Aunque la resistencia a la dictadura de Hitler se mostró más activa cuando el Ejército alemán empezó a cosechar los primeros fracasos, y especialmente tras el desastre militar sin precedentes sufrido en Stalingrado, la oposición a él y a su régimen había comenzado mucho antes del inicio de la contienda. Se puede afirmar que la resistencia contra el Tercer Reich era tan antigua como éste mismo.

Hitler accedió al poder el 30 de enero de 1933, cuando fue nombrado canciller por el presidente de la República, el mariscal Paul von Hindenburg. Pese a que Hitler, nada más tomar el mando del gobierno, creó los mecanismos para reprimir cualquier contestación, durante ese año pervivieron grupúsculos socialdemócratas y comunistas que intentaron socavar el nuevo régimen, pero la feroz represión lanzada sobre los sectores izquierdistas frenó cualquier posibilidad de acción en los años sucesivos. Así pues, la oposición activa contra Hitler estuvo, curiosamente, en manos de los círculos conservadores. Estos elementos contaban a su favor con que no levantaban sospechas inmediatas, como sí sucedía con los activistas de izquierdas, bien conocidos por la policía, por lo que gozaban de una mayor libertad de acción.

Los resistentes conservadores fueron involucrándose cada vez más en las acciones contra Hitler cuando fue evidente que llevaría a Alemania a la destrucción. Entonces muchos de los que en principio fueron sus partidarios pasaron a oponérsele activamente, favorecidos por el hecho de conocer perfectamente los entresijos del poder y, en algunos casos, el tener acceso directo a su persona. Por ejemplo, existía el Frente Negro, un círculo de nacionalsocialistas renegados y radicales, como Otto Strasser, que a ojos de Hitler era "peor que los judíos". En la zona alemana en la que dominaban los evangélicos nació la Iglesia Confesional, que pretendía salvaguardar la libertad de la fe frente al totalitarismo del Estado. No obstante, su objetivo no fue, en principio, derribar por la fuerza al tirano.

Ya en 1937, nació un primer núcleo resistente, organizado por Carl Goerdeler, que había sido alcalde de Leipzig y antiguo Comisario para los Precios. Goerdeler trató de obtener el apoyo de la vieja aristocracia y de la clase militar, que veían con gran recelo el ascenso de Hitler, al no

considerarlo como *uno de los suyos*. Mientras Goerdeler lideró este movimiento de oposición, la doctrina tendía hacia la destitución de Hitler y poner freno de la expansión del Tercer Reich, aunque se mantenía viva la idea de una "gran Alemania".

Conforme la resistencia crecía y se organizaba, aumentaban las relaciones de sus líderes con las otras potencias. Los ingleses, por ejemplo, disponían de buena información gracias al católico Josef Müller, quien se había puesto en contacto con Londres después de recibir el beneplácito del papa Pío XII. El embajador alemán en Roma, Ulrich von Hassel, que también formaba parte del grupo de opositores al régimen, era otro de estos informadores. De hecho, las diferentes Iglesias alemanas confiaron en la ayuda de los británicos para intentar provocar un cambio en la dirección de Alemania; el contacto a más alto nivel se produjo en Suecia entre el pastor Dietrich Bonhoffer y el obispo Bell de Chichester. Pero la decepción para el eclesiástico germano, y para la resistencia antinazi en su conjunto, fue enorme cuando el obispo inglés le transmitió la respuesta del ministro británico de Asuntos Exteriores, Anthony Eden, a su petición de ayuda: "Los alemanes deben arreglárselas solos". Eso es lo que acabaron haciendo los alemanes.

MILITARES DESCONTENTOS

El Ejército sería el principal encargado de mantener viva la llama de la oposición. La vieja clase militar se fue incorporando poco a poco a la resistencia y ya había un nombre escogido para tomar las riendas de la nación en caso de que Hitler fuera derribado: el general Ludwig Beck, antiguo jefe de Estado Mayor, dimitido en 1938 por su falta de sintonía con la política expansiva de Hitler.

Pero también se consolidó una trama civil, el llamado Círculo de Kreisau, de orientación socialcatólica, que tenía como líder al conde

Gracias a la brutal represión que puso en marcha desde el primer momento, Adolf Hitler logró desarticular todos los movimientos de oposición organizados, como el de la Capilla Roja, impulsado por los comunistas.

Helmuth James von Moltke, descendiente del famoso general. El conde Von Moltke, experto en derecho internacional en el Mando Supremo de la *Wehrmacht*, puso a disposición de un nutrido grupo de disidentes su castillo familiar de Kreisau, en la Baja Silesia. Este grupo reunía a altos funcionarios, científicos, pedagogos, eclesiásticos e intelectuales.

Los miembros del Círculo de Kreisau no eran simples conjurados contra Hitler. Pretendían elaborar un criterio sobre una futura Alemania que sustituyese a la nazi, una vez que se hubiese perdido la guerra y desapareciese Hitler, dos factores que se daban ya por seguros. El programa de reformas elaborado por este grupo llevaba en su seno una clara influencia socialista. Algunos miembros de este círculo de discusión teórica pasarían finalmente al de los conspiradores activos, entre los que figuraría el coronel Von Stauffenberg.

Moltke estaba también relacionado con los militares al ser consejero legal del Servicio de Información del Ejército: el *Abwehr*. Sería precisamente el *Abwehr* un puntal de la resistencia antinazi, con nombres como el ya apuntado de Canaris y el de Oster, jefe de Estado Mayor del contraespionaje.

Efectivamente, la resistencia que estuvo más cerca de conseguir su objetivo, eliminar al dictador, sería la que anidaba en el Ejército. Desde su llegada al poder, Hitler había proporcionado a los militares un enorme potencial armamentístico. Además, les había concedido títulos, condecoraciones y favores de todo tipo en cantidades enormes. Pero Hitler y el Ejército se miraban con mutuo recelo. Los militares no podían dejar de ver en el *Führer* al soldado que no había pasado del grado de cabo durante la Primera Guerra Mundial. Y Hitler observó desde siempre con gran recelo a los oficiales de la *Wehrmacht*.

Los primeros éxitos de la agresiva política exterior de Hitler, refrendados por los grandes logros militares obtenidos durante la primera fase de la contienda, consiguieron que la mayor parte del Ejército mantuviera su fidelidad al *Führer*. Pero el fracaso de la guerra relámpago en Rusia en el otoño de 1941, y la consiguiente llegada de una campaña invernal para la que el Ejército germano no estaba preparado, comenzó a provocar las primeras disensiones serias en las altas esferas militares. El malestar entre los altos oficiales iría creciendo conforme avanzaba el conflicto; de él nacería el intento de atentado del 20 de julio de 1944.

LOS COMUNISTAS

Como se ha indicado, la fuerza de la resistencia antinazi procedía de los sectores más conservadores, puesto que los opositores izquierdistas, fácilmente identificables, padecían una brutal represión que les impedía organizarse de manera efectiva. No obstante, este panorama quedaría incompleto sin una referencia a las actividades de los comunistas que intentaron plantear algún tipo de dificultad al régimen de Hitler, como por ejemplo los encuadrados en la organización conocida despectivamente por la Gestapo como la Orquesta Roja, después de que descubriera su existencia en 1942.

La Orquesta Roja no era explícitamente una organización comunista. Estaba mayoritariamente integrada por artistas, escritores e idealistas de todo tipo, pero muchos de sus miembros no llegaron a enterarse de que el núcleo dirigente estaba formado en realidad por comunistas convencidos: el teniente de la *Luftwaffe* Harro Schulze-Boysen, sobrino segundo del almirante Von Tirpitz, y Arvid Harnack, del Ministerio de Economía del Reich, sobrino del historiador Adolf von Harnack.

La resistencia llevada a cabo por este grupo se concretó en un enorme caudal de información enviado a Moscú, ya que se mantenía en estrecho contacto con el servicio secreto soviético. Los comunistas no tenían los reparos éticos de otros miembros de la resistencia, sobre todo los militares, en cuanto que para aquéllos la alta traición en tiempos de guerra no equivalía a la traición a la propia patria. Para unos y otros el asesinato de Hitler estaba moralmente justificado, pues la muerte violenta del dictador parecía el único medio que quedaba para restablecer el estado de derecho.

Los círculos conservadores de resistencia al régimen apenas prestaron atención a los opositores comunistas. Éstos, por su parte, desconfiaban de la oposición conservadora porque temían que ésta llegase a establecer un régimen militar, pero aun así seguían con mucha atención sus maniobras para estar bien situados en caso de un bandazo político. De momento, la tarea de los comunistas era renovar la lucha de masas en las empresas, la distribución de propaganda marxista en ellas, la formación de células o el establecimiento de contactos con prisioneros de guerra rusos o civiles alemanes recluidos en campos de concentración. Desde

Alemania se tendían también hilos hasta el Comité Nacional Alemania Libre, que funcionaba en Moscú bajo el control de los soviéticos y que tenía como integrantes a oficiales germanos que habían sido capturados.

El balance de estos esfuerzos de los comunistas por levantar a las masas contra el nazismo sería desolador. La propaganda y el miedo harían que los trabajadores alemanes siguieran cumpliendo con sus horarios estajanovistas en la industria de guerra casi hasta el último día de la contienda. La ansiada rebelión del proletariado no sería más que una utopía; de hecho, Hitler siempre contempló a los obreros como unos aliados fieles, en contraposición a las clases altas, de las que siempre desconfió.

En suma, los movimientos organizados contra el régimen totalitario de Hitler, si nos atenemos a los resultados, obtuvieron un rotundo fracaso. Las estructuras del nazismo no temblaron en ningún momento, y sólo se desplomaron cuando las tropas aliadas ocuparon el territorio alemán.

De todos modos, ese fracaso global de la oposición no puede empañar la actitud heroica de los pocos que se enfrentaron a cara descubierta al régimen, de aquéllos que no se quedaron en las palabras y pasaron a la acción. Para concluir este capítulo, creo conveniente referir los dos casos más anecdóticos pero más representativos de esa resistencia personal a la barbarie nazi.

Sin contar con medios ni apoyos, algunos jóvenes rechazaron la uniformidad impuesta por ese sistema totalitario y decidieron enfrentarse a él, sin esperanzas de conseguir vencerle, pero con el convencimiento de que estaban haciendo lo correcto; unos fueron los llamados jóvenes del *swing* y otros los integrantes de la Rosa Blanca.

JÓVENES CONTRA HITLER

La oposición al nazismo no se daba sólo en el Ejército, las Iglesias o los movimientos obreros. Existía un pequeño pero voluntarioso sector de la juventud que lograba resistir la intensa labor de adoctrinamiento y

Hitler durante un desfile, en un acto del Día del Partido en 1935. Desde el propio Partido Nacionalsocialista surgirían maniobras para apartarle del poder.

manipulación que el régimen ejercía en las escuelas. Uno de estos grupos era el conocido como los jóvenes del *swing* (*swingjugend*, en alemán), que expresaban su contestación al régimen imitando la última moda inglesa y estadounidense.

Estos *chicos swing*, que lucían el pelo largo, acostumbraban a llevar abrigos exageradamente grandes, sombreros tipo bombín y un paraguas negro, aunque hiciera buen tiempo. La mayoría de ellos tenía entre catorce y dieciocho años, eran de clase media alta, aunque también los había procedentes de la clase trabajadora, y residían en Hamburgo y Berlín. Para esos muchachos, el mensaje de libertad de la música *swing* estadounidense les aportaba un poco de aire fresco para sobrellevar la monolítica e irrespirable atmósfera política y cultural de la Alemania nazi, negadora de cualquier atisbo de libertad individual.

Enamorados del baile, estaban al corriente de las últimas novedades del *jazz* que llegaban de Norteamérica. Esta música era su principal enseña, un género que era considerado ofensivo por la propaganda nacional-socialista, al ser normalmente interpretado por músicos afroamericanos. El régimen pretendía degradarlo calificándolo de "música negra" y colocándole la etiqueta de "arte degenerado" (*entartete Kunst*). Pero eso importaba poco a los jóvenes rebeldes, que solían organizar conciertos de *jazz*, concursos de baile y fiestas en las que sonaban discos recién llegados del otro lado del Atlántico. La libertad que se respiraba en esas reuniones despertaba los recelos de los nazis; éstos enviaban a miembros de las Juventudes Hitlerianas de incógnito, en cuyos informes aparecían referencias a la "depravación moral" que se daba en ellas.

Los *swingjugend* no aspiraban a convertirse en opositores al régimen. En ocasiones, la rebeldía tomaba la forma de parodia del saludo nazi –*Heil Hitler!*-, transformándolo en un festivo *Swing Heil!*, así como la utilización de una jerga cargada de términos en inglés, en unos momentos de exaltación del nacionalismo germano. Las características

Cartel anunciador de la exposición "Música degenerada" (*Entartete Musik*), celebrada en 1938. Para los nazis, el jazz y el swing eran contrarios al espíritu alemán. Algunos jóvenes inconformistas se hicieron entusiastas de esta música como respuesta a la opresión del régimen.

Entartete
MUSIK
EINE ABRECHNUNG VON
STAATSRAT Dr. H. S. ZIEGLER

de este grupo tenían más que ver con un movimiento contracultural que con uno político, pero la confrontación con el nazismo sería inevitable.

De todos modos, el régimen intentó ganarse a esos jóvenes descontentos promoviendo un *jazz* germanizado, menos trepidante que el norteamericano, y que debía ser interpretado bajo una estricta regulación. Esa vía de escape tuvo un cierto éxito; en 1940, un concierto de jazz alemán en Hamburgo atrajo a medio millar de jóvenes. Pero el *jazz* domesticado no sirvió para domar a los *swingjugend*.

Hitler advirtió la potencial peligrosidad de esa muestra de rebeldía juvenil, que podía transformarse en cualquier momento en un movimiento de rebeldía política. El aparato represivo nazi cayó sobre ellos, lo que les obligó a desarrollar sus actividades en la clandestinidad. El 18 de abril de 1941, unos trescientos *swingjugend* fueron arrestados por la Gestapo. Los castigos oscilaron entre un corte de pelo al cero, el envío a una escuela controlada o, en el caso de los líderes, el internamiento en un campo de concentración. Paradójicamente, el incremento de la presión policial, así como el cansancio con el orden y la disciplina que imponían las Juventudes Hitlerianas, generó nuevos movimientos contestatarios, integrados sobre todo por muchachos procedentes de las clases bajas, como los Piratas Edelweiss (*Edelweisspiraten*), aunque la dinámica de estos grupos podía asimilarse al de las bandas juveniles.

La represión también provocó que algunos chicos del *swing* tomasen conciencia política, llegando a repartir propaganda antinazi. Heinrich Himmler decidió acabar de raíz con el movimiento, por lo que en enero de 1942 impartió órdenes precisas para el arresto y el envío a campos de concentración de todos sus miembros. En una carta dirigida al jefe de la Seguridad del Estado, Reinhard Heydrich, Himmler lamentaba que hasta ese momento sólo se hubieran tomado medias medidas y que era necesario que el movimiento fuera exterminado radicalmente, estableciendo para ello que sus líderes fueran internados durante dos o tres años en régimen de trabajos forzados. Según Himmler decía en la misiva, "sólo mediante la brutalidad seremos capaces de impedir la peligrosa extensión de las tendencias anglófilas, en estos tiempos en los que Alemania lucha por su supervivencia".

A partir de esa orden de Himmler, la Gestapo llevó a cabo redadas en los locales en los que se reunían los *swingjugend*, procediendo a la detención de sus miembros enviándolos a los campos de concentración. Los nazis consiguieron su propósito de fulminar ese movimiento opositor, pero el ejemplo de esos rebeldes quedaría como la prueba palpable de que no toda la juventud alemana siguió a Hitler, tal como el Tercer Reich pretendía hacer ver.

Aunque los *swingjugend* no habían llegado a involucrarse formalmente en la oposición política al régimen, habían existido contactos en Hamburgo con un movimiento juvenil de resistencia que sí estaba dispuesto a luchar contra el nazismo: la Rosa Blanca.

LA ROSA BLANCA

Cinco estudiantes de la Universidad de Munich, Hans Scholl y su hermana Sophie, Christoph Probst, Alexander Schmorell y Willi Graf, a los que se les unió un profesor, Kurt Huber, decidieron unirse para combatir, en la medida de sus escasas posibilidades, el sistema totalitario en el que se veían obligados a vivir. El impulsor del grupo era Hans Scholl; un estudiante de medicina desengañado con el nazismo. Él, al igual que todos los muchachos de su edad, había formado parte de las Juventudes Hitlerianas. Allí descubrió el sentido de la camaradería, la emoción de las marchas entonando cantos marciales o la aventura de las excursiones, pero conforme fue creciendo fue comprendiendo la gran mentira en la que se basaba todo ese adoctrinamiento. Ya en la Universidad, un día recibió una carta anónima en su buzón que contenía un sermón del obispo Galen, quien había condenado públicamente el asesinato sistemático de enfermos mentales. Hans, animado al ver que otros compartían sus ideas, decidió buscar a otros compañeros de estudios que pensasen como él. El fruto de esos encuentros sería la formación de un grupo que sería bautizado como la Rosa Blanca (*Weisse Rose*), un nombre que quería evocar el concepto de pureza.

Los integrantes masculinos de este grupo conocían la vida en el frente, al haber estado en Francia y en Rusia destinados en los cuerpos sanitarios. No era necesario que nadie les explicase el drama que suponía la continuación de la contienda. Habían sido testigos de las atrocidades nazis contra la población civil rusa y lo eran también de la persecu-

ción lanzada contra los judíos, tanto en Alemania como en los países que estaban bajo su dominio. A ellos se uniría más tarde la hermana de Hans, Sophie.

Las líneas ideológicas de la Rosa Blanca eran los principios cristianos y el rechazo al militarismo prusiano. Su ideal era una Europa federada, unida por la libertad, la tolerancia y la justicia. En sus escritos citaban, además de la Biblia, a pensadores como Lao Tse y Aristóteles, y a escritores alemanes como Goethe y Schiller.

En una primera fase, a principios de 1942, las actividades de la Rosa Blanca fueron muy limitadas, reduciéndose al reparto de octavillas mediante envíos masivos por correo en diferentes ciudades de Baviera y Austria, al considerar que el sur de Alemania sería más receptivo a su mensaje antimilitarista. En la segunda mitad del año estas actividades cesaron, puesto que los estudiantes de medicina tenían que pasar sus vacaciones semestrales en distintos puntos del frente oriental. Pero la noticia de la capitulación alemana en Stalingrado el 2 de febrero de 1943 fue la espoleta que puso en acción el grupo, ya reunido de nuevo tras ese paréntesis, al comprender que tarde o temprano toda Alemania sería víctima de un desastre similar al que la *Wehrmacht* había sufrido a orillas del Volga.

La primera acción, casi suicida, fue realizar pintadas antinazis en las calles de Munich. Una mañana, las paredes de la Ludwigstrasse amanecieron mostrando, hasta setenta veces, la consigna "Abajo Hitler". La Gestapo inició sus pesquisas y, pese a que no consiguió descubrir quien estaba detrás, comenzó a sospechar que el núcleo resistente podía proceder de la Universidad.

Los integrantes de la Rosa Blanca celebraron el éxito de su acción. Animados por éste, decidieron dar otro sonoro golpe, como era llevar a cabo un reparto masivo de octavillas en la Universidad. En ellas se hacía referencia a la reciente tragedia de Stalingrado, cuyos dramáticos detalles habían dejado a la población alemana en estado de *shock*:

Hans Scholl, uno de los jóvenes líderes
de la Rosa Blanca, hermano de Sophie.

"Trescientos treinta mil alemanes han sido condenados a muerte y a la perdición por la genial estrategia, irresponsable y sin sentido, del cabo de la Primera Guerra Mundial. *Führer*, te damos las gracias".

Más abajo podía leerse:

"El día del ajuste de cuentas ha llegado. ¡Libertad y honor! Durante diez años, Hitler y sus camaradas han exprimido, estrangulado y falseado las dos grandiosas palabras alemanas como sólo pueden hacer los advenedizos que arrojan a los cerdos los más sacrosantos valores de una nación."

El 18 de febrero de 1943, el ministro de Propaganda del Reich, Joseph Goebbels, proclamaría la guerra total ante un auditorio enfervorizado, con el objetivo de superar el trauma provocado por el revés sufrido en Stalingrado. Pero ese mismo día, en la Universidad de Munich tendría lugar el gran acto de resistencia de la Rosa Blanca. Aprovechando el momento en el que no había nadie en los pasillos, al encontrarse todos los alumnos y profesores en clase, Hans y Sophie Scholl comenzaron a colocar montones de octavillas en el suelo y sobre las balaustradas. Con la mayoría de los folletos ya repartidos por todo el recinto, Sophie decidió subir las escaleras hasta el piso superior del *hall* central y lanzar los últimos en forma de lluvia sobre los estudiantes, que en ese momento salían de clase.

Pero en el momento el que Sophie realizaba su arriesgada acción fue vista por un conserje, miembro del partido Nazi, que ordenó cerrar de inmediato todas las puertas y ventanas. La policia secreta del Estado, alertada por una llamada telefónica del conserje, acudió rápidamente y arrestó a los dos hermanos. Seguidamente se produjo una amplia redada, en la que caerían los otros miembros del grupo, así como otras personas que habían colaborado en distinto grado con ellos.

Los hermanos Hans y Sophie Scholl, junto a Christoph Probst, comparecieron ante el tribunal cuatro días más tarde, tras ser sometidos a severos interrogatorios. En ellos, los acusados intentaron minimizar el alcance de su conspiración, para proteger a los otros miembros. Insistieron en que actuaban solos, sin la ayuda de cómplices. Durante el juicio, presidido por Roland Freiser, el Juez Supremo del Tribunal del Pueblo de Alemania, se limitaron a reconocerse autores de los hechos de que se les imputaban. Sophie declaró: "Lo que dijimos y escribimos lo comparten otros muchos. Lo que ocurre es que no se atreven a confesarlo".

Sophie Scholl,
en una imagen tomada
durante el juicio
al que fue sometida,
en el que fue condenada
a muerte.

Los tres fueron declarados culpables y condenados a ser ejectuados en la guillotina, una pena que se cumplió ese mismo día. Los otros miembros del grupo también serían juzgados, condenados y decapitados cinco meses después. Todos aquellos de los que se sospechaba alguna relación con el grupo fueron sentenciados a penas de prisión entre seis meses y diez años, incluidos los que habían organizado una colecta para la viuda e hijos pequeños de Probst.

Tras la caída del Tercer Reich, la Rosa Blanca se convirtió súbitamente en un símbolo de la resistencia a la tiranía nazi. Por ejemplo, el compositor Carl Orff aprovechó este repentino reconocimiento para alejar de él cualquier sospecha de colaboración con el régimen; declaró a sus interrogadores aliados que fue un miembro fundador de la Rosa Blanca, siendo por ello liberado, aunque lo único que le unía al grupo era que conocía personalmente al profesor Huber.

La Rosa Blanca fracasó en su voluntarioso intento de minar la dictadura nazi, pero su ejemplo serviría a las generaciones posteriores como testimonio de que, aun bajo las más temibles amenazas y con los medios

Monumento a la Rosa Blanca,
en la Universidad de Munich.

más limitados, es posible poner en evidencia la fragilidad intrínseca a todo sistema totalitario[2]. Mientras que la mayoría de jóvenes alemanes se mostraron inconscientes, indiferentes o incluso entusiastas hacia el nazismo, los hermanos Scholl y sus compañeros habían adoptado un rechazo frontal hacia el régimen que aplastaba su libertad. La brutal represión de que fueron objeto no hizo más que inmortalizar la llama que entonces encendieron.

La Rosa Blanca se limitó a oponerse de manera simbólica a la dictadura. Su resistencia podría calificarse de pacífica, pero hubo otros que no confiaban en que ese tipo de actuaciones fueran a derribar el régimen de terror impuesto por Hitler. Como veremos a continuación, esos otros alemanes estaban convencidos de que sólo con la muerte del dictador se podía acabar con la pesadilla nazi.

---

2 La plaza en la que se encuentra el hall central de la Universidad de Munich, en donde fueron arrojadas las últimas octavillas, fue rebautizada después de la guerra como "Geschwister-Scholl-Platz" (Plaza de los Hermanos Scholl), en recuerdo de Hans y Sophie Scholl, y la plaza contigua recibió el nombre de "Professor-Huber-Platz", como homenaje al profesor Huber. Hoy día pueden encontrarse por toda la geografía alemana colegios, calles y lugares que llevan el nombre de los miembros de la Rosa Blanca.

Capítulo 2
Los atentados

Si la resistencia contra el nazismo surgió desde el primer momento en el que los nacionalsocialistas llegaron al poder, los intentos de atentado contra la vida de Hitler también fueron sucediéndose casi sin interrupción desde ese mismo momento. El historiador Richard Overy llegó a contabilizar un total de 42 atentados; de todos modos, es muy difícil realizar un recuento de esos planes de asesinato, pues es complicado delimitar la frontera entre lo que es ya una operación avanzada, con posibilidades reales de pasar a la acción, y lo que no es más que un plan que se encuentra en su fase inicial.

Acabar con Hitler se había convertido en un objetivo ansiado por muchos, incluso cuando éste aún era una figura secundaria en el panorama político alemán. En los primeros tiempos de ascenso del nazismo, Hitler ya contaba con detractores dispuestos a eliminarle. No es de extrañar que esto fuera así, teniendo en cuenta el enfrentamiento encarnizado que el Partido Nacionalsocialista mantenía con los partidos de izquierda.

Pero los planes para acabar con él también partieron de miembros descontentos del propio partido. En esa primera fase, Hitler se vio envuelto en varios tiroteos, como en 1921 en el *Hofbräuhaus* de Munich y en 1923 en Leipzig. Cuando, al inicio de la década de los treinta, se advertía la posibilidad de que Hitler pudiera alcanzar el poder, los intentos de atentado se hicieron más frecuentes. En marzo de 1932 su coche fue tiroteado en Munich, y en junio de 1932 se colocó un artefacto explosivo por el lugar donde iba a pasar, en las cercanías de Stralsund.

La suerte, con el *Führer*

Hitler protagonizó un par de curiosos incidentes que demostraron que la suerte estaba siempre de su lado. En 1936, Hitler asistió en Wilhelmhaven a una ceremonia fúnebre en honor de varios marinos muertos durante la Guerra Civil española. Para desplazarse allí utilizó su tren especial. Tras el acto, ya de noche, emprendió el regreso a Berlín.

Durante el viaje, Hitler reparó en que el marcador de velocidad situado en el vagón restaurante marcaba 125 kilómetros hora. De inmediato, el *Führer* dio la orden de que se bajara la velocidad a unos prudentes 80 kilómetros por hora. El maquinista protestó, pues debía cumplir con unas determinadas previsiones de paso, pero no tuvo otro remedio que obedecer. Al cabo de unos pocos minutos, el tren frenó con unas violentas sacudidas, rechinando las ruedas sobre los raíles. La causa de la detención había sido el impacto con un autobús que se había saltado un paso a nivel. El accidente provocó varios muertos y heridos entre los ocupantes del autobús, pero no hubo ningún daño entre los pasajeros del tren. El maquinista confesó más tarde que si se hubiera mantenido la velocidad de 125 kilómetros por hora el tren seguramente habría descarrilado; eso impresionó vivamente a Hitler, que confirmó su intuición de que el destino le proporcionaba algún tipo de protección.

Otro suceso demostraría que Hitler contaba con un sexto sentido que le protegía en los casos en los que su vida corría peligro. En otra ocasión, viajando en automóvil de Berlín a Munich bajo una intensa tormenta, los faros iluminaron a un hombre que, en mitad de la calzada, pedía auxilio con una linterna. El chófer paró a su lado para ofrecerle ayuda y el desconocido aseguró haberse perdido, solicitando que le indicasen la dirección del pueblo a donde se dirigía. En ese momento, Hitler ordenó al chófer que arrancase enseguida y escapase a toda velocidad. Mientras se alejaban, escucharon tres disparos. A la mañana siguiente, el chófer examinó el coche y observó atónito que las tres balas habían rebotado muy cerca de la ventanilla junto a la que se encontraba Hitler. Más tarde hubo una explicación al extraño suceso; un demente armado, que ya había sido detenido por la policía, había atracado a varios vehículos después de escaparse de un manicomio cercano.

La intuición había salvado de nuevo a Hitler, pero éstos no serían los únicos casos. Resultaría muy prolijo describir todos y cada uno de los intentos de atentado que sufrió Hitler, por lo que a continuación se referirán los tres que más cerca estuvieron de conseguir su objetivo.

Un estudiante suizo

En noviembre de 1938, la vida de Hitler estuvo próxima a ser segada por los disparos de un joven suizo, estudiante de teología, Maurice Bavaud. Nacido en Neuchatel en 1916, Bavaud consideraba a Hitler un peligro para la independencia suiza, el catolicismo en Alemania y la humanidad en general. Decidido a poner remedio a esa amenaza, resolvió acabar él mismo con la vida del dictador. Para ello, aprovechando unas vacaciones en el mes de octubre del seminario francés en el que estudiaba, Maurice fue a Alemania a visitar a unos familiares en Baden Baden, asegurando ser un ardiente admirador del *Führer*.

Afortunadamente para él, entre sus familiares estaba Leopold Gutterer, un alto funcionario del Ministerio de Propaganda de Goebbels, encargado de coordinar los actos públicos en que participaba Hitler. Así, Gutterer le iba informando del calendario de actividades previstas. Al cabo de unos días, el suizo consiguió comprar un arma y munición, con lo que el atentado iba tomando forma.

Bavaud acudió a varios actos, buscando una oportunidad para acercarse a Hitler, pero pronto se dio cuenta de que las medidas de seguridad que rodeaban al *Führer* hacían de él un objetivo nada fácil. En un café de Berchtesgaden —el pueblo más cercano al refugio alpino de

El estudiante suizo
de teología Maurice Bavaud
estuvo muy cerca
de poder disparar
contra Hitler.

Hitler—, el joven, haciéndose pasar por periodista, conoció al mayor
Deckert, quien se mostró dispuesto a ayudarle cuando conoció el deseo
de Maurice por conocer a Hitler en persona. No obstante, Deckert enfrió
el entusiasmo del suizo cuando le explicó lo difícil que era poder entre-
vistarse personalmente con él. Además, en ese otoño de 1938 Hitler estaba contínuamente de viaje, lo que dificultaba aún más un posible
encuentro en Bechtesgaden.

El militar aconsejó a Maurice acudir a Munich el 8 y el 9 de noviembre, en donde Hitler se hallaría para celebrar los actos conmemora-
tivos del aniversario del intento de golpe de Estado de 1923, en esa
misma ciudad. El animoso helvético siguió el consejo de Deckert y acudió en tren a Munich, estableciéndose en un lugar cercano a donde estaba previsto que pasase la comitiva de Hitler. Tras algunos intentos falli-
dos, logró un pase en la Oficina de Prensa Extranjera, en donde aseguró
también ser un periodista suizo. Ese pase le permitiría el 9 de noviembre ocupar un asiento en un sitio idóneo para su propósito, en el que el
cortejo debía pasar por una calle estrecha antes de entrar en la Marien-

platz. Los días que quedaban para esa fecha fueron aprovechados por Maurice para hacer prácticas de tiro a las afueras de Munich, en el lago Ammer. Allí alquilaba un bote y hacía puntería con los barcos de papel que arrojaba al agua.

A primera hora de la mañana del 9 de noviembre, el suizo ocupó su asiento en la tribuna de prensa con mucha antelación, sorprendiéndole el hecho de que nadie le requiriese el pase. Tenía la pistola oculta en el bolsillo de su abrigo. Su plan era abandonar el asiento y acercarse lo suficiente a Hitler para no errar el disparo. Finalmente, llegó el momento esperado; la comitiva se iba acercando al lugar en el que se encontraba. Pero Maurice advirtió con gran pesar que la gente se estaba arremolinando al borde de la calle con los brazos en alto, haciendo el saludo nazi. En esas circunstancias, en las que ni siquiera podía ver a su objetivo, era impensable poder efectuar un disparo con un mínimo de garantías, por lo que renunció a intentarlo. Con un gran sentimiento de frustración, abandonó el lugar, pero no estaba dispuesto de ningún modo a rendirse en su propósito.

Al día siguiente, volvió a Berchtesgaden pensando que Hitler se encontraba allí, pero le dijeron que había emprendido un nuevo viaje. El suizo intentó por todos los medios conseguir una entrevista con Hitler, desplazándose a donde él se encontraba en cada momento, pero el tiempo iba pasando y sus peticiones quedaban sepultadas bajo las otras miles de solicitudes que requerían lo mismo. Sus fondos acabaron resintiéndose por ese continuo ir y venir, hasta que el suizo decidió regresar a Francia para hacer acopio de fuerzas y de dinero. Pero en este viaje por ferrocarril Bavaud cometió un error fatal, al no proveerse de un pase válido. La irregularidad fue descubierta en una inspección rutinaria del personal ferroviario, que enseguida lo puso en conocimiento de la Gestapo. El suizo fue arrestado, interviniéndosele la pistola, que estaba en su poder.

Sometido a interrogatorios, Bavaud acabó relatando toda la historia del intento de atentado. El 18 de diciembre de 1938 fue juzgado por el Tribunal del Pueblo y condenado a muerte. El gobierno helvético intentó que se le conmutara la pena máxima por otra de prisión pero, al parecer, esos esfuerzos no serían demasiado insistentes; de hecho, el embajador suizo en Berlín, Hans Fröhlicher, llegó a condenar públicamente el intento de atentado. El 14 de mayo de 1941, Maurice Bavaud pasaría por la guillotina, en la prisión berlinesa de Plötzensee.

Después de la guerra, el padre de Bavaud intentó rehabilitar el nombre de su hijo. Eso lo consiguió en parte el 12 de diciembre de 1955, cuando un tribunal alemán conmutó la pena de muerte por otra de cinco años de prisión, al considerar que la vida de Hitler estaba protegida por la ley como la de cualquier otra persona. Pero el progenitor de Bavaud no estuvo de acuerdo con esta resolución, por lo que apeló. Al año siguiente hubo un nuevo veredicto, por el que se anulaba también la pena de prisión y se ordenaba al Estado alemán pagar 40.000 francos suizos a la familia de Bavaud en concepto de indemnización por lo que se consideraba que había sido una sentencia injusta.

Desde entonces, Maurice Bavaud ha sido objeto de una cierta idealización. Para algunos suizos, se trata de un nuevo Guillermo Tell. Esa reivindicación de su figura tuvo su plasmación en 1989 y en 1998, en sendas declaraciones del Consejo Federal Helvético por las que se admitía que las autoridades suizas de la época no hicieron todo lo que estuvo en sus manos para salvar la vida del joven condenado por la justicia nazi.

Un carpintero solitario

La mayor parte de los intentos de acabar con el régimen nazi mediante la eliminación física del dictador fueron fruto de iniciativas individuales, tal como hemos visto con el caso de Bavaud. Pero Georg Elser, un decidido carpintero de Königsbronn, estaría mucho más cerca de conseguirlo que el estudiante suizo.

Cuando intentó matar a Hitler, Elser tenía treinta y seis años. Era bajo de estatura, con el cabello oscuro y ondulado. De personalidad solitaria, tenía pocos amigos, pero los que lo conocían tenían un buen concepto de él. A Elser no le interesaba la política; aunque había ingresado en una organización comunista, la Liga Roja de Combatientes del Frente, y había pertenecido al sindicato de los trabajadores de la madera, no participaba en decisiones políticas y no sabía demasiado de ideologías.

Sin embargo, Elser observaba el deterioro del nivel de vida de la clase obrera y las limitaciones a su libertad, así como los peligros para la paz

Georg Elser logró ocultar
una bomba de relojería
en el lugar en el
que Hitler debía pronunciar
un discurso.

que entrañaba la política expansionista de Hitler. Tras el Pacto de Munich, Elser consideró —acertadamente— que en lugar de garantizar la paz en Europa en realidad se había dado un paso hacia la guerra, por lo que sólo la eliminación de la cúpula dirigente del régimen podría impedir una nueva conflagración. Así, en el otoño de 1938 Elser decidió que él mismo efectuaría la eliminación del máximo dirigente del Tercer Reich.

Elser había leído en los periódicos que la próxima reunión de los jefes del partido se iba a celebrar en la *Bürgerbräukeller* de Munich el 8 de noviembre de 1939. En esa fecha se celebraba el aniversario anual del fallido *Putsch* de Hitler de 1923, y se reunirían figuras destacadas del régimen junto al propio *Führer* y la *vieja guardia* del partido. Elser viajó a Munich y allí llegó a la conclusión de que el mejor sistema para llevar a cabo sus planes era una bomba de relojería, colocada dentro de la columna situada en el lugar donde Hitler hablaría, a espaldas del estrado que acostumbraban a montar para Hitler el día de la celebración del aniversario.

Durante los meses siguientes, Elser robó explosivos de la fábrica de armamento donde trabajaba en ese momento. Para fabricar el temporizador de la bomba, usó los conocimientos adquiridos previamente, cuando estuvo empleado durante cuatro años en una fábrica de relojes.

A principios de abril, pidió una baja laboral y volvió a Munich. Hizo un reconocimiento minucioso, tomando bocetos y medidas. Consiguió un nuevo trabajo en una cantera, que le permitió robar dinamita. Durante los meses siguientes efectuó ensayos previos con la bomba diseñada por él, que tuvieron éxito. Volvió a Munich en agosto, y desde entonces hasta noviembre llegó a esconderse hasta treinta veces en la cervecería sin que le descubrieran, pues cada mañana salía a escondidas por una puerta lateral, sin ser visto. Allí se dedicaba a practicar un agujero en la columna deseada, tras el revestimiento de madera. Su trabajo fue tan meticuloso que incluso llegó a recubrir el agujero con estaño para que la bomba no se moviera o no sonara a hueco. La bomba quedaría instalada y lista el 6 de noviembre, pero al día siguiente Elser volvería a la cervecería para asegurarse de que seguía funcionando. A la mañana siguiente, Elser se despidió de su hermana, que vivía en Stuttgart, le pidió algo de dinero y se dirigió hacia la frontera suiza.

La duración habitual del discurso de Hitler era desde las ocho y media de la tarde hasta, aproximadamente, las diez de la noche, para luego permanecer varios minutos más conversando con los antiguos camaradas del partido. Para asegurarse de que la bomba estallaría cuando Hitler estuviera en el estrado, Elser programó la explosión para las nueve y veinte minutos.

Pero, para desgracia de Elser y del futuro de Alemania, las condiciones especiales de la guerra variarían aquel año el horario de la celebración. Hitler empezó su discurso a las ocho y diez minutos y lo terminó poco después de las nueve. Una vez acabado se dirigió rápidamente hacia la estación para coger el tren de las nueve y media hacia Berlín, ya que el mal tiempo le impedía volver en avión, una de las razones que influyeron también en la decisión de acortar el discurso.

Tal como estaba previsto, exactamente a las 21.20 horas estalló la bomba de Elser, que destruyó la columna situada detrás del lugar donde había estado Hitler diez minutos antes, y parte del techo de la galería superior. Tras la marcha de Hitler, mucha gente había decidido abandonar el local, con lo que es imposible saber con exactitud la magnitud de la explosión en las condiciones en las que Elser la había planeado. El resultado final fue de ocho personas fallecidas y sesenta y tres heridas, dieciséis de ellas de gravedad.

De inmediato, el Servicio de Seguridad del Reich se dispuso a descubrir a los responsables del atentado. Las primeras sospechas recayeron sobre el servicio secreto británico. Pero los trabajos en la *Bürgerbräukeller* permitieron descubrir restos de una bomba artesanal y un temporizador; el tipo de explosivo era el habitual en las minas, y el autor había usado placas de estaño y corcho de un modelo poco habitual. Por tanto, las características caseras de la bomba no correspondían con el tipo de artefacto que emplearían unos agentes enviados por una potencia extranjera.

La policía interrogó a un relojero que recordaba haber vendido a un hombre con acento suabo dos relojes del mismo tipo que el usado en la bomba. También fue interrogado el comerciante que vendió las placas de corcho. Por último, la investigación llevó a un cerrajero que había prestado su taller a un suabo para trabajar en "algo de su invención". La descripción hecha por los tres hombres fue idéntica.

Hitler, durante un discurso en la cervecería de Munich en la que Elser colocaría su bomba con temporizador. El dictador abandonaría el local antes de que hiciera explosión.

A raíz de estas investigaciones, la policía descubrió que un hombre que respondía a esa descripción había sido visto las últimas semanas cerca de la *Bürgerbräukeller*, y que en alguna ocasión había sido sorprendido en los lavabos tras la hora del cierre. Heinrich Müller, jefe de la sección IV de la Gestapo, recibió un telegrama que le informaba de la detención de un sospechoso que correspondía a la descripción hecha por los comerciantes, en la frontera con Suiza.

Elser ya había sido detenido, de forma casual, a las nueve menos cuarto en el puesto aduanero de Constanza, en la frontera helvética. Era una simple detención rutinaria de alguien que intentaba pasar la frontera de forma clandestina. Pero unas horas después, los funcionarios de fronteras empezaron a relacionar a Elser con el atentado, al encontrar en sus bolsillos una postal de la *Bürgerbräukeller* con una columna marcada con una cruz roja, un fragmento de detonador y una insignia comunista. Pese a las evidencias, Elser negó cualquier relación con el atentado.

Elser fue conducido a Munich para ser interrogado por la Gestapo, donde continuó negando su participación en los hechos a pesar de las

"Ich hab den Krieg verhindern wollen"

Deutschland

55

Georg Elser 4.1.1903 am 9.4.1945 im KZ Dachau ermordet

2003

Sello alemán dedicado a Georg Elser, en reconocimiento a su acción.

pruebas en su contra, como, por ejemplo, los rasguños de sus rodillas a consecuencia de permanecer horas arrodillado excavando en la columna. Tras ser torturado la noche del 12 al 13 de noviembre, confesó el 14 de noviembre. Días después hizo una confesión completa, con detalles de la bomba y los motivos que le habían impulsado a cometer el atentado. Tras la confesión de Munich, Elser fue llevado a la sede del Servicio de Seguridad del Reich, en Berlín, donde volvió a ser torturado. Himmler no creía que un carpintero, sin apenas medios y educación, hubiera estado tan cerca de asesinar al *Führer*, sin contar con cómplices y estaba convencido de que existía alguna conexión con el servicio secreto británico.

Elser permaneció en Berlín hasta 1941. Tras comenzar la invasión de la Unión Soviética, el 22 de junio de 1941, fue trasladado al campo de concentración de Sachsenhausen, para, en 1944, ser enviado al campo de Dachau. En ambos lugares, curiosamente, recibió trato de prisionero privilegiado. Se ha especulado con que Hitler estaba esperando el momento propicio para organizar un juicio destinado a demostrar que

El Ayuntamiento de Munich dedicó una plaza a Georg Elser.

Elser formaba parte de una conspiración organizada por los servicios secretos británicos, pero la razón última de esa actitud benévola con Elser se desconoce.

Sin embargo, el 5 de abril de 1945, cuando la guerra estaba ya a punto de finalizar, Hitler ordenó que fueran ejecutados los prisioneros especiales de Dachau, entre los que se encontraban el almirante Wilhelm Canaris y Georg Elser. Cuatro días más tarde, un oficial de las SS, Theodor Heinrich Bongartz, ejecutó a Elser con un tiro en la nuca.

Los dos intentos que se han relatado, el de Bavaud y el de Elser, son representativos de los planes tramados y ejecutados por una sola persona. A continuación conoceremos otro caso, en este caso protagonizado por varias personas, que constituyó la ocasión en la que Hitler estuvo más cerca de la muerte, antes del atentado de Stauffenberg.

El atentado de las botellas

Este intento de asesinato tuvo lugar el 13 de marzo de 1943, cuando varios jóvenes oficiales pusieron en práctica un plan para acabar con su vida. El malestar entre los oficiales alemanes destinados en el frente ruso se arrastraba desde el primer invierno, en diciembre de 1941, pero en esos momentos la oposición de los militares al modo como Hitler estaba dirigiendo la guerra era más que visible.

Un mes y medio antes de ese atentado se había producido el desastre de Stalingrado. El VI Ejército del general Paulus había sido hecho prisionero por los soviéticos, después de sufrir inenarrables penalidades en esa ciudad situada a orillas del Volga. Esa fue la primera gran derrota en el frente ruso, lo que extendió la sensación generalizada de que la guerra estaba irremediablemente perdida.

No obstante, ya en el verano de 1942, el general de 41 años Henning Von Tresckow y el comandante Fabian Von Schlabrendorff, de 36, tantearon al general Hans Von Kluge para que participase en una conjura contra Hitler que conllevaría su eliminación física. Se trataba de la denominada Operación Flash, que no era vista con malos ojos por el máximo responsable de los servicios secretos germanos, el almirante Wilhelm Canaris. Pero Von Kluge, quizás pensando que la situación militar tenía visos de ser reconducida, prefirió mantenerse al margen de este arriesgado proyecto, cuyo objetivo último era negociar una paz honorable con las potencias occidentales para seguir la lucha en el este.

Esta iniciativa quedó aplazada al no lograr los conjurados casi ningún apoyo entre los generales, pero la catastrófica derrota en Stalingrado les hizo reaccionar. Las órdenes dadas por Hitler al general Paulus de que resistiese "hasta el último hombre y la última bala", en lugar de replegarse a una línea defensiva más segura, repugnó a todo el generalato, e hizo que Von Kluge se mostrase más proclive a aceptar las propuestas de los oficiales rebeldes.

Conscientes de que era el momento idóneo para llevar adelante su plan, los conspiradores lograron, esta vez sí, la participación activa de Von Kluge. Lo único en lo que tenía que colaborar Von Kluge era en invitar a Hitler a que visitase su cuartel general en Smolensk. El *Führer*, que se encontraba en su Cuartel General de Vinnitsa, en Ucrania, debería entonces hacer una escala en Smolensk, para despúes proseguir su viaje hasta su Cuartel General de Rastenburg. El plan consistía en colocar una bomba en el aparato durante la escala en Smolensk para que explotase en el trayecto a Rastenburg. El resultado siempre podría ser presentado como un accidente o un ataque de aviones rusos, por lo que se evitaban los inconvenientes que presentaba la constatación inmediata de que se había producido un atentado.

De todos modos, la bomba en el avión era la segunda opción. El teniente coronel Georg Freiherr Von Boeselager estaba al mando de un pequeño grupo de oficiales dispuesto a acribillar a balazos al *Führer*, aunque era tanto el odio que había acumulado contra el tirano que se había decidido a disparar él mismo.

El 13 de marzo de 1943 se llevó a cabo esa visita que debía acabar con la muerte del dictador germano. El Focke Wulf 200 *Condor* de Hitler tomó tierra en el aeródromo de Smolensk al mediodía. Von Kluge y Von Tresckow lo recibieron al pie de la escalerilla para darle la bienvenida, estrechándole cordialmente la mano. Pero el *Führer* no se dejaba llevar por las apariencias, siendo muy consciente de la atmósfera hostil que allí iba a encontrar, por lo que en todo momento estaría rodeado por su escolta. Uno de los miembros del cuerpo de seguridad aseguraría más tarde que ese día Hitler iba provisto de un chaleco antibalas. Además, Hitler llevaba consigo sus propios alimentos y a su cocinero para evitar algún intento de envenenamiento.

Tras una breve visita a las instalaciones, toda la comitiva se dirigió al comedor de oficiales. Aunque el ambiente era tenso, la comida discurría con toda normalidad. Era el momento de disparar contra él, pero al estar Hitler sentado junto a Von Kluge, Von Boeselager prefirió no hacerlo entonces para no poner en riesgo la vida del general involucrado en la conspiración.

Von Boeselager decidió que dispararían contra él cuando saliese del comedor. Pero la suerte se alió nuevamente con Hitler; mientras los tiradores estaban apostados en la puerta que daba directamente al aeródromo, Hitler, quién sabe si alertado por su proverbial intuición, prefirió salir por otra puerta, dando un rodeo para inspeccionar de nuevo el cuartel. El primer plan para asesinar al dictador había fracasado, pero aún quedaba la segunda opción, que parecía tener más posibilidades de éxito.

El artefacto que debía acabar con la vida de Hitler ya estaba listo. Aparentemente no eran más que dos botellas envueltas en papel de regalo y atadas con un lazo, pero en realidad se trataba de una potente bomba programada para hacer explosión cuando el avión del *Führer* estuviera en pleno vuelo.

La bomba estaba en manos de estos oficiales desde el verano del año anterior, cuando un oficial germano había logrado escamotear varios explosivos británicos encontrados en la playa de Dieppe, tras el *raid* aliado del 19 de agosto de 1942. El artefacto, compuesto por dos minas adhesivas, era de las que los británicos solían enviar a la resistencia francesa para sus operaciones de sabotaje. El grupo de Tresckow y Schlabrendorff pudo llevar a cabo varios ensayos con este explosivo, comprobando su enorme potencia, suficiente para derribar en vuelo el avión en el que viajaría Hitler.

Cuando el *Führer* dio por terminada la visita, Von Tresckow entregó al coronel Heinz Brandt, un miembro de la comitiva oficial, el paquete que supuestamente contenía las dos botellas, pidiéndole que, cuando llegasen al cuartel de Hitler en Rastenburg, lo remitiesen al general Helmut Stieff, destinado en Berlín. Para justificar el aspecto cuadrado del paquete, le aclaró que se trataba de dos botellas de Cointreau, cuyos conocidos envases de vidrio son de forma cuadrada.

Antes de entregarlo, Von Tresckow había activado la cápsula de ignición, accionando un mecanismo desde el exterior del paquete. Brandt se hizo cargo de la encomienda, algo habitual en este tipo de desplazamientos, y subió al avión con ellas, depositándolas en el compartimento del equipaje. El aeroplano, con Hitler en su interior, rodó por la pista de despegue y se elevó con la bomba en su interior. Eran las 15.19 horas.

Schlabrendorff se dirigió a su despacho y comenzó a llamar por teléfono a los oficiales que estaban al corriente de la operación. Empleando claves acordadas de antemano para esquivar posibles escuchas, les indicó que todo se había desarrollado según lo previsto y que debían estar atentos a la inminente noticia del fallecimiento del *Führer* en un "accidente aéreo", para tomar el mando de la situación.

A partir de las 15.45, el momento calculado para la explosión, Tresckow, Schlabrendorff y los otros participantes en el complot esperaron impacientes una llamada telefónica comunicándoles el "accidente" sufrido por el *Condor* en el viaje de regreso.

A las 16.04, la torre de control del aeródromo de Smolensk recibió un mensaje desde el campo de aviación de Rastenburg. Un ayudante entró en el despacho de Schlabrendorff y le entregó el papel. El lacónico contenido del mensaje era tan concluyente como decepcionante: "*Führer* llegado sin novedad".

Al instante, la perplejidad y el desánimo se apoderó de los conspiradores, que no entendían cómo podía haber fallado la bomba. Más tarde se sabría que, para evitar las turbulencias de una tormenta, el piloto elevó el avión, provocando que la temperatura descendiese bruscamente en el compartimento en donde estaba el paquete. Al helarse el ácido que formaba parte del mecanismo, el fino alambre que sujetaba el percutor y que debía corroerse al contacto con el ácido no cedió.

No obstante, no está claro el motivo por el que el artefacto falló. Otras investigaciones apuntan a que la calefacción del aparato no funcionó correctamente durante el viaje, lo que hizo descender la temperatura con el mismo resultado. Al respecto, el propio Von Schlabrendorff se contradiría después de la guerra, pues en una ocasión afirmó que el ácido se heló, inutilizando el mecanismo, mientras que en una entrevista posterior aseguró que la espoleta funcionó correctamente pese al frío, responsabilizando del fiasco al explosivo británico, que era defectuoso.

Sea como fuera, la realidad es que Hitler llegó sano y salvo a Rastenburg. Pero la enorme decepción producida por el fracaso no impidió a Von Tresckow caer en la cuenta de que, al no haber explotado, la existencia del artefacto explosivo iba a revelar el intento de atentado, pues el general Stieff, a quien iban destinadas las botellas, nada sabía del complot. De inmediato, envió un mensaje a Rastenburg en el que advertía que había habido un error, pues había colocado unas botellas de *cognac* francés en lugar de las de Cointreau. Para poder recuperar el paquete incriminador, les anunció que Schlabrendorff tenía previsto viajar de inmediato a Berlín para unos asuntos personales y que él llevaría personalmente las botellas después de pasar por Rastenburg.

Afortunadamente, nadie reparó en ese extraño interés por el destino de las botellas y Schlabrendorff pudo recuperar el artefacto. La

Un *Focke Wulf 200 Condor* como el utilizado habitualmente para el transporte de Hitler. El 13 de marzo de 1943, unos oficiales lograron colocar una bomba en su avión, camuflado como un paquete con botellas, lo que llevaría a conocer esta acción como el atentado de las botellas.

Operación Flash había fracasado, pero los conjurados no habían sido descubiertos.

Estos son sólo algunos de los intentos de asesinar a Hitler previos al que protagonizaría Claus von Stauffenberg. Hubo otros planes, ya fuera individuales o colectivos, cuyo objetivo era acabar con la vida del tirano nazi. Pero de forma tan incomprensible como desesperante, el factor suerte estaría en todo momento a favor del dictador alemán.

Como veremos en los siguientes capítulos, en el intento del 20 de julio de 1944, objeto del presente libro, proseguiría ese particular idilio entre Hitler y la suerte, tan beneficioso para él pero tan perjudicial para la vida de millones de personas inocentes.

Capítulo 3
Stauffenberg

El complot del 20 de julio de 1944 no puede entenderse sin conocer a fondo la personalidad de su máximo impulsor, Claus von Stauffenberg, la auténtica figura clave de este episodio histórico.

El descontento contra Hitler en el seno del Ejército necesitaba de un potente reactivo para manifestarse y él, Von Stauffenberg, sería ese elemento imprescindible para que la mecha de la conspiración prendiese. Eran muchos los que participaban de la necesidad de dar ese vigoroso golpe de timón al destino de Alemania, pero nadie se atrevía a tomar sobre sus hombros esa responsabilidad. El conde Von Stauffenberg se ofrecería a asumir ese papel.

¿Qué llevó a ese aristócrata a poner en riesgo su vida y el porvenir de su familia para intentar derrocar al régimen nazi? Con el fin de encontrar la respuesta a esta cuestión es necesario conocer su biografía, pues ella es la que proporciona las claves para comprender su comportamiento en esos momentos trascendentales para la historia de Alemania.

El origen de la familia

Claus Philipp Maria Schenk, conde de Stauffenberg, nació el 15 de noviembre de 1907 en la población bávara de Jettingen. Era el tercer hijo del conde Alfred Schenk von Stauffenberg. Sus hermanos Berthold y Alexander, mellizos, habían nacido dos años antes que él. Claus tuvo también un hermano mellizo, Konrad, pero falleció al nacer.

Su familia procedía de la primitiva nobleza suava. La ascendencia de ese tronco familiar, sin interrupción alguna, comienza en 1382, con Hans Schenk von Stoffenberg (sic). Pero sus orígenes podrían remontarse incluso más atrás, hasta 1262, cuando por primera vez quedó constancia documental del apellido, con Hugo von Stophenberg. El castillo que dio el nombre de Stauffenberg, hoy en ruinas, se encuentra en los alrededores de Hechingen.

Su bisabuelo, el barón Ludwig von Stauffenberg, poseía el título hereditario de consejero de la corona de Baviera. Fue elevado a la categoría de conde en 1874 por el rey Luis II. Según la leyenda familiar, al cumplir el barón setenta años se hizo acreedor de una gracia real; expresó al canciller que aceptaría con gusto cualquier recompensa excepto un título nobiliario. Al parecer, Ludwig se había hecho antipático al monarca por su tenacidad, así que el rey vio la oportunidad de concederle una gracia que le disgustase, por lo que le concedió el nombramiento de conde.

El padre de Claus von Stauffenberg, Alfred, desempeñó durante años un alto puesto estatal, mayordomo mayor del rey de Württemberg, hasta que este cargo fue suprimido tras la caída de la monarquía en 1918. Alfred Schenk von Stauffenberg era un católico convencido, de pensamiento conservador, dotado para las formas estrictas de representación y el ceremonial de la corte.

Pero no hay que tener una imagen presuntuosa de su progenitor, ya que también se desenvolvía a la perfección en las cuestiones más prácticas, como podía ser la reparación de una conducción eléctrica, el tapizado de un mueble o el cuidado de un huerto. Un amigo de la familia, Theodor Pfizer lo recordaba "arrancando la maleza de los caminos, injertando árboles frutales o recogiendo alcachofas". Esa mezcla entre tradición, dominio de las formas y, a la vez, una actitud eminentemente práctica, pasaría a formar parte de los genes de Claus.

La familia Stauffenberg en 1923. Arriba, el padre, Alfred, y al lado su mujer Caroline. Abajo, de izquierda a derecha: Claus, Berthold y Alexander.

El hecho de que su padre no fuera un aristócrata al uso tuvo quizás su expresión filial en que Stauffenberg mostrara a lo largo de toda su corta vida un carácter indómito. Uno de sus comandantes de división diría de él que el corte de pelo, el arreglo personal y el modo de llevar el uniforme le importaban bien poco. Sus compañeros coincidirían en que prestaba poca atención al aspecto externo. Sin duda, Stauffenberg no pretendía verse reconocido como aristócrata, sino como uno más.

La nobleza también le llegaba a Stauffenberg por vía materna. Su madre era la condesa Caroline Üsküll, bisnieta del mítico general prusiano August Gneisenau (1760-1831). Ella era la antítesis de su padre, pues no compartía con su esposo esa habilidad para afrontar las cosas prácticas de la vida. Podríamos decir que su madre reunía los tópicos que se les suponen a los aristócratas. Criticaba a su marido y a sus hijos que hablasen entre ellos atropelladamente, mediante expresiones sonoras y breves, en lugar de conversar correctamente. Sentía un gran interés por la música y la literatura; era capaz de recitar de memoria largos pasajes de Goethe y Shakespeare.

El rancio origen aristocrático de Stauffenberg no es sólo una necesaria nota biográfica, sino que es un hecho clave para comprender la naturaleza del complot impulsado por él, y su posterior represión. Hay que tener presente que la relación entre los nacionalsocialistas y la nobleza era extraordinariamente tensa. Los aristócratas sentían una mezcla de prevención y desprecio por los nazis; las diferencias de clase eran abrumadoras, puesto que buena parte de los cuadros nacionalsocialistas estaban formados por personas procedentes de sectores obreros o de clase media. El observar cómo gentes con escasa cultura y desconocedores de las buenas maneras accedían a puestos de dirección política que durante siglos habían estado reservados para ellos, produjo sarpullidos en la aristocracia.

A su vez, los nazis estaban convencidos de que no lograrían moldear a su antojo la mentalidad de los nobles, pues ésta estaba ligada a la tradición, al contrario que las masas obreras, a las que era más fácil inculcar nuevos principios. Sabían que nunca se ganarían a los aristócratas para su causa. De hecho, al principio de la guerra, Himmler y Goebbels habían dado a entender que después de la contienda se llevaría a cabo una ejecución en masa de los nobles alemanes en el Lustgarden de Berlín. El propio Himmler confesó en una ocasión a su masajista su convencimiento de que "los príncipes no son mejores que los judíos". Un informe en poder de Martin Bormann, el secretario de Hitler, fechado el 22 de julio de 1944, dos días después del atentado, calificaba a la nobleza de "sarna y epidemia intelectual de la nación".

Con este caldo de cultivo, es más fácil entender la oposición decidida del conde Stauffenberg al régimen nazi, así como la reacción desmedida del aparato represor nazi al conocer la presencia de un aristócrata en el puente de mando del complot.

INFANCIA Y JUVENTUD

Claus pasó los primeros años de su vida en Stuttgart, asistiendo al Liceo Eberhard-Ludwig, que contaba con una larga tradición pedagógica. El ideario de esta escuela se basaba en el espíritu humanista, que caló en el joven Stauffenberg, despertando su interés por los clásicos. En sus tiempos de soldado leería textos antiguos en la lengua original, lo que sorprendía a sus compañeros.

Hasta finalizar sus estudios de bachiller, Claus manifestó su intención de ser arquitecto —curiosamente la misma vocación de Hitler, el hombre al que intentaría matar años después—, y llegó a pensar en ser músico. Claus tocaba el violoncello y daba conciertos para la familia junto a sus hermanos, e incluso llegó a actuar fuera del círculo familiar. Pero un día llegó a la conclusión de que nunca destacaría en ese campo, por lo que renunció para siempre a interpretar música.

El derrocamiento de la monarquía al final de la Primera Guerra Mundial supuso un terremoto para la familia. Tuvieron que trasladar su vivienda en la segunda planta del palacio de los condes y duques de Württemberg a una casa más modesta en la ciudad. Los padres observaron con preocupación el desplome casi instantáneo de las barreras sociales en la posguerra y la influencia de las nuevas ideas en sus hijos.

Stauffenberg se sentía perteneciente a una élite, pero ni él ni sus hermanos aspirarían a un reconocimiento social por el mero hecho de su origen noble, tal como intentaban transmitirles sus padres, sino que más bien lo considerarían un estímulo para asumir responsabilidades.

Pese a que Claus enfermaba con cierta frecuencia, no dudó en adherirse a grupos juveniles junto a su hermano Berthold, para realizar excursiones y participar en trabajos voluntarios. Su padre no veía con buenos ojos estas actividades, ni tampoco contempló con entusiasmo la relación de sus hijos con el poeta Stefan George. Berthold y Claus, y poco después también Alexander, fueron admitidos en el círculo de amistades del poeta. George tendría una influencia determinante en Stauffenberg, y éste lograría transmitir el entusiasmo por su poesía al resto de conjurados.

George no sólo enseñaba poesía, sino que intentaba trasladar a sus pupilos el deseo de impulsar la capa espiritual de Alemania por encima de la dispersión espiritual, moral, política y artística que podía percibirse entonces claramente en la sociedad germana. El poeta odiaba el pensamiento burgués, los convencionalismos, la religión impostada o el falso patriotismo, y a cambio ofrecía la vinculación a unos nuevos y más auténticos valores. La conciencia nacional de George no tenía nada que ver con las ideas racistas de los nazis y su nacionalismo vulgar. La ética del poeta era una ética de la acción, una necesidad de la vida, en la que

cada uno debía entregarse a su deber. Este mensaje halló en Stauffenberg terreno abonado para germinar. Los planteamientos de Stefan George tendrían una importancia decisiva a la hora de conformar los cimientos ideológicos del complot del 20 de julio.

Vocación militar

De los tres hermanos, Berthold era el más brillante intelectualmente; estudió Derecho y llegaría a ser una figura jurídica relevante en la Marina alemana. Alexander estudió también Derecho, pero finalmente se decidió por la Historia.

En marzo de 1926, Stauffenberg terminó el bachillerato. Sus notas fueron brillantes, pese a que, al haber padecido varias enfermedades, había tenido que quedarse en casa durante largos períodos, recibiendo clases particulares. Las mejores notas las alcanzó en matemáticas, historia y francés. La peor calificacón, un "suficiente", correspondió a la asignatura de latín.

Como se ha apuntado, durante su adolescencia, Stauffenberg había expresado su deseo de ser arquitecto, incluso poco antes de acabar sus estudios de bachillerato; sin embargo, de forma sorprendente, decidió hacerse oficial. Se desconoce la motivación que le llevó a este cambio brusco. Se ha hablado de la posibilidad de que fuera Stefan George el que le hiciera variar en sus intenciones iniciales; la vida militar era vista en la Alemania de ese momento como un camino para intervenir, de un modo u otro, en el rumbo de la historia de la nación, y quizás Stauffenberg se vio impelido a tomar esa responsabilidad.

Stauffenberg entró como cadete en 1926 en el Regimiento 17º de Caballería en Bamberg, una unidad que estaba ligada por tradición a su familia. Tras pasarse un año realizando los trabajos más simples, como marcaba el reglamento de la formación de los oficiales, al año siguiente fue enviado a la escuela de infantería de Dresde.

El escultor Frank Mehnert realizó este busto de Claus von Stauffenberg en 1929.

Tras esa temporada, marchó a la escuela de caballería de Hannover. De su estancia en esta escuela ya contamos con testimonios sobre su personalidad. Gozaba de gran confianza de sus jefes y de inmediato se hizo popular entre sus compañeros, que le escogieron delegado de la clase. Demostró una habilidad innata para interceder en los conflictos que se producían.

Destacaba también Stauffenberg por la armonía de sus rasgos, lo que le valió servir de modelo para un busto esculpido por el joven escultor Frank Mehnert, una obra que su futura esposa se encargaría de conservar. En ese busto pueden apreciarse las características descritas por otro escultor, Ludwig Thormaelen, integrante del círculo de poeta Stefan George:

"Una de las cosas que llamaba la atención en Stauffenberg eran los ojos; permitían reconocer su firmeza y nobleza de espírtiu, su viveza y bondad. Eran azul oscuro metálico. El óvalo de la cara era ancho sin ser redondo. Sus acusadas mandíbulas, junto a la barbilla saliente, le daban aire de firmeza, mientras que la ancha frente atestiguaba su serenidad y reflexión, su gran capacidad de observación, su fuerte voluntad y decisión. Tenía una nariz muy bien formada y una boca firme. Tan sólo las mejillas podían parecer sensibles. Posteriormente adquirieron el signo de la dureza de la vida del soldado. El pelo, oscuro, brillante y ligeramente ondulado, lo llevaba hacia un lado".

Su único punto débil era la salud, que aún arrastraba las consecuencias de sus dolencias infantiles, pero su fuerza de voluntad le ayudó a superarse en el plano físico, llegando a alcanzar resultados brillantes en la práctica deportiva. Al acabar ese período de instrucción, regresó a su regimiento de Bamberg, donde fue ascendido a lugarteniente.

El año 1933 sería catastrófico para el destino de Alemania, puesto que vio a Hitler encaramarse al poder, al ser nombrado canciller el 30 de enero, pero para Stauffenberg sería un año extraordinario; el 1 de mayo recibió su nombramiento de teniente primero y el 26 de septiembre se casó con la baronesa Nina von Lerchenfeld. Nina había nacido en Kaunas —entonces en Rusia y hoy en Lituania—, el 27 de agosto de 1913. Conoció a Claus cuando ella tenía 16 años. Como la familia de Claus, la de ella también pertenecía a la nobleza originaria de Baviera.

Stauffenberg y la baronesa
Nina von Lerchenfeld
se casaron el 26
de septiembre de 1933.

Tras su ascenso, Stauffenberg marchó por segunda vez a la escuela de caballería de Hannover. Allí se manifestó definitivamente su inclinación por la hípica. Junto a su suegro compró un bello ejemplar, *Jagd*, que le facilitó conseguir el supremo grado de doma de caballos. En 1935 consiguió el grado obligatorio en sus estudios, en cuyos ejercicios de equitación lograría superar a varios de los posteriores vencedores en los Juegos Olímpicos de 1936.

Además de por la hípica, Stauffenberg mostró un interés especial por el dominio del idioma inglés, buscando especializarse como intérprete militar. Pero sus intereses no se centraban solamente en aquello que hacía referencia al ámbito de su profesión; estudiaba también historia, literatura, arte, filosofía, política, y asistía con frecuencia a conferencias y conciertos, además de mantener un amplio círculo de amistades.

Stauffenberg y el nazismo

En cuanto a sus posiciones políticas en esa época, todo son suposiciones. Se ha especulado con que pudo participar en una manifestación callejera de apoyo a Hitler cuando éste alcanzó el poder, pero las investigaciones de los historiadores no han podido concederle a ese extremo ninguna veracidad. Los testimonios más creíbles apuntan, eso sí, a que Stauffenberg aceptó de buen grado el nacionalsocialismo. Seguramente compartió el sentimiento del resto de oficiales, que su jefe de escuadrón, Hanz Walzer, describió así:

"Quedamos sorprendidos por el nombramiento de Hitler como canciller del Reich, y no puede hablarse en absoluto de entusiasmo. Pero esperábamos que terminara con eso la disputa entre partidos y se diera paso a una política recta y estable bajo la influencia del noble mariscal y presidente del Reich (Paul von Hindenburg)".

Pero disponemos de un testimonio, el del profesor Rudolf Fahrner, que concreta la actitud de Stauffenberg ante la toma del poder por Hitler:

"Toda información despreciativa sobre Hitler era recibida escépticamente por Claus von Stauffenberg, que tenía gran interés en conseguir un juicio objetivo. Stauffenberg comprendía que Hitler, pese a todas las bajezas de su carácter, también tenía cualidades escepcionales para una renovación y para conseguir una influencia indirecta sobre hombres de ideales y altos fines".

De aquí se desprende que en 1933 el joven Stauffenberg albergara esperanzas de que el liderazgo de Hitler fuera positivo para la nación alemana. Pero la llamada "Noche de los cuchillos largos", por la que las SA de Ernst Röhm fueron decapitadas por orden de Hitler en un sangriento ajuste de cuentas entre los propios nazis, supuso seguramente un aldabonazo en la conciencia de Stauffenberg. Existen testimonios que aseguran que poco después de esos hechos ya comenzó a discutir la posibilidad de una eliminación violenta del régimen nazi. Su jefe de escuadrón afirmaría que Stauffenberg, durante una conversación, se mostró partidario de que esa eliminación se desarrollase "desde arriba, pues una revolución desde abajo, que partiera del pueblo, no podría preverse dada la influencia y los medios de poder del partido".

Sería muy arriesgado situar en esa charla el origen de la acción que llevaría a cabo diez años más tarde. Otras conversaciones posteriores de Stauffenberg denotarían que su confianza en el nacionalsocialismo no se había borrado de repente. Un compañero de academia aseguraría que a finales de 1936 Stauffenberg "no rechazaba el nuevo espíritu", y el profesor Fahrner afirmaría que "veía en Hitler el tipo del moderno dirigente de masas, con un asombroso poder de resonancia, que tomaba las ideas que la época le brindaba y era capaz de simplificarlas y convertirlas en eficaces políticamente y, por consiguiente, lograba entusiasmar, provocando entrega y sacrificio".

Es difícil extraer conclusiones de estos testimonios, puesto que no hay que olvidar que fueron posteriores a la Segunda Guerra Mundial y que, por tanto, estuvieron influidos por el conocimiento de la posterior evolución del personaje, pero podría aventurarse que Stauffenberg se debatía en esa época entre apoyar o no a un régimen que proporcionaba estabilidad, en comparación con la agitada vida política y social de la República de Weimar, pero cuyos valores no correspondían a los suyos propios. Por un lado, debía sentirse disgustado por que el poder estuviera en manos de unos dirigentes que, en ocasiones hacían gala de su incultura, pero por otro debía simpatizar con el movimiento nacional proclamado por ellos.

UN OFICIAL PROMETEDOR

En septiembre de 1936, Stauffenberg viajó dos semanas a Inglaterra, gracias a sus excelentes calificaciones como intérprete. Allí visitó la célebre escuela militar de Sandhurst, en donde pudo mantener una discusión con los cadetes que estudiaban alemán. En octubre de ese año, fue enviado a la Academia de la Guerra, para prepararse a entrar en el Estado Mayor. En enero de 1937 recibió su ascenso a capitán de caballería.

En la Academia de la Guerra conocería a otro oficial que también participaría en el complot del 20 de julio, Albrecht Ritter Mertz von Quirnheim, al que el conde llamaba *Ali*, que estaría junto a él en los momentos más comprometidos del golpe de Estado.

Stauffenberg destacó a todos los niveles, pero sobre todo por su tratamiento científico de los problemas militares. Fruto de ello fue un trabajo teórico que regiría como obra básica durante la guerra: "La defensa contra las unidades paracaidistas"[3].

Además de este trabajo escrito sobre tropas aerotransportadas, impartió conferencias sobre el mismo tema, y confeccionó otro sobre el papel de la caballería. Sin embargo, este segundo trabajo no tendría el éxito del primero; sus planteamientos eran demasiado avanzados para esa época, pues consideraba a la caballería como un arma anacrónica, que debía ceder ante el empuje de los carros de combate. Durante su estancia en la Academia de la Guerra mostró interés complementario por la geopolítica y la economía, así como por la historia de Inglaterra y de Estados Unidos.

En el verano de 1938, después de terminar sus estudios en la Academia de la Guerra, fue trasladado a la 1ª División, en Wuppertal, en donde se pondría a las órdenes del teniente general Hoepner, que también tendría un papel destacado en la conjura del 20 de julio. Allí obtuvo el cargo de oficial segundo del Estado Mayor, cuya misión era organizar el aprovisionamiento de las tropas. Desde que ocupó ese puesto, Stauffenberg dio muestras de su particular manera de trabajar; la puerta de su sala de trabajo estaba siempre abierta y todos podían entrar en ella sin anunciarse. Aunque estuviera muy ocupado, Stauffenberg siempre tenía un momento para atender a todo aquél que acudiera a él para pedir consejo o discutir cualquier asunto.

Aparentemente, su método de trabajo era caótico, puesto que su mesa estaba siempre ocupada por montañas de documentos, caminaba por el despacho con un cigarrillo en la mano mientras dictaba una carta o mantenía una conversación, y era interrumpido continuamente por las visitas o las llamadas telefónicas. Pero después de esas pausas reemprendía el trabajo en el mismo punto en el que lo había dejado, y llevaba un control escrupuloso de todo lo que hacía, pues siempre estaba tomando anotaciones.

La presión inherente a las complejas tareas con las que debía lidiar a diario no hacía ninguna mella en él. Un ordenanza aseguró después que Stauffenberg "nunca se dejaba arrastrar por el malhumor, sino que siempre mantenía un tono cordial y afectuoso".

---

3 Ver Anexo 1.

Stauffenberg,
retratado como oficial
del 17º Regimiento de
Caballería de Bamberg,
en 1934.

Las primeras misiones

La entrada en acción de Stauffenberg tuvo lugar en octubre de 1938, cuando las tropas alemanas penetraron en la región checoslovaca de los Sudetes, tras los acuerdos del Pacto de Munich. Su unidad fue recibida con euforia en las ciudades de población alemana, pero con frialdad en las que predominaba la población checa. Stauffenberg estaba encargado del avituallamiento de las tropas y del aprovisionamiento de la población. Este segundo objetivo no era nada fácil, puesto que la región, al quedar desgajada del resto de Checoslovaquia, debía comenzar a recibir inmediatamente los productos básicos desde Alemania, sin una fase de transición.

Stauffenberg se dedicó con gran energía a esta misión, plagada de dificultades. Por ejemplo, de repente a los panaderos les faltó levadura para amasar el pan, o los bares se quedaron sin cerveza. Stauffenberg tuvo que movilizar infinidad de recursos para lograr que la población bajo el control de su unidad no padeciese escasez de artículos de primera necesidad.

Al llegar la Navidad, Stauffenberg, en un encomiable gesto de generosidad, renunció al permiso especial al que tenía derecho para que un compañero pudiera visitar a su familia. Otro gesto que también sirve para trazar su personalidad fue su indignación por el comportamiento de algunos soldados alemanes, que se aprovecharon de la necesidad de la población de los Sudetes de adquirir marcos, para comprarles así sus mercancías a bajo precio. Stauffenberg dispuso de inmediato que se prohibieran esas compras abusivas y que se devolviera lo comprado de forma tan oportunista. Stauffenberg siguió destinado en los Sudetes hasta que estalló la guerra.

Con el objetivo de la invasión de Polonia, su división pasó a formar parte del grupo de ejércitos del Sur, bajo las órdenes del general Gerd von Rundstedt. Ese ejército constituía el lado sur de la tenaza que se cerraría sobre Polonia. La unidad de Stauffenberg no tuvo dificultades para avanzar por las llanuras polacas, pero cuando conoció la entrada en la contienda de Francia e Inglaterra hizo la siguiente observación:

"Si queremos ganar esta guerra, se trata de una cuestión de poder mantenerla, y entonces esa guerra, con toda seguridad, durará sus buenos diez años".

Claus y su mujer, Nina.

Stauffenberg se equivocaba en el pronóstico sobre la duración de la contienda. Pero su concepto de la guerra que acababa de estallar estaba más cercano a la realidad de los que creían, Hitler entre ellos, que ésta se resolvería favorablemente para Alemania tras una rápida y demoledora *blitzkrieg* (guerra relámpago), ante la que las potencias occidentales permanecerían como simples espectadores, sin atreverse a actuar.

Polonia fue conquistada en menos de un mes, pero Stauffenberg no se relajó. Advirtió que la campaña polaca recién concluida podía ser utilizada como un banco de pruebas idóneo para extraer consecuencias de cara a nuevas y ambiciosas campañas. Así pues, decidió confeccionar una encuesta, comenzando por el comandante y acabando por el último soldado, para conocer las posibles mejoras de armas, equipo, camiones, víveres, cuidado de los heridos, etc. El cuestionario fue elaborado por él mismo y luego se encargó de recoger las conclusiones en un extenso informe.

Otro episodio significativo para conocer su carácter se produjo en febrero de 1940, cuando el puesto de primer oficial del Estado Mayor en su división quedó vacante. Todos estaban convencidos de que Stauffen-

berg iba a ocuparlo, pero finalmente fue otro el escogido. El nuevo oficial tuvo que enfrentarse a la hostilidad de los demás, que consideraban una injusticia que Stauffenberg no hubiera sido ascendido, pero el propio Stauffenberg se encargó de facilitar su trabajo, favoreciendo su integración en el grupo. Aunque es seguro que ese fracaso personal le doliese, Stauffenberg siguió manteniendo la misma camaradería que antes y dedicándose a su labor como segundo oficial con el mayor esfuerzo.

Un excelente organizador

En la campaña de Francia, iniciada el 10 de mayo de 1940, la 6ª División Blindada, en la que estaba encuadrado Stauffenberg, fue incorporada a la ofensiva de las Ardenas. Durante esta campaña, recibió el nombramiento para la sección de organización del Estado Mayor. Su misión pasó a ser elaborar la organización y la estructura de los altos departamentos del ejército en batalla, del ejército de retaguardia y de los territorios ocupados. En estas complejas labores del Estado Mayor, Stauffenberg se mostró como un excelente organizador. En la sección de organización permanecería hasta mediados de 1943.

Su trabajo le obligaba a realizar continuos viajes, por los que debía inspeccionar las tropas auxiliares, acudir a Berlín a ver al jefe del Ejército, visitar las escuelas de oficiales y tratar temas de su formación u organizar asuntos relativos al personal sanitario. Se ganó muy pronto la confianza de sus superiores, que sabían que podían delegar en él todo tipo de cuestiones, incluso algunas que excedían a su competencia.

De él valoraban que alcanzara de inmediato resultados positivos en las misiones encomendadas, teniendo la habilidad de crear a su alrededor un clima de buen humor y simpatía. También agradecían el hecho de que Stauffenberg tuviera valor para hacerles llegar las observaciones que los demás no se atrevían a hacer; era capaz de transmitirles la opinión más áspera de un modo que resultase constructivo, y esa sinceridad era muy valorada.

Imagen tomada en 1940, cuando Stauffenberg estaba asignado a la 6ª División Panzer.

El constante trato con el cuartel de mando, en contacto con los dirigentes máximos del Ejército, le permitiría más tarde entrar en el círculo de la oposición a Hitler. En ese camino tuvo una importancia capital su amistad con el general Halder desde 1940, uno de los principales opositores a Hitler en el interior de las fuerzas armadas.

LAS PRIMERAS DUDAS

Durante el desempeño de sus tareas, probablemente Stauffenberg pudo comprobar que la máquina de guerra germana no era tan perfecta como aparentaba. Pese a los éxitos militares, Stauffenberg se mostraba escéptico respecto a la conducción de la guerra. Se ha conservado una frase que pronunció en 1941 en una conferencia que dio en Berlín, en la Academia de la Guerra:

—Nuestro mando en esta guerra es tan imbécil que no podría serlo más si los mejores oficiales del Estado Mayor hubieran sido encargados de hallar una forma lo más absurda posible.

No obstante, no hay que deducir que durante ese año Stauffenberg desconfiaba ya de la capacidad de Hitler para reconducir la dirección que estaba tomando la contienda. Todavía en abril de 1942, comentó a su antiguo comandante de división, Von Loepner, que aprobaba la decisión de Hitler de intentar tomar Moscú a las puertas del crudo invierno ruso, pues "debía jugarse todo a una carta para alcanzar un objetivo definitivo, y la conquista de la capital enemiga era ese objetivo". Pero en esa misma conversación, Stauffenberg se mostró crítico con las últimas decisiones políticas de Hitler, que suponían la entronización de la justicia arbitraria, por encima de las leyes.

Pese a que se intuye que en la primavera de 1942 Stauffenberg aún confiaba en la capacidad militar de Hitler, es difícil creer que esa opinión se mantuviese después del verano de ese año. La campaña iniciada el 28

Stauffenberg con dos de sus hijos.

de junio con el objetivo de avanzar, en el sur, hacia el Cáucaso, y en el norte hacia Leningrado, no comenzó con los mejores augurios. Stauffenberg, desde su puesto, tuvo que ser testigo de primera línea de la falta de medios con la que ésta se inició, pues las necesidades sólo pudieron ser cubiertas en parte; un experto en aprovisionamiento como él tuvo que advertir de inmediato que la campaña estaba condenada al fracaso.

El 13 de septiembre de 1942, Stauffenberg manifestó abiertamente su oposición al modo como se estaba llevando a cabo la guerra contra la Unión Soviética. Entre sus amistades afirmaba que se debía renunciar a la concepción nacionalsocialista de que los hombres del Este eran inferiores. Esta crítica la hizo llegar al Estado Mayor en un documento en el que exponía que el trato a la población civil representaba una "provocación irresponsable".

De forma significativa, esta crítica de Stauffenberg no significó su defenestración, como solía suceder con los oficiales que mostraban algún tipo de disidencia, sino que le supuso el encargo de organizar un servicio especial para las unidades de voluntarios, integradas por armenios, georgianos o cosacos. Sin embargo, los abusos y crímenes contra la población civil continuaron produciéndose, lo que no pudo pasar desapercibido para Stauffenberg.

Sería precisamente durante esa segunda mitad de 1942 cuando Stauffenberg llegó a la conclusión de que era necesario el desplazamiento de Hitler del poder. De esa época contamos ya con manifestaciones inequívocas en ese sentido. En una conversación con su jefe, Burkhart Müller-Hillebrand, exclamó:

—¿Es que en el Cuartel General del *Führer* no se encuentra ningún oficial capaz de dispararle?

En otra ocasión, en mitad de una charla en la que uno de los asistentes propuso que lo que era necesario era decir la verdad a Hitler, Stauffenberg le respondió:

—No se trata de decirle ninguna verdad, sino de derrocarle y para eso estoy yo dispuesto.

Los compañeros de Stauffenberg no tuvieron entonces la impresión de que estuviera hablando seriamente de organizar un atentado contra Hitler. Pero Stauffenberg comenzó durante los últimos meses de 1942 a averiguar si existían oficiales influyentes dispuestos a derrocar al dictador.

Conversó con varios generales y mariscales, pero sus tanteos no dieron ningún resultado. Todos le decían que comprendían que las cosas no podían continuar de ese modo, pero ninguno se ofrecía a tomar la iniciativa.

Por ejemplo, el mariscal Von Manstein relataría así su entrevista con Stauffenberg:

"Acudió a mí como representante de la sección de organización para hablar de la cuestión del aprovisionamiento de nuestro ejército. Me rogó entonces que tuviéramos una conversación privada. En ella me manifestó su disconformidad con la dirección errónea de la guerra, es decir con Hitler. No pude más que darle la razón, y le dije además que también me daba cuenta de los errores de Hitler y era de desear un cambio en la dirección militar. Yo era partidario del nombramiento de un jefe responsable del Estado Mayor de la Wehrmacht, que era la que debía tener en sus manos la dirección. Yo prometí procurar de Hitler conseguir eso. De sus expresiones no pude colegir de que Stauffenberg actuara contra Hitler, más bien tuve la impresión de que él dudaba acerca de si en el Estado Mayor se podía conseguir algo".

De estas palabras se desprende claramente que Von Manstein no quiso entender el mensaje que, sin duda, Stauffenberg quiso transmitirle en esa conversación sin testigos. La prueba es que Stauffenberg aseguraría después a su mujer, Nina, que "ésa no es la respuesta que puede esperarse de un mariscal".

Destinado a África

El 1 de enero de 1943, Stauffenberg fue ascendido a teniente coronel. Inmediatamente después fue destinado a Africa, sin que él lo hubiera solicitado. La guerra en el desierto ya no ofrecía el halo de emoción y romanticismo que habían creado los éxitos de Rommel al frente del Afrika Korps. Los tiempos en los que las divisiones alemanas habían amenazado el Canal de Suez ya quedaban lejos, y los alemanes, arrinconados en tierras tunecinas tras sucesivas retiradas, intentaban únicamente aplazar el momento en el que se verían forzados a abandonar el continente. De todos modos, parece ser que Stauffenberg no acogió este traslado con disgusto.

Una vez en Túnez tomó posesión de su nuevo puesto como primer oficial del Estado Mayor de la 10ª División Panzer. Visitó a su antecesor, el mayor Bürklin, que estaba gravemente herido. De manera premonitoria, Bürklin le aconsejó que tuviera cuidado con los aviones enemigos.

Stauffenberg se vio sorprendido por el tipo de guerra que se desarrollaba en el teatro africano, pues las tácticas cambiaban contínuamente. Ataques, defensas, retiradas, contraataques, se sucedían un día tras otro, pero él supo adaptarse bien a ese cambio. La tropa tuvo siempre la impresión de que estaba bien dirigida, pues Stauffenberg sabía captar de inmediato la complejidad de la situación que se presentaba. Allí se ganó la amistad y el reconocimiento de los soldados. El coronel Heinz Schmidt subrayó su excelente relación con la tropa:

"Al poco tiempo era querido por la División a causa de sus cualidades: su lealtad y capacidad de trabajo, así como también su espíritu solidario y su cordialidad. Pese a las muchas tareas que en su puesto tenía, hallaba siempre tiempo para relacionarse con los soldados. Con frecuencia visitaba los regimientos y batallones para hablar con sus comandantes sobre cuestiones de servicio o personales. Tenía gran habilidad y tacto para el trato humano y todo el mundo se sentía de inmediato atraído por él".

Un joven oficial, Friedich Zipfel, también señalaría la especial aptitud de Stauffenbeg para las habilidades sociales:

"Quedé profundamente impresionado por el conde Stauffenberg. Me pareció el ideal de un oficial. Ante él se sentía total confianza y en pocos minutos había logrado romper el hielo de la diferencia de grado. Por otra parte, la justeza y exactitud con que hablaba inspiraban respeto a la autoridad que su comportamiento imponía. Lo característico era que parecía interesado en que todos aprendieran rápidamente cómo debía ejercerse el mando. Esto naturalmente no era habitual entre los jefes. El contacto con los inferiores muchas veces adolecía de rigidez y frialdad".

Stauffenberg (derecha) conversando con el barón von Broich durante la campaña de Túnez, en la primavera de 1943.

A primeros de abril, cuando se contemplaba ya como inminente el final de la campaña tunecina y, por tanto, el fin de la presencia germana en Africa, a Stauffenberg se le comunicó que debía regresar a Alemania, en donde sería más útil. Pero antes de emprender el viaje, Stauffenberg debía cumplir una misión por la que debía dirigirse a la zona de combate para coordinar una retirada. Así pues, el 7 de abril de 1943, la 10ª División Panzer inició el repliegue de Biar Zelloudja a Mezzouna.

Stauffenberg fue autorizado por el mayor general Freiherr Von Broch para dirigir la retirada desde su vehículo, mientras Von Broch les seguiría una vez que los últimos elementos de la división hubieran cruzado el paso de El-Hafay. Stauffenberg fue advertido nuevamente de que tuviera cuidado con la aviación enemiga, en esta ocasión por Von Broch.

AL BORDE DE LA MUERTE

Stauffenberg, acompañado por algunos vehículos blindados, cruzó el paso de El-Hafay y llegó a Sebkhet. En este momento, se le unió la 5ª compañía del 10º Batallón de Motocicletas. Al alcanzar el estrecho terreno entre Sebhket y el paso de Chabita-Khetati, la caravana de vehículos fue atacada por aviones enemigos; la mayoría de soldados y oficiales tuvieron tiempo de dispersarse por el campo.

Cuando regresaron a la columna, comprobaron horrorizados que el coche de Stauffenberg había sido acribillado. El conde estaba gravemente herido, y fue trasladado de inmediato a un hospital de campaña en Sfax. Mientras un enfermero atendía sus heridas, Stauffenberg, que no había perdido la conciencia, le preguntó su nombre. En el hospital comprobaron que su mano derecha había quedado prácticamente destrozada por una ráfaga de ametralladora, por lo que los médicos decidieron amputarla por encima de la muñeca. Habia perdido el ojo izquierdo. Dos dedos de la mano izquierda, el meñique y el anular, también serían amputados. Además, presentaba una ligera herida en una rodilla y en la cabeza, a causa de la metralla.

El 10 de abril fue trasladado al hospital de Cartago. Cinco días más tarde llegó en un barco hospital al puerto italiano de Livorno y enviado por tren a Munich, a donde llegó el 21 de abril, siendo ingresado en el 1º Hospital General. Durante varios días sufrió fiebre muy alta y los médicos temieron por su vida.

Ante la adversidad, Stauffenberg dio muestras de una fuerza de voluntad encomiable. Rechazó los medicamentos que le ofrecían para calmar el dolor y facilitarle el sueño. Los que lo visitaban se admiraban de que su buen ánimo continuara inalterable. Pese a sus problemas de movilidad, pronto logró desnudarse y vestirse con la ayuda de sus tres dedos de la mano izquierda y la boca.

El departamento de personal había previsto, una vez que estuviera recuperado, enviarle a Berlín como jefe del Estado Mayor en la jefatura de la oficina central del Ejército. Allí tendría como superior al general Olbricht, quien también tendría un papel predominante en el complot del atentado contra Hitler. A principios de mayo, Stauffenberg dictó a su mujer una carta por la que aseguraba a Olbricht que en tres meses podría ponerse ya a sus órdenes en Berlín.

Como vemos, una corriente poderosa e invisible, ante la que Stauffenberg nada podía oponer, le llevaba a la capital del Reich y al mismo centro de la conjura para derrocar a Hitler. Como si el destino le hubiera elegido a él para imprimir ese giro dramático al rumbo de Alemania, el ataque sufrido en Túnez era el renglón torcido por el que ahora iba a encontrarse con la oportunidad, un año después, de ser la persona en cuya mano estuviera el futuro de la nación. Con toda seguridad, en el viaje de Munich a Berlín no se le pasó por la cabeza la abrumadora responsabilidad que debería afrontar en una calurosa jornada del verano del año siguiente, ni la oportunidad única de que iba a gozar de destruir la cabeza del régimen que ese momento ya sólo le merecía odio y desprecio.

LOS RASGOS DE SU PERSONALIDAD

Pero antes de entrar en la narración de cómo se urdió el complot que desembocaría en el intento de asesinato del dictador germano el 20 de julio de 1944, aún podemos conocer mejor la personalidad del que sería su gran protagonista.

Como se indicó en la introducción, la pérdida de los documentos relativos a su vida no ha permitido a los investigadores conocer con detalle su biografía. Pero, afortunadamente, es relativamente fácil dibujar los rasgos de su carácter, pues la casi totalidad de los testimonios que accedieron a describirle coinciden en sus apreciaciones.

Stauffenberg aparece ante nosotros como un ser diáfano, claro, transparente; no parecen existir en él ni los componentes poliédricos ni esos recovecos oscuros de otros personajes históricos. Todo apunta a la conclusión de que se mostró siempre franco y abierto, pues no hallamos en su carácter zonas de penumbra en los que su actitud pueda contemplarse desde ópticas sujetas a controversia.

Todos los que le conocieron lo describen como una persona optimista, alegre, enormemente trabajadora, constante, que hacía sentirse bien a todos los que tenía a su alrededor. No obstante, es necesario insistir de nuevo en que la casi totalidad de testimonios fueron recogidos mucho tiempo después de su muerte. Es muy posible que los que entonces trabaron relación con él lo hubieran heroificado inconscientemente después de convertirse en un personaje histórico; no podemos descartar que si alguno de ellos recordase algún hecho en que el que la reputación de Stauffenberg no saliese bien librada, lo olvidase o prefiriese no relatarla para no empañar su figura. Pero con todo ello, la coincidencia y la claridad de las descripciones, descartando algún exagerado panegírico, llevan a creer que, efectivamente, la personalidad magnética de Stauffenberg suscitaba siempre la admiración y la confianza de todos aquellos que le trataban.

El escultor Thormaelen valoraba de Stauffenberg el que fuera un hombre de acción:

"Rapidez, acción inmediata, dispuesto siempre a la acción que su pensamiento y corazón creyeran que requerían las circunstancias. No se daba en él separación alguna entre pensar y hacer, entre sentir y actuar".

El carácter alegre y extrovertido de Stauffenberg quedaría reflejado en estas palabras de 1962 del entonces capitán Burkhart Müller-Hillebrand, su posterior jefe en el Estado Mayor:

"En aquel tiempo (finales de 1930) conocí en él a un compañero que destacaba por su inteligencia, personalidad y cultura. A eso se añadía su carácter alegre, aunque no por ello superficial, como era en aquellos tiempos frecuente entre muchos oficiales".

El coronel Bernd von Pezold recordaría en 1963 el magnetismo de Stauffenberg, que se manifestaba en todo momento:

"Era imposible que no se destacara de todos, incluso aunque estuviera en reuniones numerosas. Aun sin querer, pronto se convertía en el centro de toda la reunión; de él partía una fuerza de atracción notable. Incluso aunque estuviera debatiendo entre hombres de mediana cultura, lograba trasladar las discusiones a un nivel elevado".

En 1962, el coronel Wilhelm Bürklin, coincidía con la apreciación de Von Pezold de que Stauffenberg tenía esa capacidad para elevar el nivel de cualquier discusión:

"Le caracterizaba su especial camaradería cordial y totalmente natural. Esto era más de valorar por cuanto se reconocía en general su capacidad y dotes por encima del término medio. Toda conversación alcanzaba de inmediato un alto nivel; gustaba además de las discusiones animadas, que no se agotaban debido a su apasionado temperamento".

Esa admiración por el carácter de Stauffenbeg podía llegar a los límites de este compañero suyo, Eberhard Zeller:

"Se percibía en él fuerzas geniales inalcanzables, que hacían que siempre estuviera en el lugar dirigente, y que lograra despertar la alegría de estar con él, de trabajar con él. Las sospechas que fuerzas bajas e innobles pretendían hacer recaer sobre él, desaparecían en cuanto se le miraba. Su figura daba la impresión de que en él se conjugaban fuerza y nobleza".

El que fuera ayudante del general Guderian, Bernhard Freytag von Loringhoven, lo vio solamente en una ocasión, en 1940, después de la campaña contra Francia, en el departamento de organización del Estado Mayor del Ejército, pero dejó en él un recuerdo imborrable, tal como dejaría reflejado en sus memorias, escritas en 2006:

"Hablamos unos veinte minutos; no recuerdo cuál fue el tema de nuestra conversación, pero me causó una fuerte impresión. Alto y delgado, lleno de vitalidad, Claus Schenk von Stauffenberg tenía la prestancia de un caballero suabo, una mirada cálida y una presencia inolvidable. Estaba destinado a hacer una gran carrera militar".

Para finalizar, el mejor resumen de las cualidades de Stauffenberg, y de alguno de sus defectos, sería el informe que su jefe de escuadrón

Escena familiar en el hogar de los Stauffenberg.

elaboró en octubre de 1933. Su valor radica en que no recoge un testimonio confeccionado décadas después de su muerte, como en los casos anteriores, sino que fue redactado en un momento en el que nada hacía prever que fuera a convertirse en un personaje de relevancia histórica:

"Posee un carácter fiel e independiente, con criterio y voluntad propios. Atesora dotes excepcionales por encima de lo común para cuestiones tácticas y técnicas.

Ejemplar en el trato con suboficiales y con la tropa, se preocupa de la formación propia.

Es sociable y cordial, sin prejuicios. Manifiesta mucho interés por cuestiones sociales, históricas y religiosas. Muy buen jinete, diestro, con amor y comprensión por el caballo.

Junto a esas excelentes cualidades no deben dejar de mencionarse las pequeñas debilidades y defectos. Consciente de sus dotes militares y de su superioridad intelectual, se inclina ocasionalmente a manifestarlo frente a sus compañeros, con los que a veces bromea, aunque nunca llega a herir.

Algo descuidado en su aspecto y vestidos; su porte como oficial debería ser algo más enérgico. Es propenso a inflamaciones amigdalares, por lo que la resistencia física suya se resiente. Desde luego, intenta superar esos inconvenientes con fuerza de voluntad.

Apto para proseguir sus estudios con los mejores augurios".

Con estos testimonios de primera mano podemos hacernos una idea bastante fidedigna de cómo era Stauffenberg. Sus dotes de hombre de acción, su capacidad para motivar y contagiar alegría a sus compañeros, así como su idealismo y su espíritu elevado, tendrían su máxima expresión en el momento cumbre de su vida, el momento para el que el destino le había escogido.

Capítulo 4
La conjura

A mediados de 1943, en Alemania, la situación militar no movía precisamente al optimismo. En el este, aún resonaban los ecos del gran cataclismo de Stalingrado, en donde el VI Ejército del mariscal Friedrich Paulus había sido derrotado. En Africa, las últimas tropas del antes temible Afrika Korps estaban reembarcando a toda prisa rumbo a Italia, un aliado en el que la posición de Mussolini era cada vez más precaria. Por otro lado, cada noche cientos de bombarderos aliados sobrevolaban las ciudades alemanas arrojando su carga de bombas sobre la población civil, que veía cómo la guerra que había emprendido Alemania cuatro años antes con la invasión de Polonia llegaba ahora hasta sus propios hogares.

Los militares germanos habían asistido al progresivo derrumbe de las expectativas de una victoria rápida. Desde el fracaso de la ofensiva alemana sobre Moscú, en el invierno de 1941, las dudas sobre la conducción de la guerra habían anidado en los altos mandos del Ejército; de hecho, algunos generales se habían enfrentado a Hitler, poniendo en entredicho sus decisiones militares, lo que les había supuesto la destitución. Pero la oposición a Hitler en el interior del Ejército era muy redu-

cida, pues el juramento de lealtad al *Führer* tenía un enorme peso en una fuerza que bebía de las fuentes del militarismo prusiano. La disciplina seguía imperando en el seno del Ejército y eran muy pocos los que se atrevían a dar un paso al frente.

Aun así, ya desde el comienzo de la contienda e incluso antes, tal como vimos en el primer capítulo, había elementos de las fuerzas armadas que deseaban apartar a Hitler del poder. Mientras la *guerra relámpago* iba cosechando éxitos por la geografía europea, estos audaces planteamientos no eran escuchados, pero conforme la contienda fue avanzando, con las consiguientes decepciones y frustraciones, eran cada vez más los que prestaban oidos a estas propuestas. El deterioro de la situación militar en el frente ruso, especialmente tras el desastre de Stalingrado, supuso la alarma que indicaba que había que hacer algo, y lo más pronto posible. Pese a que el Ejército alemán en Rusia era todavía una fuerza temible, no había demasiadas esperanzas de que se pudiera retomar la iniciativa.

LA OPOSICIÓN SE ORGANIZA

Era necesario tomar decisiones inteligentes en ese frente para evitar que los soviéticos, cuyo potencial crecía a ojos vista, lograsen desbordar las líneas germanas y lanzarse sobre el territorio del Reich. Ya no estaba en juego la conquista del vasto territorio ruso sino la supervivencia de Alemania. Y si había que afrontar ese reto tomando las decisiones acertadas, Hitler no era la persona más adecuada. Su absurda táctica de obligar a las tropas a luchar hasta el último hombre y la última bala antes que ordenar una retirada ya había costado muchas vidas, además de demostrarse muy poco eficaz desde el punto de vista militar. Fueron numerosos los generales que intentaron influir sobre Hitler para que cediese el mando del Ejército y se dedicase únicamente a las cuestiones

El coronel Albrecht Mertz von Quirnheim,
gran amigo de Stauffenberg.

políticas, pero todos estos intentos resultaron inútiles. Mientras Hitler siguiera detentando el poder, las posibilidades de que Alemania sufriera una derrota aplastante aumentaban día a día.

Ante este panorama, en el seno del Ejército comenzó a desarrollarse una oposición organizada, cuyo objetivo ya no era que Hitler reconsiderase su actuación al frente del esfuerzo de guerra, sino proceder directamente a su eliminación física. Sería muy prolijo enumerar los distintos movimientos que se produjeron dentro de las fuerzas armadas, pero el episodio más importante fue el intento de asesinato del *Führer* del 13 de marzo de 1943, utilizando una bomba oculta en un paquete que simulaba un par de botellas de Cointreau, y que el lector tuvo ocasión de conocer en detalle en el segundo capítulo.

Por lo tanto, mientras Claus von Stauffenberg se encontraba convaleciente en el hospital de Munich, el movimiento de oposición en el Ejército se encontraba en plena ebullición. Es difícil conocer lo que en esos momentos Stauffenberg sabía de la resistencia en las fuerzas armadas, y si albergaba deseos de sumarse a ella. Al parecer, según testimonio posterior del coronel Wilhelm Bürklin, en el hospital recibió la visita de su tío, el conde Von Üxküll, que era un miembro activo de la resistencia, y seguramente le informó de lo que se estaba cociendo, invitándole a participar en la conjura. Su tío conocía al general Olbricht, el futuro jefe de su sobrino, y sabía que formaba parte de la oposición. Es de suponer que Von Üxküll le aleccionó sobre cómo servir a la resistencia desde su próximo destino a Berlín bajo las órdenes de Olbricht.

Pero hay algunos datos que pondrían en duda esta supuesta decisión de Stauffenberg de sumarse a la oposición activa contra el régimen nazi. El general Kurt Zeitzler recordaría más tarde que Stauffenberg le había pedido ser trasladado al frente en cuanto estuviera recuperado de sus heridas, lo que pondría en entredicho su declarado deseo de ponerse bajo el mando de Olbricht en la capital del Reich, sin duda el lugar más adecuado para llevar a cabo un golpe de timón.

El general Friedrich Olbricht impulsó decididamente
la organización del golpe, trabajando junto a Stauffenberg.

Stauffenberg da el paso

En agosto de 1943, Stauffenberg se trasladó a su nuevo destino, Berlín. Sin duda, Olbricht no tardaría mucho en explicarle los planes conspiratorios. Stauffenberg se puso de inmediato a trabajar por el éxito de la conjura; los médicos le comunicaron que debían realizarse dos intervenciones, pero él las rechazó, al ser advertido de que debería pasar un largo período de reposo. Stauffenberg sabía que el momento de acabar con Hitler estaba muy próximo, y debía estar plenamente disponible.

A partir de aquí, es difícil establecer con claridad la cadena de acontecimientos que desembocaría en el atentado del 20 de julio de 1944. Hay que tener presente, tal como se advertía en el prólogo, que casi todos los protagonistas murieron o fueron ejecutados antes del final de la guerra, y que la documentación fue destruida. Del mismo modo, la existencia de varias tramas paralelas para acabar con Hitler, que coincidían o divergían con el paso de los meses, hace que sea extraordinariamente complejo confeccionar un argumento que englobe la totalidad del movimiento de oposición a Hitler en el Ejército. Por lo tanto, a continuación se ofrecerá una trama necesariamente simplificada, aun a riesgo de dejar fuera a personajes que fueron muy relevantes, pero cuya enumeración y encaje en la línea argumental lastrarían innecesariamente la narración.

Así pues, Stauffenberg, por mediación del general Olbricht, entró de lleno en la oposición. De inmediato convenció a su hermano Berthold para que también se sumase al movimiento. Por entonces, su esposa, Nina, advirtió un cambio en el carácter de su marido; pasó a ser más reservado y no exponía sus opiniones con la misma vehemencia que antes. Nina le preguntó abiertamente si estaba conspirando, pero él le respondió con evasivas. Seguramente, él no deseaba ver a su mujer involucrada en tan arriesgada empresa.

Ya a finales de agosto, Stauffenberg se vio envuelto en un trabajo frenético de contacto con los círculos opositores. Su amigo Henning von Tresckow —participante en el *atentado de las botellas*— le introdujo entre los resistentes que vivían en Berlín, como el doctor Goerdeler. Von Tresckow era alto, calvo, de carácter serio, frío y reservado, pero poseía a la vez una personalidad fuerte y enérgica, con gran influencia sobre Stauffenberg, quien le llamaba "maestro" (*Lehrmeister*). Había sido un temprano admirador de Hitler, pero se había convertido pronto en crítico inflexible de los excesos cometidos por el régimen. Tresckow sería descrito más tarde por la Gestapo como "sin duda, una de las fuerzas impulsoras y el espíritu diabólico de los círculos golpistas".

Con Tresckow y con Olbricht, Stauffenberg planeó en detalle el conjunto de medidas militares y civiles que debían tomar en el momento de declarar el estado de excepción tras la desaparición del *Führer*; detención de ministros y otros altos dirigentes nazis, toma de la radio y las agencias de noticias, así como el control de los ferrocarriles y los puntos estratégicos.

Un decisivo puntal de apoyo para Stauffenberg sería su primo el conde Yorck von Wartenburg, en quien depositó una confianza ciega. Hay quien cree que, sin la influencia de su primo, Stauffenberg no hubiera dado posteriormente el paso radical de realizar él mismo el atentado.

En noviembre de 1943 se incorporaría al complot el teniente coronel Werner von Haeften, ayudante de Stauffenberg en el trabajo militar, y que le acompañaría a la Guarida del Lobo a cometer el atentado. El hermano de Von Haeften, Bernd, que era consejero del departamento de relaciones externas, ayudaría a Stauffenberg a encontrar nuevos y valiosos colaboradores.

Claus y Berthold von Stauffenberg compartían un piso en la Tristanstrasse berlinesa, en donde a veces recibían la visita de su tío, el conde Üxküll. Afortunadamente, contamos con la opinión del tío de Stauffenberg sobre las posibilidades de éxito del complot, por mediación de su hija Olga:

"Cuando me habló por primera vez de la conjura, en octubre de 1943, mi padre me dijo: He intentado durante años convencer a los jóvenes de que debe hacerse algo en la propia Alemania contra este régimen. Ahora es el momento. Desgraciadamente, he de confesarte que ahora considero que ya es tarde, puesto que se ha dejado pasar el momento; naturalmente, aunque así lo considere, continuaré esforzándome, puesto que tiene el sentido siquiera de mostrar el camino para cortar el paso a ese criminal".

El conde Üxküll, en palabras de Olga, estaba convencido del papel fundamental que jugaba su sobrino Claus en la conspiración:

"Si es que toda esa conjura tiene alguna posibilidad de éxito, será debido a lo que Claus aporta. En estos momentos, es la fuerza motriz, la fuerza que ha dado forma a todos los esfuerzos nuestros de tantos años. Sin él, todo el asunto perdería dirección y sentido. Es inimaginable la fuerza que desprende de ese hombre, pese a su estado físico".

Pese al gran concepto que, sin duda, tenía el conde Üxküll de su sobrino, la realidad era que Stauffenberg no era el personaje central de la trama. Por de pronto, nadie podía aventurar, y él tampoco, que finalmente iba a ser él el que tomase la responsabilidad de acabar con Hitler. Sus condiciones físicas le descartaban para esa misión, y además sus dotes de organización le situaban en el centro director del complot, en Berlín, y no en el brazo ejecutor del atentado.

En los meses posteriores, Stauffenberg se prodigó en encuentros con todos los miembros de la oposición al nazismo. Por desgracia, hasta ese momento las discusiones se centraban en cómo debía configurarse políticamente la nueva Alemania surgida del golpe de Estado, más que en cómo realizarlo. El tiempo iba pasando y, como bien apuntaba el conde Üxküll, el mejor momento para llevarlo a cabo ya había pasado. La situación militar iba empeorando cada vez más, lo que suponía que los Aliados se iba a mostrar cada vez menos interesados en apoyar los esfuerzos para derrocar a Hitler. Era lógico pensar que los Aliados prefiriesen gestionar una Alemania totalmente derrotada y sin un interlocutor político válido, que una Alemania deseosa de buscar una paz negociada y regida por unos gobernantes que habían repudiado la dictadura nazi.

Además, el frente del este amenazaba con derrumbarse en cualquier momento. von Tresckow apremiaba para que se lanzase el golpe de Estado a la mayor brevedad posible. Pero el ingenuo doctor Carl Goerdeler, que estaba previsto que se convirtiese en el canciller del nuevo gobierno, todavía confiaba en que Hitler aceptara un ultimátum si éste le era presentado por un número apreciable de dirigentes militares. Estas diferencias de criterio en el seno de la oposición redundarían en nuevos retrasos.

El general Henning von Tresckow, aquí con sus dos hijos, participó en el atentado de las botellas y luego se sumó a los conjurados del 20 de julio. Stauffenberg le llamaba "maestro".

EL PLAN "VALKIRIA"

Stauffenberg siguió trabajando febrilmente junto a Olbricht en la organización del golpe de Estado. La clave estaba en el plan "Valkiria" (*Walküre*), cuya preparación databa de principios de 1942, aunque en aquella época no tenía ningún tipo de relación con la resistencia.

El general Friedrich Fromm, como jefe del Equipamiento del Ejército de Tierra, había diseñado por aquellas fechas las medidas necesarias para cubrir los huecos que se iban produciendo en las tropas destinadas al frente oriental. Consistían en utilizar a los trabajadores de la industria y los enfermos y heridos que se iban recuperando para ese fin. Esta llamada a filas en caso de necesidad fue establecida formalmente bajo las palabras en clave "Valkiria 1" y "Valkiria 2", según el grado de movilización.

Pero en el verano de 1943, "Valkiria" pasó a tener un siginificado muy diferente. Dejó de ser un plan para cubrir las bajas del Ejército y pasó a convertirse en una operación para reprimir cualquier disturbio interno. En esos momentos existía una gran fuerza de trabajadores extranjeros y prisioneros en el interior de Alemania, y se temía que pudiera organizarse algún tipo de levantamiento. "Valkiria 1" pasó a denominar la disponibilidad inmediata de las tropas para ese cometido y "Valkiria 2" se convirtió en la orden de entrada en acción de esas fuerzas de combate.

Hitler estuvo de acuerdo con ese cambio impulsado por el general Olbricht. Pese a que al *Führer* no le faltaba astucia para advertir cualquier maniobra encaminada a socavar su poder, en esta ocasión tragó el anzuelo. La entrada en vigor del plan "Valkiria" suponía que el Ejército del Interior podría movilizarse y tomar sus propias decisiones aun en el caso de que la relación entre éstas y Hitler quedaran rotas. De forma sorprendente, Hitler aceptó esta propuesta y autorizó que se hicieran los preparativos. Sin ser consciente de ello, estaba dando *luz verde* al mecanismo que iban a emplear los conspiradores para intentar derrocarle. El plan "Valkiria" iba a permitir llevar a cabo el golpe de Estado sin quebrar, en apariencia, la legalidad vigente.

Stauffenberg y sus compañeros siguieron trabajando en los detalles del plan "Valkiria". Era necesario redactar las órdenes que serían radiadas o confeccionar las listas de los objetivos a ocupar. Para ello, con el fin de evitar miradas indiscretas, los conjurados se reunían en el bosque de Grünewald. Allí, las esposas de Tresckow y del barón von Oven acudían con máquinas de escribir portátiles para confeccionar los documentos. Escribían con finos guantes para no dejar sus huellas dactilares. Después de ser utilizadas, las máquinas de escribir eran guardadas en lugares secretos.

Tras una de estas reuniones clandestinas en el bosque, se produjo una escena propia del mejor *thriller*. Ya de noche, la esposa de von Oven caminaba junto a Tresckow y Stauffenberg de regreso a casa, llevando en una cartera los documentos que habían redactado esa tarde. De pron-

Stauffenberg tuvo en Peter Yorck von Wartenburg uno de sus más firmes apoyos.

to, una patrulla motorizada de las SS apareció y se detuvo justo al lado de ellos. Los hombres de las SS descendieron rápidamente del vehículo y los conjurados comprendieron al momento que era inútil escapar; estaban perdidos sin remedio. Pero la patrulla ni siquiera prestó atención a los tres viandantes, sino que entraron a toda prisa en una casa para hacer un registro. La mujer de von Oven recordaría más tarde que sus dos compañeros palidecieron notoriamente.

La habilidad para encubrir la preparación del golpe de Estado mediante la utilización de "Valkiria" merecería posteriormente el reconocimiento, aunque a disgusto, de la propia policía:

"En conjunto, todo ese plan "Valkiria" estaba perfectamente encubierto y disimulado por Stauffenberg y la camarilla de conjurados, en forma refinada".

El general Fromm

Una de las piezas clave de la conspiración era el general Friedrich Fromm, el diseñador del plan original "Valkiria" y jefe directo del general Olbricht. Estaban bajo su mando todas las fuerzas disponibles en el interior de Alemania. De cincuenta y seis años, había alcanzado el grado de *generaloberst* y sólo le faltaba escalar el último peldaño: ser nombrado mariscal. Sus dos metros de estatura hacían de él una figura imponente. Tenía un carácter autoritario, a lo que le ayudaba su físico, y era muy ambicioso, por lo que no tenía reparos en aparentar fidelidad a los principios del nacionalsocialismo si ello le ayudaba en su carrera.

Pero Fromm no era un general estimado por sus subordinados, pues nunca salía en su defensa en caso de dificultades. Acostumbraba a eludir responsabilidades, evitar complicaciones siempre que fuera posible, y prefería dedicarse a la caza y a la buena vida en vez de atender las necesidades de los hombres que tenía a su mando.

Sin embargo, Fromm era inteligente y tenía una gran habilidad para nadar entre dos aguas. Cuando Stauffenberg fue nombrado nuevo jefe de su Estado Mayor, éste expresó a su superior abiertamente su falta de confianza en el futuro de Alemania en la guerra; Fromm, en lugar de recriminarle su pesimismo y llamarle al orden, prefirió mantener un prudente silencio. Esto fue interpretado por los conjurados como un deseo de incorporarse al complot, lo que la actitud ambigua de Fromm no ayudó a desmentir. Por ejemplo, un día que Stauffenberg y Olbricht insinuaron en su presencia la posibilidad de un golpe de una actuación violenta contra la cúpula militar del Reich, Fromm, que odiaba a muerte al mariscal Keitel, el jefe del Alto Mando de la *Wehrmacht* (OKW), les dijo:

—Si dais el golpe, no os olvidéis de Keitel...

Esta confidencia, entre otros gestos de simpatía hacia el complot, hizo aumentar el optimismo entre los conspiradores, puesto que el concurso de Fromm era casi indispensable para que el golpe tuviera éxito. El plan consistía en que, una vez conocida la muerte de Hitler, Fromm debía difundir la palabra clave "Valkiria" para que entrasen en vigor las medidas destinadas a asegurar el orden, pues era el único que tenía potestad para hacerlo. Pese a que Fromm no participaba directamente en el complot, era difícil pensar que, llegado el momento, se negase a emitir esa orden. Pero, en todo caso, si Fromm dudaba en dar la consigna, el general Olbricht estaba dispuesto personalmente a darla; cuando la orden hubiera salido por telégrafo, las tropas ya no podrían comprobar si se trataba de una orden dada de forma autorizada o no, y tan sólo los oficiales más próximos podrían comprobarlo mediante una consulta telefónica directa.

Por su parte, pese a no estar al corriente de los detalles, Fromm no ignoraba que se estaba preparando un golpe de timón, así que deseaba estar bien considerado por los conjurados por si éstos se alzaban con el poder. Pero Stauffenberg y sus compañeros no podían confiarse; si conocían mínimamente a Fromm serían conscientes de que éste se guardaría las espaldas hasta el último momento para no quedar expuesto en el caso de que el complot fracasase.

Así pues, la maquinaria de la conspiración dependía de una pieza de la que no podían asegurarse su infalibilidad. Naturalmente, era necesario afrontar algunos riesgos; la postura del calculador Fromm ante el golpe era uno de ellos y, tal como se verá, no el menos grave.

El sustituto de Hitler

Los conjurados ya habían decidido quién debía ser el nuevo Jefe del Estado una vez que hubiera triunfado el golpe, es decir el hombre que debía sustituir a Hitler al frente de la nación. Esta responsabilidad recaería sobre el general Ludwig Beck. De sesenta y cuatro años de edad, procedía de una familia renana, y había crecido en un ambiente de burguesía católica. Participó en la Primera Guerra Mundial como oficial de Estado Mayor.

Como la mayoría de los conjurados, era un hombre más inclinado hacia la teoría y a la reflexión que hacia la práctica y la acción; los grandes problemas de estrategia político-militar le habían apasionado siempre. Fruto de ello sería la redacción del libro "Instrucción del modo de dirigir las tropas", resumen de la doctrina del Estado Mayor alemán, una obra que sería atentamente estudiada en los ejércitos extranjeros. Además, Beck tenía una vasta formación intelectual, en la que destacaba su interés por la historia, la filosofía, la economía y el derecho, además de por la música, especialmente la de Bach.

En 1931 Ludwig Beck fue nombrado general, poniéndose al mando de una división de caballería. En 1935 fue designado jefe del Estado Mayor General del Ejército, un puesto desde el que asistió con preocupación a los métodos del nuevo régimen, comprendiendo los peligros que entrañaba la expansión del Tercer Reich. Él era consciente de que la política de Hitler iba a conducir a Alemania a una guerra total que nunca podría ganar. Beck intentó convencer a otros destacados militares de los peligros que aguardaban al país, pero no obtuvo ningún apoyo, lo que le llevó a presentar la dimisión en agosto de 1938 y a abandonar el Ejército poco después. Ya como civil, Beck estableció relaciones con miembros de la oposición, que le llevarían finalmente a involucrarse en el complot para asesinar a Hitler.

La elección de Beck sería la muestra palpable de que las personas encargadas de dirigir el golpe de Estado contra Hitler no eran las más adecuadas para este cometido, como se verá más adelante. Tenía un carácter vacilante, no tenía resonancia entre la tropa y no era dado a tomar resoluciones. Los oficiales que habían estado a sus órdenes se quejaban de que Beck, en lugar de apoyar sus iniciativas, solía disuadirles de cualquier acción emprendedora, interponiendo continuos obstáculos e impedimentos. Si había que intentar derribar el régimen nazi, no hay duda de que Ludwig Beck no era la persona más adecuada para encabezar esa operación.

Nuevos intentos

Conforme se iban puliendo los planes para llevar a cabo el golpe de Estado, el punto relativo a la eliminación física de Hitler no avanzaba al mismo ritmo. Todos sabían que ésa era la clave de todo el complot, y nadie se atrevía a afrontar ese espinoso y trascendental asunto.

Goerderler, el elegido para el puesto de canciller, aún dudaba si ése era el mejor método para apartar a Hitler del poder. Hubo quien abogó por enviar un regimiento al Cuartel General de Rastenburg y proceder a la detención del dictador, para someterlo después a un juicio público. Otros, como Yorck, creían que debía seguir madurando el plan militar antes de pasar a un hipotético atentado, pero Stauffenberg y Tresckow eran firmes partidarios de actuar de inmediato. Ellos, como militares que eran, sabían que si se esperaba más tiempo la previsible derrota alemana iba a hacer ya inútil cualquier intento de alcanzar el poder. Además, sabían que el golpe de Estado sólo podía tener éxito si Hitler no seguía con vida, puesto que muchos de los mejores oficiales y soldados confiaban todavía en él, sin contar con el juramento de fidelidad.

Al final, Stauffenberg y Tresckow lograron imponer su punto de vista. El atentado contra la vida del *Führer* se realizaría lo más pronto posible. Con indisimulada desgana, el resto de conjurados aceptó el plan.

El hombre que resultaba el más indicado para atentar contra Hitler era el jefe de la sección de organización del Estado Mayor del Ejército, el general Helmuth Stieff. Él era el único de los conjurados que tenía acceso a las reuniones militares en las que participaba Hitler. En octubre, Tresckow entregó material explosivo de origen inglés a Stauffenberg, que a su vez lo pasó a finales de ese mes a Stieff. Sin embargo, el general no tuvo posibilidad de dejar la bomba en la sala de conversaciones, o al menos eso es lo que comunicó a los participantes en el complot, por lo que ese primer intento se saldó con un fracaso.

Posteriormente, tras el atentado del 20 de julio, Stieff diría a sus interrogadores de la Gestapo que en realidad ni siquiera llegó a intentar depositar la bomba, pues no estaba dispuesto a realizar la acción. No sabemos si Stieff tuvo en algún momento intención real de acabar con Hitler, y si un hipotético intento se abortó por falta de valor o de oportunidad, pero la única verdad es que el atentado previsto no llegó a producirse.

El siguiente que se ofreció a intentar eliminar a Hitler fue el capitán Axel von dem Bussche. Este oficial estaba dispuesto a emprender una misión suicida; con motivo de una visita de Hitler prevista a una exposición en Berlín del nuevo uniforme militar de invierno, Von dem Bussche planeó acercarse al dictador y saltar sobre él encendiendo sus propias ropas, que debían estar previamente cargadas con material explosivo. Sin embargo, la ceremonia de la aprobación del nuevo uniforme a la que debía asistir el *Führer* fue aplazada en varias ocasiones. Cuando finalmente, en noviembre de 1943, parecía que iba a celebrarse, la línea ferroviaria que debía trasladar a Hitler a Berlín desde Prusia Oriental fue destruida por un bombardeo y la ceremonia se suspendió. Antes de que se fijara una nueva fecha, Vom dem Bussche fue trasladado al frente.

Durante las Navidades de 1943 se produjo supuestamente un nuevo intento de atentado, aunque no conocemos ningún detalle del mismo. Al parecer, Stauffenberg avisó al doctor Goerdeler de que todo estuviera dispuesto los días 25, 26 y 27 de diciembre para poner en marcha el golpe de Estado, puesto que la acción se produciría uno de esos días. Algún historiador, aunque sin citar fuentes, ha afirmado que en esa ocasión Stauffenberg acudió con una bomba a la Guarida del Lobo en sustitución de Olbricht, que se fingió enfermo, pero que en el último momento se suspendió la reunión. Este episodio es improbable, aunque lo que es incontrovertible es que nada sucedió. Goerdeler amonestó gravemente a Stauffenberg, pues se había alertado a todo el aparato opositor sin que nada hubiera ocurrido, corriendo el enorme riesgo de que la Gestapo hubiera reparado en esos movimientos.

Al general Helmut Stieff se le encargó cometer el atentado,
pero nunca llegaría a encontrar el momento
adecuado para llevarlo a cabo.

El resuelto capitán Axel von dem
Bussche estaba dispuesto
a emprender una misión suicida
para asesinar a Hitler.

En enero de 1944, los conspiradores se reunieron para hacer balance de lo conseguido hasta la fecha. Los planes para el golpe de Estado estaban plenamente desarrollados y listos para entrar en acción, pero lo más importante, acabar con Hitler, parecía cada vez más un objetivo irrealizable. Era necesario obtener nuevos explosivos; el coronel Wessel Freytag von Loringhoven afirmó que se esforzaría en conseguirlos[4]. También se habló de que en la próxima visita de Hitler al frente algún oficial le disparase, pero el dictador no tenía intención de efectuar más visitas, quizás temiendo una reacción de este tipo.

---

4 El coronel barón Von Freytagh-Loringhoven había sido jefe del Abwehr en el Grupo de Ejércitos Centro, del frente oriental, donde el general Von Tresckow era el cerebro de la oposición. A finales de 1943, Von Freytagh-Loringhoven accedió a la jefatura de la sección de sabotaje del servicio central del Abwehr en Berlín, bajo las órdenes del almirante Canaris. Gracias a su cargo, es de suponer que pudo interesarse sin despertar sospechas por los explosivos que solían lanzar los ingleses desde el aire con destino a los saboteadores de los territorios ocupados.

Un sonriente Stauffenberg junto a
Mertz von Quirnheim, en un
momento distendido.
Los días tensos llegarían más tarde.

El siguiente plan para atentar contra Hitler se produciría con ocasión de otra ceremonia de presentación de un nuevo uniforme. En este caso el que se encargaría de la acción iba a ser el mariscal Ewald von Kleist. El 11 de febrero de 1944 debía celebrarse el acto, pero fue suspendido.

Ante ese nuevo fracaso, el turno le correspondería a otro oficial, el capitán Von Breitenbuch. Como ayudante del mariscal Busch, le acompañó a una conferencia en el Cuartel General de Rastenburg a la que debía asistir Hitler. Breitenbuch estaba dispuesto a disparar a quemarropa al *Führer* en mitad de la reunión, pero cuando estaba a punto de entrar en la sala le fue prohibido el paso, pues en el último momento se había decidido celebrarla sin la asistencia de los subalternos.

Naturalmente, la tensión entre los conjurados ya era máxima. Desde hacía varios meses, la orden "Valkiria" parecía inminente, pero aún no había sido posible lanzarla. Como era de prever, tantos preparativos no habían pasado desapercibidos a la Gestapo. Himmler estaba convencido de que había un complot en marcha, pero desconocía el alcance de ese círculo. La prueba es que comunicó sus sospechas al almirante Canaris, creyéndole leal al régimen nazi. Canaris advirtió de inmediato al general Olbricht que la Gestapo ya estaba tras la pista de los conjurados, y Olbricht comunicó la inquietante noticia a Stauffenberg y los demás. Había que actuar de inmediato, ya no se podía perder más tiempo.

Capítulo 5
Los preparativos

En los primeros meses de 1944, la preocupación y el desánimo fueron cundiendo entre los conjurados. Los sucesivos intentos de acabar con la vida de Hitler habían acabado en sendos fracasos; cuando no había fallado el valor del hombre que estaba decidido a atentar contra él, se había producido alguna imprevisible contingencia que había desbaratado el plan. Daba la sensación de que el dictador germano era un coloso indestructible, cuyo aura aniquilaba cualquier intento de destruirle. El convencimiento inconsciente de los conspiradores de que la Providencia estaba de su parte hacía que cada vez fuera más difícil reunir los ánimos suficientes para organizar un nuevo atentado.

Por otro lado, el cerco de la Gestapo se estaba cerrando cada vez más sobre los participantes en el complot. En enero de 1944, la policía de Himmler había detenido a varios miembros de un círculo de opositores cercano a la conjura de Stauffenberg. Afortunadamente para ellos, la Gestapo no logró descubrir los lazos que unían a ambos círculos, pero se extendió la impresión de que en cualquier momento el complot podía ser descubierto. Esta situación llevó a que se extremasen las medidas de seguridad y que se restringiese el flujo de información. Se impartieron consignas para que, en caso de que alguien cayese en manos de la Gestapo, no facilitase información alguna que pudiera dañar a los implicados en el asunto.

Por último, la situación militar de Alemania iba cada día de mal en peor. El frente oriental amenazaba con quedar roto en cualquier momento y en el frente occidental se esperaba el más que anunciado desembarco aliado en el continente. En la península italiana los alemanes se limitaban a resistir las acometidas anglonorteamericanas, sin la más mínima esperanza de pasar a la ofensiva. En cuanto a la guerra aérea, los aviones aliados encontraban todavía menos oposición en los cielos alemanes y la población civil pagaba las consecuencias padeciendo atroces bombardeos. Esto hacía que los conjurados tuvieran cada vez más difícil obtener algún tipo de apoyo entre los Aliados y, en el caso de que el golpe triunfase, conseguir una paz negociada.

EL "TRABAJO SUCIO"

Así pues, era urgente efectuar el atentado contra Hitler. Stauffenberg llevó a cabo una ingente labor de búsqueda de todo aquél que estuviera en condiciones de poder acercarse al *Führer*, y que pudiera ser receptivo al planteamiento de asesinar al dictador. Uno de los contactados fue el mayor Meichssner, que tenía acceso al Cuartel General en Rastenburg. Stauffenberg intentó convencerle, pues sabía que Meichssner veía con buenos ojos el derrocar violentamente el régimen nazi, pero el mayor no se encontraba en buenas condiciones, al haber comenzado a abusar del alcohol, por lo que declinó la proposición del conde.

Haeften, el ayudante de Stauffenberg, también rechazó la propuesta de llevar a cabo el "trabajo sucio" —el eufemismo con el que se conocía el intento de asesinato—, aduciendo motivos religiosos. En cambio, no eran pocos los oficiales jóvenes que sí que estaban dispuestos a disparar a Hitler, pero no tenían acceso personal al *Führer*, o bien se hallaban destinados en un puesto desde el que era difícil actuar.

Se estudió incluso la posibilidad de preparar una entrevista personal de Hitler con alguno de los conjurados, para asegurar así el éxito de la acción. En este caso, sólo podía conseguirse esa reunión si el que la solicitaba era un prestigioso jefe militar que tuviera la plena confianza de Hitler, pero no se halló a nadie que encajase en ese perfil.

A la tensión resultante de la falta de resultados esperanzadores en relación al atentado, se unió la que surgía de los distintos planteamientos políticos de los implicados. De manera un tanto surrealista, las discusiones giraban en ocasiones en torno al número de ministerios con el que debía contar el nuevo gobierno, en lugar de sobre la manera más rápida y eficaz de acabar con la vida de Hitler. La tensión se acrecentaba también por la batalla interna que se daba entre el sector "civil" y el "militar". Por ejemplo, Stauffenberg reclamó para sí una mayor participación en el diseño de la nueva administración, una intención que fue rechazada airadamente por Goerdeler, el futuro canciller, que exigía que fueran los civiles los únicos que se encargasen de las cuestiones políticas. Por otro lado, la figura de Goerdeler también era discutida, puesto que algunos conjurados, como Stauffenberg, no consideraban que tuviera el carisma necesario para presentarse a los alemanes como el nuevo canciller.

Los debates internos entre los conjurados se producían también en otros terrenos. Existía un sector decidido a hacer la paz con los aliados occidentales y a proseguir la guerra contra los soviéticos, y otro a la inversa. Los planteamientos políticos más conservadores tenían a sus partidarios, sobre todo los de más edad, mientras que los oficiales jóvenes, como Stauffenberg, estaban dispuestos a afrontar políticas arriesgadas, incluso de corte revolucionario, para ganarse el apoyo de las masas obreras. Estas discusiones de altura política demostraban que existía una preocupación por diseñar el futuro de Alemania, no sólo por derribar el sistema existente. Pero a la hora de la verdad, estas controversias bizantinas no resolvían los problemas acuciantes a los que tenían que enfrentarse los conjurados, y lo único que lograban era hacer peligrar la solidez del complot.

CONTACTOS CON LOS ALIADOS

Un aspecto importante para los participantes en la conjura era el de las implicaciones exteriores. Era necesario conocer la reacción de británicos y norteamericanos en el caso de que la Alemania surgida del golpe de Estado propusiese el inicio de negociaciones. Stauffenberg consideraba que el gobierno de Londres debía estar inquieto ante el amenazador crecimiento del poder de la Unión Soviética y que, por tanto, no vería con malos ojos alcanzar un acuerdo con una Alemania libre del nazismo, para poner freno así a las ambiciones de Moscú.

Aunque se ha especulado con que Stauffenberg sentía simpatía por los soviéticos, y que era partidario de hacer la paz con Stalin antes que con los aliados occidentales —lo que le supuso posteriormente ser considerado como un héroe en la Alemania Oriental—, las investigaciones de los historiadores han demostrado más bien lo contrario. Stauffenberg era partidario de alcanzar un acuerdo con los ingleses y estadounidenses y, de hecho, rechazó alguna sugerencia de colaboración procedente del comité Alemania Libre, controlado totalmente por Moscú.

A través de Suecia, un enviado de los conspiradores, Adam von Trott, tanteó la actitud de los aliados occidentales ante un nuevo gobierno alemán. Las peticiones fueron modestas, como por ejemplo la detención de los bombardeos sobre Berlín si el golpe triunfaba, pero ingleses y norteamericanos, especialmente los primeros, se negaron a cualquier tipo de concesión. Cuando el mensaje llegó a Berlín, los conjurados no quisieron creer que esa intransigencia fuera cierta, y la achacaron a una táctica de jugador de póker. Por ejemplo, Stauffenberg estaba convencido de que Churchill variaría esa postura al vislumbrar la posibilidad de un armisticio en el frente occidental, lo que permitiría que Alemania se centrase en defender el oriental, convirtiéndose así en un dique al expansionismo ruso.

Stauffenberg creía, de forma un tanto ingenua, que los aliados occidentales aceptarían la propuesta de paz del gobierno salido del golpe de Estado, por lo que preparó un documento en el mes de mayo, junto al capitán Kaiser, que recogía un total once puntos con los que sentarse a dialogar con los representantes de Londres y Washington:

1. Cese inmediato de los bombardeos sobre Alemania.
2. Detención de los planes de invasión.
3. Evitar más víctimas.
4. Mantenimiento de la capacidad militar en el este.
5. Renuncia a toda ocupación.
6. Gobierno libre y constitución independiente.
7. Total cooperación para el cumplimiento del armisticio.

El primer ministro británico, Winston Churchill, rechazó proporcionar cualquier tipo de apoyo a la oposición germana. Los conjurados pidieron ayuda a los ingleses, mediante contactos en la neutral Suecia, pero Londres sólo pensaba en la derrota total de Alemania.

8. Delimitación de las fronteras de 1914 en el este, mantenimiento de Austria y de los Sudetes, autonomía para Alsacia y Lorena.

9. Colaboración en la reconstrucción de Europa.

10. Juicio de los criminales contra el pueblo.

11. Recuperación de la dignidad y el respeto.

No está confirmando que este documento llegase a manos de los Aliados, pero no es aventurado suponer que, si la entrega se produjo, la propuesta no mereciera ninguna atención. Estaba claro que después de casi cinco años de lucha y con el Ejército germano en retirada en casi todos los frentes, no podía ponerse punto y final a la contienda premiando a Alemania con la conservación de los territorios ocupados durante su expansión.

Además, la renuncia a cualquier ocupación por parte de los Aliados equivalía a reincidir en el mismo error que se había cometido al final de la Primera Guerra Mundial. Si Stauffenberg era un iluso idealista o, por el contrario, era un hábil negociador al plantear esa oferta de máximos, es algo que no sabemos. De lo que sí estamos seguros es de que los Aliados negaron todo apoyo y ayuda a un levantamiento contra Hitler llevado a cabo por los propios alemanes, pese a que, con total seguridad, el éxito de esa maniobra hubiera salvado miles de vidas británicas y norteamericanas.

"CUESTE LO QUE CUESTE"

A finales de mayo de 1944, se intensificaron aún más los planes para eliminar a Hitler, bajo el impulso del general Olbricht. Se obtuvo una cantidad de explosivo de procedencia alemana, que fue guardada en la casa de Stauffenberg en Berlín. Pero ese explosivo no llegó a utilizarse; se cree que el general Fromm, pese a no formar parte de la conjura, frenó el atentado al pedir a Olbricht tiempo para conseguir el apoyo de más generales.

Entonces sucedió un hecho providencial. Como si la corriente arrastrara nuevamente a Stauffenberg hacia su ineluctable destino, el conde fue propuesto por el general Heinz Guderian para sustituir al general Heusinger en la jefatura de la Sección de Operaciones. El que

Friedrich Olbricht, a la izquierda, durante unos ejercicios de la Escuela del Ejército de Montaña en la primavera de 1944. En esas fechas estaba plenamente centrado en el planeamiento del golpe.

Guderian le calificase "como el mejor del Estado Mayor" convenció a Himmler para la idoneidad de su nombramiento.

Stauffenberg no deseaba ese puesto, y a punto estuvo de rechazarlo, pero enseguida comprendió las enormes posibilidades que se le abrían. Gracias al nuevo cargo tendría acceso más pronto o más tarde al Cuartel General de Hitler, así que aceptó. Además, pudo colocar a su amigo Metz von Quirnheim en el puesto que anteriormente ocupaba. Excepto el general Fromm, que jugaba con dos barajas, el resto de la cúpula del Ejército de reserva estaba ya bajo el control de los conjurados.

El 7 de junio de 1944, un día después del desembarco aliado en Normandía, Stauffenberg fue llevado por Fromm sin advertencia previa a Berchtesgaden, la residencia alpina de Hitler. Allí, Stauffenberg participaría por primera vez, en calidad de jefe de Estado Mayor del Ejército territorial, en una conferencia de mandos militares sobre la situación de los frentes. Además de Hitler, a la reunión asistirían también Heinrich Himmler, el jefe de la *Luftwaffe* Hermann Goering y el ministro de Armamento Albert Speer. Stauffenberg fue presentado al *Führer*

Stauffenberg gozó de la recomendación del general Heinz Guderian para sustituir al general Heusinger en la jefatura de la Sección de Operaciones. Guderian dijo de él que era "el mejor del Estado Mayor".

y éste le invitó a acercarse al lugar de la mesa en la que estaban extendidos los mapas, en atención a su problema de visión. A la salida de la reunión, estuvo departiendo unos minutos con Speer.

Años después, la esposa de Stauffenberg afirmaría que su marido sintió el ambiente "podrido y corruptor", y que el único dirigente que le pareció normal fue Speer, mientras que a los demás los calificó de "manifiestos psicópatas".

En esa primera reunión Stauffenberg no intentó atentar contra Hitler. Algunos aseguran que ese día llevaba ya la bomba en su cartera, pero que no tenía previsto activarla porque simplemente deseaba probar sus nervios, pero esto no es más que una conjetura poco probable. Si su cartera realmente contenía la bomba, hay que pensar que quería emplearla. En este caso, no se sabe si no la activó porque no encontró la ocasión de hacerlo o porque le surgieron dudas sobre la conveniencia de seguir adelante con el golpe de Estado después del desembarco aliado. El conde aseguró a algunos conjurados que ya no tenía sentido continuar con el plan, pues los Aliados no aceptarían una paz negociada y que, por tanto, quizás era mejor que fuera el régimen nacionalsocialista el que llevase a la nación a la derrota absoluta, y no ellos.

Pero las razonables dudas de Stauffenbeg quedaron despejadas después de que su amigo von Tresckow le dijese estas palabras, que se harían famosas:

"El atentado ha de llevarse a cabo, cueste lo que cueste. Aunque hubiera de fracasar ha de ser intentado en Berlín. Ya no se trata del objetivo práctico, sino de que la oposición alemana haya intentado el golpe decisivo, ante el mundo y la historia. Todo lo demás, aquí, es indiferente".

Después de la visita a Berchstesgaden, Stauffenberg acudió a Bamberg para ver a su mujer, Nina, que estaba embarazada, y a sus cuatro hijos; Berthold, Heimeran, Franz Ludwig y la pequeña Valerie. Se cree que la relación entre Claus y Nina no atravesaba entonces por su mejor momento. Él había intentado mantener a su mujer alejada del círculo de conspiradores para protegerla, pero Nina era consciente de que su marido estaba involucrado en un asunto en el que, de no salir como estaba previsto, podía perder la vida. No es difícil suponer que ella le recriminó que pusiera en riesgo el futuro de su familia e, igualmente, no es difícil imaginar la respuesta de Stauffenberg. A la luz de los hechos, entre sus responsabilidades familiares y la defensa de sus ideales hasta las últimas consecuencias, Stauffenberg se inclinó por esto último. No hay que descartar que se viera sometido a un gran sufrimiento al verse obligado a pasar por ese dilema, pero al final se vio impelido a actuar así por su innato sentido del deber. Stauffenberg ya no volvería a ver más a su familia. Tampoco llegaría a conocer a su hija Constanze, nacida el 27 de enero de 1945.

La situación militar germana se agravó más aún el 22 de junio de1944, cuando los soviéticos lanzaron una gran ofensiva contra el Ejército alemán central. En sólo tres semanas, el ataque ruso derrotaría a 27 divisiones alemanas. El temor a que el Ejército rojo se plantase a las puertas de Berlín en pocos meses era palpable. Los conjurados acordaron que era necesario, en caso de triunfar el golpe de Estado, mantener el frente del este a cualquier precio; para ello era necesario trasladar fuerzas desde el frente occidental.

En ese escenario de tanta importancia estratégica, el frente del oeste, con París como centro neurálgico, los conspiradores contaban con

El jefe de la Luftwaffe, Hermann Goering. Los conspiradores querían acabar también con su vida, pues era el sucesor oficial de Hitler.

algunos apoyos destacados entre los oficiales del Ejército, dispuestos a facilitar la irrupción de las tropas aliadas para evitar derramamiento de sangre y alcanzar un rápido armisticio.

LA CONEXIÓN PARISINA

Aunque el centro de la conspiración se hallaba en Berlín, la capital de Francia se había convertido en un punto de atención preferente para los conjurados. De cómo se desarrollasen los acontecimientos en la capital francesa podía depender el éxito o el fracaso del golpe de Estado para derribar a Hitler.

París era el centro de decisiones del frente occidental. Desde allí, el mariscal Günther von Kluge, comandante en jefe de las fuerzas del Oeste, coordinaba los esfuerzos del Ejército germano para hacer frente a las divisiones aliadas desembarcadas en las playas de Normandía el 6 de junio de 1944. Von Kluge había sustituido el 3 de julio al mariscal Von Rundstedt, que, al no haber podido impedir el desembarco de los Aliados ni haberlos arrojado rápidamente al mar, había perdido la confianza de Hitler, siendo dado de baja por "motivos de salud".

El mariscal von Kluge era una personalidad militar de primer orden, que había demostrado su habilidad táctica mientras estuvo destinado al frente oriental[5]. Allí, estando al frente del Grupo de Ejércitos Centro, había tenido a sus órdenes a algunos de los principales miembros de la conspiración, como el coronel von Tresckow o el lugarteniente de la

---

5 El momento más difícil a lo largo de la carrera militar de Günther Von Kluge fue cuando se encontraba a las puertas de Moscú, en diciembre de 1941. Advirtiendo la necesidad imperiosa de una retirada limitada, telefoneó en varias ocasiones a Hitler para que le permitiese ordenar el repliegue, pero chocó siempre con la irracional obstinación del Führer. Obligado a mantener las precarias posiciones defensivas que ocupaban en ese momento, Von Kluge actuó con decisión y logró evitar que los rusos rompiesen el frente y provocasen una desbandada en las tropas alemanas.

Aunque Von Kluge era una de las figuras más respetadas en el Ejército alemán, eso no fue obstáculo para que fuera objeto de las envidias de sus compañeros, que lo apodaron "Hans, el sabio" (Kluge Hans), haciendo un juego de palabras con el nombre por el que se conocía a un famoso caballo que, a principios de siglo, había demostrado poseer una asombrosa capacidad para realizar operaciones matemáticas.

Reserva Von Schlabrendorff. Von Kluge siempre se había mostrado muy crítico con Hitler, pero nunca se atrevió a dar el paso de integrarse de lleno en la oposición. Aun así, permitió a sus subordinados emprender las acciones necesarias para derrocar al dictador, como el *atentado de las botellas* del 13 de marzo de 1943.

Ignorante de estas maniobras del mariscal en la cuerda floja, Hitler confiaba plenamente en Von Kluge. Le dio libertad de acción en el oeste y le proporcionó nuevos efectivos. El mariscal se sintió adulado por estas concesiones del *Führer*, pero su agradecimiento sería mayor cuando, con ocasión de su 60º cumpleaños, recibió de Hitler un cuarto de millón de marcos. Desde su nuevo puesto, Von Kluge siguió mostrándose ambiguo respecto al complot que se estaba gestando. A su vez, los conspiradores tenían sus dudas de que el mariscal se uniese a ellos cuando llegase el momento de la verdad.

En cambio, Stauffenberg y sus compañeros confiaban ciegamente en el general Karl-Heinrich von Stülpnagel, que ejercía las altas funciones de jefe militar de Francia desde marzo de 1942. Stülpnagel había podido comprobar de primera mano los errores cometidos por el gobierno nacionalsocialista en su política de ocupación del país galo, y se había mostrado crítico en muchas ocasiones, lo que le había valido ser tildado de excesivamente comprensivo ante los intereses de Francia.

Otro personaje en el que los conjurados tenían depositada toda su confianza era el mariscal Erwin Rommel, que había sido precisamente compañero de Stülpnagel en la escuela de infantería de Dresde. Los impulsores del complot deseaban tener a Rommel de su parte, en razón de su prestigio y popularidad. Tenían previsto ofrecerle las responsabilidades de comandante en jefe de las Fuerzas Armadas y quizás la de jefe provisional del Estado.

El 15 de mayo de 1944, Rommel y Stülpnagel se reunieron en una casa de campo de Mareil-Marly para tener un cambio de impresiones sobre la actitud a tomar ante el cercano golpe de Estado. Pero Rommel nunca se mostró partidario de la eliminación física del dictador; estaba convencido de que el pueblo alemán, intoxicado por la hábil propaganda de Goebbels, haría de Hitler un mártir. Aun así, los conjurados no se desanimaron y trataron de persuadir al Zorro del Desierto para que se involucrase totalmente en el complot.

Los alemanes en París.
La capital francesa era el punto
desde el que se coordinaba la lucha
contra las tropas aliadas
desembarcadas en Normandía.
Su control se convirtió en un
objetivo para los conjurados.

Tras el fracaso alemán al intentar contener a los Aliados en las playas, Rommel intentó convencer a Hitler para que intentase alcanzar un acuerdo negociado que evitase la inexorable derrota que se produciría en el caso de seguir combatiendo ante el enorme potencial desplegado por sus enemigos. Pero Hitler le contestó secamente:

—No se inquiete por la continuación de la guerra, mariscal. Piense sólo en su frente de combate.

Todo cambiaría bruscamente el 17 de julio, mientras Rommel hacía su habitual visita al frente. Poco después de las seis de la tarde, su vehículo circulaba por la carretera de Livarot a Vimoutiers cuando aparecieron dos aviones enemigos. El chófer aceleró para tomar un camino que había a la derecha, a unos trescientos metros, para poder refugiarse, pero no le dio tiempo de efectuar esa maniobra. Los aparatos aliados, en vuelo rasante a gran velocidad, llegaron hasta el coche de Rommel. Abrió fuego el primero de ellos, alcanzando el costado izquierdo del vehículo. Rommel sufrió heridas en el rostro y un golpe en la sien izquierda, que le dejó sin conocimiento. El chófer perdió el control del coche, que fue a chocar contra un árbol, para caer finalmente en un foso después de dar una vuelta de campana. Rommel había sido proyectado fuera del auto. El segundo avión lanzó sin acierto algunas bombas. El mariscal tenía el rostro cubierto de sangre y presentaba heridas en su ojo izquierdo y en la boca. Fue atendido de urgencia en un pequeño hospital regentado por religiosas y después fue trasladado al hospital de Bernay, en donde se le diagnosticaron heridas graves en el cráneo.

El Zorro del Desierto había quedado fuera de juego, lo que suponía un duro golpe para los conjurados; su personalidad hubiera resultado decisiva para lograr el apoyo de las tropas del frente occidental una vez desatado el levantamiento. Además, la ausencia del mítico militar restaba peso político a los conspiradores, ya que su enorme prestigio en el campo aliado le convertía en el interlocutor idoneo para unas conversaciones de paz.

Ahora, todo dependía de la actitud del mariscal Von Kluge. Aunque la fiabilidad del general Stülpnagel era absoluta, su radio de acción se limitaba al ámbito administrativo, al no disponer de tropas. Por tanto, la gran incógnita era lo que haría Von Kluge en el momento que llegase a París la noticia del atentado contra Hitler. ¿Se pondría a las órdenes de las nuevas autoridades o permanecería leal a los jerarcas nazis?

El mariscal Erwin Rommel, el mítico Zorro del Desierto. Los conjurados tenían previsto confiarle la dirección de las Fuerzas Armadas tras el golpe.

Stauffenberg, decidido a actuar

A finales de junio, Stauffenberg se mostró firmemente decidido a realizar él mismo el atentado. Pese a que él disponía ya del ansiado acceso al Cuartel General de Hitler, los conjurados estaban convencidos de que su puesto debía estar en Berlín, dirigiendo el golpe. Pero el conde era consciente de que no podrían encontrar a nadie que hiciera el "trabajo sucio". Él se encargaría de ello.

No sabemos si antes de esas fechas Stauffenberg había decidido atentar él mismo, pero lo que es seguro que en esa última semana de junio comunicó a sus compañeros que quería hacerlo, y así consta en algunas cartas personales que se han conservado, como en una misiva de su ayudante, von Haeften, en la que aseguraba que "Claus piensa en hacer él mismo el acto".

A primeros de julio se aceleró el ritmo de las reuniones clandestinas para fijar por enésima vez los detalles del golpe. En esos días se celebraron numerosos encuentros y conversaciones en Berlín, mientras que el general Beck, el futuro presidente de Alemania, continuaba buscando apoyos entre los Aliados para derrocar el régimen, mediante sus contactos en Suiza y Suecia.

Era ya difícil que aumentase aún más la tensión, pero ésta estuvo a punto de estallar cuando el 5 de julio la Gestapo detuvo a Julius Leber, al ser reconocido por un delator de la policía cuando intentaba entrar en contacto con dirigentes obreros con el fin de ganárselos para la causa de los conjurados. Leber, de ideología socialdemócrata, había contado con el apoyo de Stauffenberg y otros compañeros suyos para disputar el puesto de canciller a Beck. No formaba parte del círculo de decisiones, pero estaba claro que para la Gestapo no iba a ser muy difícil tirar del hilo que llevaría hasta el corazón del complot.

Stauffenberg, que había sido ascendido a coronel el 1 de julio, fue presionado para que llevase a cabo el atentado de una vez. Al día siguiente de la detención de Julius Leber, el 6 de julio, acudió a unas conversaciones previstas en el Cuartel General de Hitler en Berchstesgaden, llevando la misma cartera que llevaría el día del atentado, el 20 de julio. Desconocemos también si ese día su cartera contenía la bomba, aunque lo más probable es que sí, en caso de ser cierto lo que más tarde recordaría el general Stieff ante la Gestapo. Stauffenberg estuvo presente en dos conferencias, de aproximadamente una hora de duración cada una, con Hitler, Himmler y Speer, entre otros. Una se desarrolló entre las cinco y las seis de la tarde y la segunda entre la medianoche y la una de la madrugada. Es de suponer que a Stauffenberg no le surgió la posibilidad de activar la bomba.

El 11 de julio Stauffenberg acudió de nuevo a presencia de Hitler, también a Berchstesgaden. A esta reunión, en la que estaba prevista la asistencia de Heinrich Himmler, sí que es seguro que asistió con el artefacto explosivo, dispuesto a hacerlo estallar. Fue acompañado por el capitán Friedrich Karl Klausing, un joven oficial, que le esperaría en un vehículo aparcado cerca del Berghof para poner rumbo al aeropuerto, en donde tenían un Heinkel 111 a su disposición. Stauffenberg asistió a la conferencia de la mañana, que se desarrolló entre la una del mediodía y las tres y media de la tarde. En Berlín los conjurados esperaban la noticia del atentado, pero no sucedió nada.

Cuando Stauffenberg abandonó la residencia de Hitler, explicó al capitán Klausing que no había accionado la bomba porque contrariamente a lo previsto, Himmler no había tomado parte en la conferencia. El jefe de las SS estaba considerado como el sustituto natural de Hitler, pese a que ese honor correspondía formalmente a Goering, así que los conspiradores creían necesario eliminarlo al mismo tiempo que Hitler para descabezar así el régimen nazi.

De todos modos, existen bastantes dudas y contradicciones sobre el supuesto intento del 11 de julio. Las únicas informaciones disponibles sobre este episodio son las procedentes de los interrogatorios efectuados por la Gestapo después del 20 de julio.

Es posible que ese día Stauffenberg se limitara a tantear las posibilidades de realizar el atentado, como si de un ensayo general se tratase, con vistas a una oportunidad posterior. El hecho de que ese 11 de julio su primo, el teniente general Caesar von Hofacker, que debía coordinar el golpe en París, se encontrase en Berlín para reunirse con el general Beck, hace pensar que no se contaba con que Stauffenberg atentara contra Hitler ese día. En cambio, hay otra versión, la que asegura que Stauffenberg, al enterarse de que Himmler no participaría en la reunión, telefoneó a Olbricht unos minutos antes de la una para consultarle si debía seguir adelante con el atentado, y que recibió una respuesta negativa.

La siguiente oportunidad llegaría cuatro días después. El 15 de julio, el general Fromm y Stauffenberg fueron convocados para unas conversaciones militares en el Cuartel General, en este caso en la Guarida del Lobo, en Rastenburg. El conde creyó ver llegado el momento idóneo para realizar el atentado. Acudiría a la reunión con un artefacto explosivo que le había sido entregado a principios de junio. No se ha podido establecer con seguridad el origen de ese material; si era de procedencia británica, alemana, o una mezcla de ambas. Se cree que los conjurados lograron obtener explosivo alemán procedente de un depósito de ingeniería del frente del este, gracias a los hermanos Georg y Philipp von Boeselager, y que el coronel Wessel Freytagh von Loringhoven adjuntó material británico, gracias a sus contactos en el servicio de Inteligencia. Las investigaciones posteriores del Servicio de Seguridad del Reich apuntarían a que todo el explosivo era germano y que la aportación aliada se redujo a los detonadores, pero no hay un criterio claro al respecto[6].

Stauffenberg estaba convencido de que esta vez sí podría hacer estallar la bomba junto a Hitler, tal como lo demuestra el que hubiera hablado con Olbricht de que el plan "Valkiria" fuera puesto en práctica dos horas antes de la comisión del atentado, para no dar tiempo de reacción a sus adversarios.

Ese 15 de julio, Fromm y Stauffenberg, acompañados por el capitán Klausing, aterrizaron en el aeródromo de Rastenburg a las 9.35 horas. Desayunaron en el casino de oficiales, como solía ser habitual en estos casos, permaneciendo allí unos tres cuartos de hora.

Sobre las once, Fromm, Stauffenberg y Klausing fueron conducidos al área central de la Guarida del Lobo, donde tuvieron un encuentro informal con el mariscal Keitel, al que Fromm consideraba su "buen amigo".

---

6 Los ensayos realizados con los explosivos británicos desmostraron su superioridad respecto a los germanos, al proporcionar una gran potencia destructora en un tamaño muy reducido. Además, el sistema de explosión de estos artefactos ideados por los ingleses era sencillo y silencioso, sin desprendimiento del habitual humo delator, pues bastaba con romper una ampolla de cristal que contenía ácido; este ácido se encargaba de corroer un alambre fino que sostenía un resorte, el cual, al saltar tras la rotura del alambre, liberaba el percutor que provocaba la explosión. Este sistema permitía decidir, con un margen de error no muy elevado, el momento en el que debía estallar la bomba; existía una gama de alambres que, dependiendo de su diámetro, tardaban un tiempo determinado en romperse. Aunque hoy día pueda parecer un método muy poco sofisticado, en ese momento era considerado innovador. Stauffenberg dispondría de ese sistema de activación de la bomba para llevar a cabo su atentado.

A las 13.00 horas, Fromm, Keitel y Stauffenberg se dirigieron al llamado informe matinal, que se iba a celebrar en un barracón cercano al búnker del *Führer*. En la puerta departieron de temas triviales con el general de la *Luftwaffe* Karl Bodenschatz hasta que, unos diez minutos más tarde, llegó Hitler, acompañado por el almirante von Puttkamer, un guardaespaldas y su jefe de fotógrafos.

Keitel saludó de forma servil a Hitler, como en él era habitual. El fotógrafo apuntó y tomó el momento en el que Bodenschatz hacía una ligera reverencia al dictador, mientras se estrechaban las manos. En esa imagen, Stauffenberg aparecería en posición de firmes, con la espalda recta, mirando en dirección a Hitler.

Para romper el hielo, Keitel empezó a narrar a Hitler los detalles de la última cacería en la que había participado, e intentó introducir a Stauffenberg en la conversación, halagando el hecho de que pudiera montar a caballo pese a sus impedimentos físicos. A continuación, todos entraron en el barracón para dar inicio a la reunión.

Esta conferencia duró sólo media hora. Aunque después se celebraron dos reuniones más, igualmente breves, seguramente Stauffenberg no encontró el momento adecuado para armar la espoleta, una acción para la que se requerían unos minutos. Únicamente contamos con el testimonio de Berthold, el hermano de Stauffenberg, para intentar averiguar por qué no se produjo el atentado. En sus declaraciones posteriores a la Gestapo afirmó:

"Mi hermano me dijo que las conversaciones fueron interrumpidas de improviso, pidiéndose a Claus que informara personalmente de ciertas cuestiones, por lo que no pudo realizar el atentado planeado".

Esta hipótesis es verosímil, pero otras fuentes aseguran que, ante la ausencia de Himmler y Goering en la reunión, Stauffenberg salió de la sala para llamar a Berlín y pedir consejo. Esta versión fue la que la mujer de Mertz von Quirnheim dejó escrita en su diario; según su testimonio escrito, poco antes de la reunión Stauffenberg preguntó telefónicamente a Olbricht si debía seguir adelante pese a la ausencia de ambos jerarcas nazis, y tras un intercambio de opiniones bastante largo entre los conjurados se le dijo que no actuase. Pero Von Quirheim actuó después por su cuenta y, tomando el aparato, recomendó a su amigo Stauffenberg que hiciera estallar la bomba de todos modos. Al parecer, Claus coincidió con él en que eso era lo más acertado, pero al regresar comprobó que Hitler se había marchado ya.

Sea como fuere, antes de dirigirse al aeropuerto para regresar a Berlín, Stauffenberg telefoneó a Olbricht para comunicarle brevemente que el plan había fracasado. Esta noticia produjo en los conspiradores una gran decepción, además de un enfado considerable, puesto que se había lanzado ya la primera fase de "Valkiria", haciendo caso a Stauffenberg. Rápidamente se abortó el proceso, pero la alarma ya había sido dada. Naturalmente, desde el Alto Mando se pidieron después explicaciones a esa sorprendente puesta en práctica del plan "Valkiria", pero Olbricht se mostraría eficaz a la hora de convencerles de que no se trataba más que de un simulacro, concretamente "un ejercicio táctico para comprobar la capacidad de acción del Ejército territorial".

CRECE AÚN MÁS LA TENSIÓN

Los conspiradores pudieron respirar tranquilos, pero estaba claro que no podían permitirse ni un error más. El nerviosismo cundía entre los implicados, que temían verse descubiertos de un momento a otro. Comenzó a extenderse por Berlín el rumor de que "el Cuartel General del *Führer* va a estallar por los aires". Era improbable que alguien del círculo de conjurados hubiera cometido esa indiscreción, pero esos comentarios no pasaron desapercibidos a los oídos de la Gestapo, que extremó las pesquisas para descubrir lo que había de verdad en ese más que inquietante rumor. Esas investigaciones pusieron a la Gestapo en la pista del doctor Goerdeler, el que debía convertirse en el próximo canciller en caso de triunfo del golpe; Stauffenberg le aconsejó que se mantuviera escondido y pidió al resto de conjurados ser más prudentes que nunca.

Los días posteriores al frustrado atentado del 15 de julio fueron transcurriendo en medio de una tensión insoportable. Cuando alguno de los implicados en el golpe oía que alguien llamaba a su puerta o a su teléfono, se sobresaltaba al creer que la Gestapo le había descubierto. Era cuestión de días, si no de horas, el que la policía de Himmler procediese a detenerlos a todos. En esas jornadas Stauffenberg se esforzó en

Fotografía tomada el 15 de julio de 1944 en la Guarida del Lobo. Stauffenberg, a la izquierda, observa a Hitler. Cinco días después atentaría contra su vida.

aparecer cordial y tranquilo, intentando transmitir algo de serenidad en un ambiente que rezumaba ansiedad.

Por suerte para Stauffenberg y los conjurados, el conde fue convocado de nuevo al Cuartel General en Rastenburg. Debía acudir a la reunión de situación o *Führerlage*[7]. Allí tendría la oportunidad de estar junto a Hitler durante más de dos horas, por lo que dispondría del tiempo necesario para activar la bomba y situarla a su lado. Por fin se presentaba el momento de culminar todo el trabajo realizado en los meses anteriores.

Pero, llegados a este punto, ya no estaba en juego sólo el futuro de Alemania, sino la propia supervivencia de los implicados en el complot. Si regresaba de esa reunión con la bomba en su cartera, tan sólo les quedaría esperar a que la Gestapo se presentase para arrestarlos a todos. Sin duda, ésta era la última oportunidad.

---

7 Esa conferencia diaria era el acto central en la vida cotidiana de Hitler; además de ser el eje de su rutina diaria, constituía la máxima expresión de su mando militar. En el verano de 1944, la época en la que se efectuaría el atentado, esas reuniones se celebraban hacia el mediodía o a primera hora de la tarde, normalmente a la una.

La llegada de Hitler a la sala se anunciaba con las palabras "Meine Herren, der Führer kommt!" ("Señores míos, viene el *Führer*"). Todos los asistentes le saludaban a la manera nazi y Hitler estrechaba la mano a cada uno de los presentes. Con la ayuda de grandes mapas confeccionados por los departamentos de operaciones de los estados mayores, Hitler era informado de las últimas noticias en el frente.

Las conferencias se solían prolongar al menos dos horas pero, si la situación lo requería, podían durar hasta cinco o seis. Las Führerlage no se desarrollaban según criterios operativos; cuando un tema centraba su atención, Hitler podía estar hablando durante horas, disertando sobre las características técnicas del armamento o cifras de producción, para lo que tenía una memoria asombrosa. Además, Hitler se implicaba en las decisiones tácticas más insignificantes, dando órdenes de desplazamiento de tropas a escala de batallón o compañía, transmitiéndose de inmediato a los puestos de mando sobre el terreno para su ejecución. Para disponer de más información, el dictador reclamaba mapas más precisos, lo que suponía una carga extra de trabajo. Todo ello hacía que los generales que acudían a estas reuniones diarias se desesperasen al contemplar semejante pérdida de tiempo pero, obviamente, nadie se atrevía a plantear una queja.

Capítulo 6
La Guarida del Lobo

Al amanecer del 20 de julio de 1944, ya se sentía en Berlín el tibio calor que iba a preceder a un día tórrido. La noche no había traído fresco alguno y la jornada se anunciaba a tan temprana hora tan calurosa como la anterior.

Stauffenberg se levantó antes de las seis y se vistió hábilmente con sus tres dedos, ayudándose de sus dientes. Seguramente intercambió unas palabras de ánimo con su hermano Berthold, que había dormido en una habitación contigua, preparándose ambos para la intensa y crucial jornada que iban a vivir, y de la que iba a depender el destino de Alemania y de toda Europa.

Claus y Berthold subieron al vehículo que les conduciría hasta el aeródromo de Rangsdorf, cercano a Berlín. El chófer era el cabo Schweizer, que era ajeno al propósito de los hermanos Stauffenberg. Durante el trayecto tuvieron que pasar por calles en las que se amontonaban las ruinas provocadas por los constantes bombardeos, lo que probablemente les hizo pensar que, de tener éxito el golpe, esa pesadilla podía estar a punto de acabar. Por el camino recogieron al teniente Werner von

Un Heinkel 111 despegando. Un aparato como éste fue utilizado por
Stauffenberg para volar hasta el Cuartel General de Hitler en Rastenburg
y regresar después a Berlín.

Haeften y a su hermano Hans Bernd. Haeften tenía la misión de ayudar
a Stauffenberg a preparar el atentado.

En el aeródromo les esperaba un Heinkel 111, un avión correo que
había sido puesto a disposición de los golpistas por el general Wagner.
Stauffenberg estaba contento de poder contar con ese aparato en lugar de
los lentos Junker 52 que solían efectuar ese recorrido. No obstante, esa
ventaja se vería anulada; estaba previsto que el avión despegase a las
siete en punto, pero la salida se retrasó hasta las ocho. Mientras tanto,
apareció el general Stieff, que se incorporó al reducido pasaje.

Finalmente, poco antes de las ocho, Stauffenberg se despidió de su
hermano Berthold y subió al aparato acompañado del teniente Haeften,
que a su vez se despidió de su hermano. Ya en el avión, el coronel entregó a Haeften su cartera, que contenía las dos bombas, y éste le dejó la
suya. El teniente debía encargarse de su custodia hasta que llegase el
momento de activarlas. El avión, después de elevarse, puso rumbo a
Rastenburg, distante unos seiscientos kilómetros.

En la guarida del lobo

A las 10.15, el Heinkel 111 tomó tierra en el aeródromo de Rastenburg. Al bajar del aparato, Stauffenberg, Haeften y Stieff encontraron un vehículo a su disposición para conducirles hasta la Guarida del Lobo. Stieff, acompañado de Haeften, continuaría su camino hacia el Cuartel General del Ejército, el *Mauerwald*, pues Haeften debía asistir allí a una reunión. El piloto del avión fue avisado de que tenía que estar preparado desde las doce del mediodía para emprender el vuelo de vuelta, pero esta vez sin demoras de ningún tipo.

El trayecto del coche hasta el Cuartel General del *Führer*, a seis kilómetros del aeródromo, duró unos escasos diez minutos, sin que surgiese ningún obstáculo. Hasta llegar a la residencia de Hitler debían atravesar tres puestos de control, numerados con las cifras romanas III, II y I. Una vez superado este último puesto, Stauffenberg descendió del auto y Haeften continuó junto a Stieff en dirección al *Mauerwald*. Haeften, que seguía llevando la cartera con las dos bombas, debía regresar en un par de horas, para poder ayudar a Stauffenberg a realizar el atentado, y debía ocuparse de asegurar la disponibilidad del vehículo para el momento en que, una vez consumada la acción, se dispusieran a regresar al aeródromo para tomar el avión de vuelta a Berlín.

Stauffenberg, llevando la cartera de Haeften, se dirigió al casino de oficiales y allí se encontró una mesa situada al aire libre, a la sombra de un frondoso roble, en la que desayunaban copiosamente varios conocidos. Algunos le esperaban allí desde las nueve, la hora prevista para su llegada. Estaban presentes el capitán Pieper, el doctor Walker, el doctor Wagner, el teniente general Von Thadden y el capitán Von Möllendorf. Como veremos más adelante, su amistad con éste último le resultaría providencial en un momento de grave dificultad, durante la huida de la *Wolfsschanze*. Stauffenberg fue invitado a sentarse y estuvo departiendo con ellos. El café de que disponían en la Guarida del Lobo tenía muy poco que ver con el sucedáneo al que se debía recurrir en Berlín, por lo que es de suponer que el coronel se sintió reconfortado y animado por ese desayuno, que se prolongó hasta las once.

Stauffenberg telefoneó al ayudante de Keitel, el mayor Ernst John von Freyend, para confirmar sus reuniones del día. La que contaría con la pre-

El teniente Werner von Haeften
acompañó a Stauffenberg
a la Guarida del Lobo
para ayudarle en los preparativos
del atentado. Haeften se
mostraría fiel al conde hasta
el final.

sencia de Hitler se celebraría a las 13.00 en el barracón de conferencias, como era habitual[8]. Entonces se dirigió a la primera conferencia en la que debía tomar parte, dirigida por el general Buhle, jefe del Estado Mayor del Ejército. En la sofocante cabaña en la que esa reunión tendría lugar, la del Alto Mando del Ejército, se discutió sobre la creación de dos nuevas divisiones para Prusia Oriental, con reservistas de la Guardia del Interior. El balance de una media hora de discusión fueron unas cuantas observaciones generales que no desembocarían en ninguna decisión concreta.

---

8 Aunque es frecuente encontrar fuentes que aseguran que la reunión se celebró en un lugar distinto al habitual, en el Informe Kaltenbrunner se indicaría claramente lo contrario: "El lugar del acto fue la sala en la que siempre se mantenían las conversaciones". Así pues, no es cierto que Stauffenberg hubiera tenido que realizar el atentado en un lugar imprevisto, tal como suele creerse.

Un adelanto imprevisto

Más relevante era la siguiente reunión a la que debía asistir Stauffenberg, en este caso con el mariscal Keitel. Mientras se estaba desarrollando el encuentro, entró un asistente y comunicó a Keitel que la conferencia diaria, en la que tomaría parte Hitler, se había adelantado una hora, como consecuencia de la visita oficial que debía realizar Mussolini, cuya llegada se esperaba hacia las 14.30. Así pues, la reunión, prevista inicialmente para las 13.00, tendría lugar a las 12.30.

Stauffenberg no sabía nada de ese adelanto imprevisto; el atentado se veía entonces amenazado de un nuevo aplazamiento, debido a que los dos artefactos se hallaban en la cartera de su ayudante, que desconocía también el adelanto de la conferencia. Por suerte, poco después de concluir la reunión presidida por Keitel, el teniente Haeften se presentó, llegando así a tiempo de proporcionar las bombas a Stauffenberg, pero había que apresurarse para poder activarlas a tiempo.

El adelanto de la reunión provocó otro inconveniente; al prever que sería corta y de que, por tanto, no se tratarían temas esenciales, tanto Himmler como Goering, que solían asistir a las conferencias diarias, decidieron no presentarse. El objetivo de los conjurados era eliminar también a ambos jerarcas, pero eso ya no sería posible. Las coincidencias y las casualidades comenzaban a conjurarse, irónicamente, contra los conjurados...

Pero ésa era una cuestión menor al lado del problema más perentorio: montar las bombas. Era necesario buscar un lugar adecuado para esa tarea, por lo que Stauffenberg pidió al comandante Von Freyend poder disponer durante unos minutos de una habitación en donde cambiarse de camisa. Éste le ofreció un pequeño dormitorio, en donde entró Stauffenberg acompañado de Haeften, lo que era explicable pues podía necesitar ayuda para vestirse. Una vez en la habitación, procedieron a activar las bombas.

Mientras tanto, los relojes ya marcaban las 12.30, y Von Freyend, que estaba esperando en el pasillo, se sentía cada vez más inquieto, pues debía conducir a Stauffenberg a la sala a tiempo para la reunión, cuando ésta ya había comenzado.

En ese momento hubo una llamada del general Erich Fellgiebel, jefe de comunicaciones del Alto Mando de la *Wehrmacht*, que se encontraba en la Guarida del Lobo. Fellgiebel también participaba de la conjura, y tenía la misión de bloquear todas las comunicaciones del Cuartel General de Hitler con el exterior. La llamada fue recibida por Von Freyend; le dijo que tenía que hablar con Stauffenberg y le pidió que le pasara el aviso de que le llamara. No había tiempo para que el coronel le devolviera la llamada, pero Freyend envió al sargento mayor Werner Vogel a comunicar a Stauffenberg el mensaje de Fellgiebel y a decirle que se diera prisa.

El sargento intentó entrar en la habitación sin llamar. Al abrir la puerta de manera impetuosa, ésta impactó en la espalda de Stauffenberg, que se encontraba de pie justo detrás de ella. El sargento se disculpó y dijo que le habían comunicado que no podía hacerse esperar a Hitler, por lo que el coronel debía presentarse de inmediato. Stauffenberg replicó de manera brusca que ya se estaba apresurando y volvió a cerrar la puerta. Más tarde, ese sargento declararía ante los funcionarios de la policía criminal lo que había visto fugazmente al abrir la puerta: dos carteras colocadas encima de la cama, además de algunos papeles y un paquete. El testigo interpretó que ambas carteras habían sido vaciadas.

No sabemos lo que ocurrió en la habitación. Lo que es evidente es que la primera bomba sí fue activada. Para ello es posible que fuera Stauffenberg, ayudado de una tenaza[9], quien rompiese la cápsula de ácido del mecanismo; a partir de ese momento, una pequeña cantidad de ácido quedaba liberada para que pudiera corroer un fino alambre colocado dentro de una ampolla de cristal, que sujetaba el disparador que debía provocar la detonación. El tiempo necesario para la corrosión completa del alambre era de diez minutos; ya era imposible impedir la explosión, así que Stauffenberg no podía volverse atrás.

Es posible que luego intentasen montar el mecanismo de la segunda bomba. Quizás la entrada del sargento se produjo mientras lo estaban intentado y a partir de ahí no lograron concentrarse o, para no entrete-

---

9 La tenaza estaba especialmente adaptada para Stauffenberg, teniendo en cuenta que sólo contaba con los tres dedos que le quedaban en la mano izquierda. No se sabe si fue él o bien Haeften el que rompió esa primera cápsula, pero es probable que Stauffenberg, a quien no le gustaba eludir ninguna responsabilidad, asumiese ésta sin dudarlo.

nerse más, Stauffenberg decidió acudir a la conferencia únicamente con ese kilo de explosivo ya activado, una cantidad más que suficiente para matar a Hitler en condiciones normales. De un modo u otro, sólo una de las dos bombas fue activada[10].

Es comprensible que Stauffenberg, terriblemente presionado por las circunstancias, sólo consiguiese activar una bomba, pero igualmente cometió un error colosal. Introdujo la bomba activada en su cartera y entregó la otra a su ayudante; en ese momento no fue consciente, pero acababa de condenar el atentado al fracaso. Si, en vez de entregársela a Haeften, la hubiera colocado también en su cartera pese a no estar activada, el estallido de la primera hubiera hecho explotar también esa segunda. Esta claro que este razonamiento, que a nosotros nos aparece de una forma tan clara, no acudió a su mente, al estar sometido a una gran presión y estar forzado a tomar decisiones transcendentales en décimas de segundo. De este modo, renunciando a la posibilidad de que la explosión fuera doblemente letal, Stauffenberg quedaba en manos de los factores aleatorios que finalmente salvarían la vida al *Führer*.

COMIENZA LA CONFERENCIA

Mientras Stauffenberg y Haeften estaban montando las bombas, la conferencia de situación había dado ya comienzo, con la presencia de Hitler, quien había llegado directamente desde su búnker.

El dictador germano llevaba en su búnker una vida casi monacal. En su habitación había una espartana cama de campaña y una mesita de noche, sobre la que se podía ver el retrato de su madre, una fotografía que también le acompañaría en sus últimos días en el búnker de Berlín.

Ese 20 de julio se había despertado sobre las diez de la mañana, después de que no pudiera conciliar el sueño hasta las seis o las siete de

---

10 Existen otras versiones sobre esos instantes. Algunos autores, como Ian Kershaw, apuntan a que Stauffenberg no cerró la puerta tras la irrupción del sargento Vogel, sino que ésta quedó abierta, con Vogel esperando en el umbral, y que Freyend gritó desde el pasillo a Stauffenberg para que se diera prisa. Si sucedió así, está claro que no hubo ninguna opción de montar el segundo detonador.

la mañana. Tras tomar un baño de agua muy caliente, había sido visitado, como era habitual, por el doctor Morell.

Éste le había examinado brevemente, comprobando sobre todo los temblores de sus manos. Siguiendo con la rutina, el galeno procedió a inyectarle un cóctel de sustancias destinadas a mantener la capacidad de trabajo de Hitler[11].

Una vez que el *Führer* entró en la sala de conferencias, el primero en hablar fue el general Heusinger que, en nombre del general Zeitzler, pasó a exponer la situación en el frente del este.

Heusinger intentó restar dramatismo a la situación por la que atravesaban las tropas alemanas, pero no podía ocultar que la gran ofesiva lanzada por los rusos el 23 de junio contra el Grupo de Ejércitos Centro estaba consiguiendo contínuos éxitos.

Hitler preguntó a Heusinger:

—¿Qué sucede en el frente rumano?

—Nada de particular —respondió el general.

—¿Dónde están las fuerzas blindadas enemigas?

—Desde hace algún tiempo es imposible localizarlas por radio —admitió Heusinger.

—¿Qué sucede al este de Lemberg? —inquirió Hitler.

—Allí la situación es cada vez más tensa, ya que pronto se unirán los dos frentes de ataque rusos.

Heusinger no podía ocultar a Hitler la situación crítica en la que se encontraba el frente oriental. El empuje ruso era cada vez más intenso en todos los sectores del frente y, si el Ejército Rojo conseguía abrir una brecha en dirección a Lemberg, las consecuencias sobre el conjunto del frente serían un auténtico desastre.

---

11 El doctor Morell se había convertido en el médico personal de Hitler. Era el especialista de moda en Berlín para enfermedades de la piel y venéreas, y tras obtener la confianza del Führer, desbancó a los otros médicos que se encargaban de su salud, que le acusaban de ser un charlatán. Morell inyectaba a Hitler, casi a diario, una cantidad desmedida de sustancias: sulfonamidas, hormonas, productos glandulares o simple glucosa. Se cree que llegaba a administrarle un total de 28 específicos distintos. Con el paso del tiempo, Morell tuvo que recurrir a medicamentos cada vez más fuertes y frecuentes, lo que le obligaba a inyectarle después sedantes para contrarrestar el efecto de los primeros. Esta medicación contraproducente podría explicar algunas de las, cada vez más frecuentes, reacciones explosivas de Hitler.

Este monolito recuerda hoy día el emplazamiento del barracón de conferencias en el que Stauffenberg cometió el atentado. La base de hormigón que sirve de soporte a la piedra conmemorativa formaba parte de dicha construcción.

Tras activar la bomba, Stauffenberg y Haeften salieron del cuarto y se encontraron al general Buhle y al comandante Von Freyend, con los que recorrieron el camino hacia el barracón, en el que ya había comenzado la conferencia. Buhle y Freyend trataron de ayudar al coronel mutilado, llevándole la cartera, pero éste rechazó de una manera un tanto áspera el ofrecimiento, aduciendo que prefería llevarla él mismo.

Sin embargo, antes de entrar en el barracón, el coronel entregó la cartera a Freyend y le rogó que, siendo éste ayudante del mariscal Keitel, le acercase lo más posible, a él y a su cartera, al lugar que ocupaba el *Führer*. La primera razón era que él mismo debía presentar un informe y que por ello debía encontrarse cerca de Hitler y, en segundo lugar, porque así podría seguir mejor sus observaciones, pues dijo ser un poco duro de oído.

Los tres llegaron al barracón. Era una pequeña construcción de una sola planta; las paredes eran de carton de yeso reforzado con fibra de vidrio y una capa de entablado de madera, todo ello cubierto por un material a prueba de balas. Para el propósito de Stauffenberg hubiera sido más conveniente que la reunión se celebrase en un recinto de hormigón, para que la onda expansiva quedase contenida entre sus paredes y no escapase al exterior, como era previsible que sucediese en ese endeble barracón.

Para llegar a la sala tuvieron que atravesar un vestíbulo en el que había un vestuario, un lavabo y una centralita telefónica. En el vestuario, Stauffenberg dejó su cinturón, su arma y la gorra. Después se dirigieron a la sala. El general Bukle abrió la puerta y, tras él, entraron Stauffenberg y Freyend. Eran las 12.37.

Hitler se encontraba de pie junto a la gran mesa cubierta de mapas, detrás de la puerta y de espaldas a ella. A su derecha se hallaba Heusinger, que interrumpió su exposición al prestar atención a los recién llegados. A la izquierda de Hitler se encontraba el mariscal Keitel, que tenía al lado al general Alfred Jodl, jefe del Estado Mayor de la *Wehrmacht*.

La intervención de Heusinger quedó así momentáneamente en suspenso. Keitel taladró con su mirada a los rezagados que acababan de entrar en la sala e informó a Hitler que había llegado el coronel conde Von Stauffenberg, intercambiándose ambos un breve saludo:

—Tendrá que esperar, Stauffenberg —le dijo el dictador—, quiero que antes termine Heusinger.

Mientras, Freyend estaba ocupado en pedir en voz baja al almirante Voss, que se encontraba inmediatamente a la derecha del general Heusinger, que cediese su lugar al coronel. El almirante cedió amablemente y se trasladó al otro lado de la mesa, exactamente enfrente de Hitler, mientras el coronel ocupaba su puesto, dándole las gracias por la atención que había tenido con él. En ese momento, Freyend entregó la cartera a Stauffenberg y éste la colocó a su lado.

—Continúe, Heusinger —dijo Hitler.

Estaba previsto que cuando Heusinger terminase con su intervención le correspondiese a Stauffenberg tomar la palabra. Pero el coronel no tenía ninguna intención de esperar su turno, pues sabía que el mecanismo de la bomba seguía su curso imparable y que en cualquier momento el ácido podía acabar de corroer el fino alambre, por lo que no se podía predecir el momento exacto en el que el artefacto haría explosión.

Así pues, Stauffenberg empujó la cartera hasta situarla en el punto en que el efecto letal de la deflagración sería mayor; la detonación alcanzaría de lleno a Heusinger y Hitler, y después a los que se encontrasen en los dos lugares más cercanos a ellos. La onda expansiva se dirigiría hacia la posición de Hitler, pues hacia el otro lado ésta chocaría con la gruesa pata de la mesa. La posición que ocupaba la bomba en ese momento era la idonea para conseguir el objetivo deseado por los conjurados.

Stauffenberg abandona la sala

Stauffenberg había conseguido lo más difícil. Ahora sólo le quedaba desaparecer lo más rápidamente posible de aquel barracón que en unos pocos minutos iba a convertirse en un infierno en llamas. Tenía que marcharse de allí si no quería morir víctima de su propia bomba.

Probablemente, antes de salir, advirtió que las ventanas estaban abiertas de par en par, para que corriese algo de aire en esa calurosa mañana. Esa circunstancia no ayudaba a que los efectos de la bomba que estaba a punto de estallar fueran más letales, al permitir el escape libre de la onda expansiva, pero su única preocupación en ese momento debía ser salir de la sala de inmediato.

Con suma discreción, Stauffenberg se dirigió a Von Freyend para decirle que debía efectuar una llamada urgente en relación al informe que debía presentar, y éste le indicó con un gesto que le acompañase a la centralita. Stauffenberg murmuró entonces al oficial que se encontraba a su derecha, el coronel Heinz Brandt[12], que le vigilase la cartera durante su breve ausencia, pues ésta contenía documentos secretos, a lo que el coronel Brandt accedió solícito.

Stauffenberg abrió despacio la puerta mientras todas las miradas estaban centradas en el mapa que ilustraba el diálogo entre Heisenger y Hitler, y salió discretamente al pasillo acompañado por Von Freyend. Si alguien advirtió la salida del coronel tampoco pudo extrañarse de ese repentino abandono de la sala, puesto que las conferencias presididas por Hitler eran más desordenadas de lo que cabría pensar; era frecuente que los participantes entrasen y saliesen continuamente, que hubiera diálogos

---

12 Brandt había participado el año anterior en el atentado de las botellas, ayudando a introducir la bomba en el avión de Hitler. Tras ese fracaso, se había desligado de los conspiradores, por lo que desconocía que estaba a punto de realizarse el atentado.

paralelos o que se impartiesen órdenes a los ayudades. Tan sólo de vez en cuando alguien reconvenía a los presentes para que mantuvieran el orden.

Una vez en el pasillo, Stauffenberg dijo a Freyend que debía devolverle la llamada a Fellgiebel, la llamada sobre la que el sargento mayor Vogel le había informado de forma inoportuna mientras estaba montando las bombas junto a Haeften. Freyend se asomó al pequeño cuarto en el que se encontraba la centralita y pidió al oficial de guardia, el sargento Adam, que llamase a Fellgiebel. Mientras se establecía la comunicación, Freyend dijo a Stauffenberg que debía regresar a la sala y se marchó, es de suponer con gran alivio para el coronel, pues así podría escapar sin tener que ofrecer explicaciones.

El sargento Adam localizó a Fellgiebel e indicó a Stauffenberg que pasase a la cabina contigua para tomar el auricular. Stauffenberg entró, tomó el auricular y lo dejó descolgado, marchándose a toda prisa, pues no había tiempo que perder. La bomba podía estallar en cualquier momento. Avanzó por el pasillo a largas zancadas y, sin tan siquiera detenerse a recoger la gorra y el cinturón, salió en dirección al barracón de los ayudantes de la *Wehrmacht*, para reunirse de nuevo con Haeften y emprender la huida hacia el aeródromo.

Mientras tanto, la reunión seguía desarrollándose con normalidad. Durante el informe de Heusinger, Hitler había planteado una cuestión que, según el general Buhle, caía perfectamente en el campo que le correspondía a Stauffenberg, en calidad de jefe del Estado Mayor del Ejército territorial, quien podría dar respuesta exacta a la consulta. En ese momento se echó en falta al coronel. El coronel Brandt comunicó entonces que Stauffenberg había tenido que ausentarse para efectuar una llamada telefónica urgente.

Visiblemente molesto, el mariscal Keitel salió al pasillo y se dirigió a la centralita, mientras el general de la *Luftwaffe* Korten daba a conocer las últimas novedades en lo que se refería a la aviación. En la central de teléfonos, el oficial de guardia informó a Keitel que, efectivamente, "el coronel de un solo brazo y un parche en el ojo" había pedido una conferencia con Berlín, pero que se había marchado enseguida. Keitel, enojado y desconcertado a partes iguales, regresó a la sala de reuniones y envió al general Buhle a localizar por teléfono al coronel.

Cuando Buhle regresó sin haber podido tampoco encontrar a Stauffenberg, el coronel Brandt se acercó a su jefe, Heusinger, con la intención de observar más de cerca un detalle en el mapa que se encontraba en ese momento extendido sobre la mesa. Al intentarlo, dio involuntariamente un golpe con el pie a la cartera dejada por Stauffenberg. Como le estorbaba para moverse, la tomó y la colocó al otro lado de la gruesa pata de la mesa.

Hitler interrumpía con frecuencia a Heusinger durante su intervención:

—¿Cómo está la situación en el Centro?

—Un ligero alivio en el sector Sur. La llegada de refuerzos se deja sentir. Llegaremos quizás a detener a los rusos en la frontera polaca.

—Se conseguirá —afirmó Hitler, optimista—, y después podremos eliminar la cabeza de puente de Lemberg.

—Los rusos se acercan a Prusia Oriental —sentenció Heusinger.

—No entrarán —le tranquilizó Hitler—, Model y Koch me lo garantizan.

Heusinger prosiguió con su explicación, insistiendo en que el Grupo de Ejércitos del Norte debía retirarse urgentemente del lago Peipus:

—Las fuerzas rusas, en número abrumador, están efectuando un movimiento envolvente hacia el norte, al oeste del Dvina. Las vanguardias están ya al sudoeste de Dvinsk...

Hitler se interesó por el punto concreto del mapa al que hacía referencia el general, en el extremo superior del plano; el *Führer* se echó sobre la mesa, apoyando todo el tronco sobre ella para estudiarlo con su lupa.

—Si nuestro Grupo de Ejércitos no se retira del lago —explicaba Heusinger—, nos enfrentaremos a una catástrofe...

Justo en ese momento, el alambre del temporizador, corroído por el ácido, dejó de sostener el resorte del percutor. Eran exactamente las 12.42.

Capítulo 7
La explosión

Stauffenberg, tras salir a paso rápido del barracón de conferencias, llegó en menos de un minuto al edificio de los ayudantes de la *Wehrmacht*, distante unos doscientos metros. Allí, además de su ayudante Haeften, le esperaba el jefe de transmisiones de las Fuerzas Armadas, el general Erich Fellgiebel, que también participaba en la conspiración. Como se ha apuntado, la misión de Fellgiebel era trascendental para el desarrollo del golpe; una vez consumado el asesinato de Hitler, debía ponerse en contacto telefónico con los conjurados de la Bendlerstrasse para comunicarles la noticia e inmediatamente cortar todas las comunicaciones de la Guarida del Lobo con el exterior.

Cuando Stauffenberg entró en el barracón, encontró a Fellgiebel departiendo con el teniente Ludolf Gerhard Sander, que no sabía nada del complot. El coronel hizo un gesto a Fellgiebel y éste salió al exterior, a esperar junto a Stauffenberg el momento de la explosión. Por su parte, Haeften se hallaba ultimando una gestión para conseguir un vehículo. Para disimular, Stauffenberg y Fellgieble iniciaron una conversación

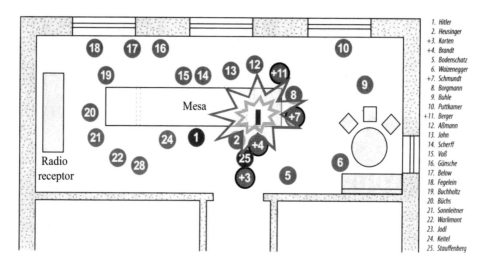

Posición de los presentes en la sala en el momento
del estallido del artefacto dejado
por Stauffenberg.

referida a las fortificaciones en el frente oriental, a la que se sumó Sander, que acababa de salir del edificio.

De repente, se escuchó una fuerte explosión. Fellgiebel, pese a saber que la deflagración era inminente, no pudo evitar lanzar una mirada de sorpresa a Stauffenberg y éste se encogió de hombros. Sander no pareció inmutarse, puesto que los animales que habitaban los alrededores solían detonar las minas que rodeaban el recinto y lo achacó a ese motivo. Desde allí era imposible alcanzar a ver el barracón de conferencias, ya que había edificios y árboles que tapaban la vista[13].

Haeften se presentó casi en ese mismo momento con un vehículo listo para emprender la fuga hacia el aeródromo, en donde debían tomar el

---

13 Otra versión apunta a que los conspiradores no esperaron el estallido de la bomba, sino que rápidamente subieron al vehículo para emprender el camino del aeropuerto antes de que la alarma impidiese el paso por los puestos de control. Según esta versión, que denotaría un comportamiento más lógico de los implicados, cuando explotó el artefacto Stauffenberg y Haeften ya habían pasado por la barrera del área de seguridad I y se dirigían a la del área II.

Imagen zenital de la placa situada en el punto exacto
donde se encontraba el maletín que contenía
el artefacto explosivo.

avión que les trasladaría a Berlín. Pero Stauffenberg se dio cuenta de que
tenían también a su disposición el mismo automóvil que les había llevado
hasta allí. Los dos subieron a este último. El chófer dijo a Stauffenberg:

—Coronel, se olvida la gorra y el cinturón.

—Usted limítese a conducir, ¡y arranque el coche de una vez!

Al pasar cerca del barracón de conferencias, Stauffenberg pudo
comprobar las consecuencias de la reciente explosión. Del edificio, ahora
en ruinas, salía una densa humareda y una nube de papeles ardiendo. Los
heridos intentaban escapar de los restos de la cabaña; posteriormente aseguraría haber visto a unos enfermeros llevarse a una persona en camilla
con la capa de Hitler cubriéndole el rostro, como si estuviera muerta[14].

14 Esta observación de Stauffenberg tiene pocos visos de ser cierta. Si emprendieron
la huida en cuanto estalló la bomba, es improbable que al pasar junto al barracón de
conferencias ya estuvieran los equipos sanitarios poniendo a salvo a los heridos.
También es poco probable que esperasen en el vehículo a que éstos llegasen, puesto
que la prioridad era traspasar los puestos de control antes de que se diese la alarma. Así
pues, todo indica que fue una fabulación de Stauffenberg para sostener su afirmación
de que Hitler había resultado muerto en el atentado.

Así quedó la sala de conferencias después de la explosión.

LA HUIDA

Aprovechando los primeros momentos de confusión en la *Wolfsschanze*, pudieron cruzar sin ningún contratiempo el puesto de guardia del área de seguridad I. Los documentos personales del coronel fueron suficientes.

Pero el jefe del puesto del área II, al haber escuchado la explosión, había decidido por iniciativa propia cerrar la barrera y no permitir el paso a nadie hasta recibir órdenes. Stauffenberg no logró convencer al guardián para que le dejase pasar; enojado, salió del vehículo y se dirigió a la caseta del cuerpo de guardia y, ante el jefe del puesto, simuló hablar por teléfono con alguien. Volviéndose a él, le dijo:

—Bueno, ya ve usted, puedo pasar.

La seguridad aplastante exhibida por el coronel logró romper la resistencia del jefe del puesto; la artimaña funcionó y pudieron así franquear la penúltima barrera.

Pero las dificultades serían mayores en el último puesto de control, el del área III. Poco antes de llegar a él, se dio la alarma en todo el Cuartel General. La guardia de ese puesto, además de mantener cerrada la barrera, había colocado dos obstáculos contracarros interceptando la carretera, con soldados apostados tras ellos. Stauffenberg fue consciente en ese momento de que debía sacar todo el provecho de su acreditado poder de persuasión para poder superar la única barrera que le separaba del campo de aviación.

Tras hacer detener el auto, el jefe del puesto, el sargento Kolbe, del Batallón de la Guardia del *Führer*, comunicó a sus ocupantes que tenía órdenes tajantes de no dejar salir a nadie del Cuartel General. Stauffenberg intentó convencerle de que debía dejarle pasar, al tener que tomar un avión dentro de pocos minutos, pero chocó con la intransigencia del sargento, decidido a obedecer a rajatabla las órdenes recibidas.

El conde salió del vehículo y, con paso firme, se dirigió a la caseta del puesto, con la intención de repetir el mismo truco empleado en la barrera anterior. Pero el sargento no se dejó impresionar por el impulsivo coronel y fue él mismo el que tomó el auricular, solicitando a Stauffenberg el nombre del oficial con el que deseaba hablar.

Stauffenberg, muy contrariado, le dio el nombre del capitán de caballería Von Mollendorf —con quien había desayunado esa mañana— y el sargento pidió que le pusieran en comunicación con él. Cuando el capitán se puso al aparato, Kolbe pasó el teléfono a Stauffenberg; éste preguntó al capitán el motivo de que se le retuviese en ese puesto de control, pues no podía hacer esperar a su avión. Afortunadamente, Von Mollendorf desconocía en ese momento que se hubiera atentado contra Hitler, por lo que le concedió el permiso para abandonar la *Wolfsschanze* en dirección al aeródromo. Stauffenbeg ya iba a colgar cuando el desconfiado sargento Kolbe le arrebató el auricular y se hizo repetir por Von Molledorf el permiso. Tras recibir la confirmación del capitán, Kolbe ordenó apartar los obstáculos contracarro y levantar la barrera. Ya nada se interponía entre los conjurados y el avión que debía trasladarles a Berlín.

Stauffenberg ordenó al conductor que acelerase a fondo. A toda velocidad, el coche se dirigió al campo de aviación. Por el camino, Haeften sacó de su cartera la carga explosiva que no había dado tiempo de activar y se deshizo de ella, arrojándola a un lado del camino. Esta acción no pasó desapercibida para el conductor, pues advirtió la acción de Haeften reflejada en el espejo retrovisor; más tarde la referiría a los investigadores del atentado, lo que les permitiría encontrar esa segunda bomba.

Poco después de la una, el automóvil se detuvo a unos cien metros del Heinkel 111 que les estaba aguardando; los dos conspiradores subieron al aparato y en unos minutos, a las 13.15, éste despegaba sin novedad rumbo a la capital del Reich.

A bordo del avión, Stauffenberg y Haeften debieron derrumbarse sobre sus asientos, agotados por la terrible tensión nerviosa que habían acumulado, pero felices y satisfechos, convencidos de que habían cumplido con su arriesgada misión.

Un relámpago cegador

Los conjurados creían que habían logrado su propósito de acabar con la vida de Hitler. La bomba dejada por Stauffenberg en la sala de conferencias hizo explosión cuando las agujas de los relojes marcaban las 12.42[15].

La potente carga estalló tal como estaba previsto. Se produjo un cegador relámpago amarillo y una detonación ensordecedora. Volaron puertas y ventanas, se proyectaron en todas direcciones astillas y cristales, y se alzó una nube de humo. Parte de los restos del barracón estaba en llamas. La explosión derribó a la mayoría de los presentes, lanzando a algunos al exterior de la sala, y había quien tenía el cabello o la ropa ardiendo. Se oían gritos desesperados demandando socorro.

Aparentemente, Stauffenberg había conseguido su objetivo, pero en realidad el efecto de la explosión había sido muy distinto al buscado por él. Como el general Brandt había movido la cartera de sitio, colocándola tras la gruesa pata de la mesa, ésta había hecho de pantalla, dirigiendo la onda expansiva hacia el lado contrario al que se encontraba el *Führer*.

---

15 Aunque está comúnmente establecido que la explosión se produjo a las 12.42, realmente se desconoce la hora exacta en la que ésta se produjo. Joachim Fest (*Staatsreich*, 1994) y Nicolaus von Below (*Als Hitler Adjutant*, 1980), entre otros, adelantan dos minutos el momento del estallido, pero lo máximo que se puede concretar es que la deflagración ocurrió entre las 12.40 y las 12.50.

Esta mastodóntica construcción es el búnker de Hitler, a donde se retiró el dictador tras sufrir el atentado. Los intentos posteriores de volar los gruesos muros del refugio fracasarían debido a su grosor.

Además, como Hitler se encontraba en ese momento totalmente apoyado en la mesa, sosteniendo su barbilla con el codo, la tabla de la mesa actuó como un improvisado y eficaz escudo protector. A Brandt, próximo al artefacto, la explosión le arrancó de cuajo una pierna y su cuerpo quedó acribillado al instante por una miríada de astillas. Estas graves heridas le producirían la muerte. Ese era el destino reservado para Hitler, si Brandt no hubiera cambiado el rumbo de la historia involuntariamente, al modificar el lugar original de la cartera.

Además de Brandt, morirían en el atentado el general Korten, el general Schmundt y el estenógrafo Berger. Los demás resultarían con heridas más o menos graves[16]. Todos ellos quedaron afectados por conmociones cerebrales y roturas de tímpanos, incluso los heridos leves. Sólo hubo una excepción: el mariscal Keitel, que no sufrió ningún daño.

16 Para conocer el balance completo de víctimas, ver Anexo nº 2.

El propio Hitler resultó levemente herido; sufrió conmoción cerebral con desfallecimiento transitorio, perforación de ambos tímpanos, contusiones en el codo derecho, quemaduras en las piernas, erosiones en la piel y unos cortes en la frente. El dictador explicaría más tarde que sintió la explosión "como una llama repentina de una claridad infernal" y "un estallido que rompía los tímpanos".

Hitler se levantó de entre aquellas ruinas humeantes con la cara ennegrecida, apagándose las llamas de los pantalones y de la parte posterior de la cabeza, que le quedó chamuscada.

Keitel, que en ese momento no podía ver a Hitler debido al humo y a la confusión, gritaba:

—¿Dónde está el *Führer*? ¿Dónde está?

Al verlo, Keitel se abalanzó sobre él, ayudándole a incorporarse del todo y gritando mientras le abrazaba efusivamente:

—¡Mi *Führer*, está usted vivo! ¡Está usted vivo!

El mariscal le tomó por los hombros y salió con él de lo que unos segundos antes era el barracón de conferencias. Los otros supervivientes aparecían dando traspiés entre las ruinas humeantes. Todo aquél que podía moverse por sí mismo buscaba ansiosamente salir de allí. Temían que hiciera explosión una segunda bomba, y esto hizo que todos se apresurasen instintivamente alejarse del lugar todo lo rápido que les permitía su estado físico.

Hitler aparecía totalmente cubierto de polvo y con los pantalones rasgados, doliéndose sobre todo de las numerosas astillas que había penetrado en sus piernas y advirtiendo, bastante sorprendido, que su temblor habitual en la pierna izquiera había desaparecido casi por completo. Desentendiéndose de los heridos y rechazando a quienes se apresuraban a prestarle ayuda, Hitler pidió a Keitel que le condujese de inmediato a su búnker, en donde estaría seguro en caso de que el ataque se reprodujese.

El doctor Morell acudió rápidamente al búnker para examinarle. También entró en el búnker Linge, su sirviente. Hitler, que estaba tranquilo, dijo a Linge con una amarga sonrisa:

Un oficial muestra el estado en el que quedaron los pantalones que vestía el Führer en el momento de la explosión. Hitler los enviaría después a Eva Braun para que los guardase como recuerdo.

—Alguien ha intentado matarme...

El mariscal Keitel, después de ayudar a Hitler a que llegase a su búnker, regresó al lugar del atentado. La supervivencia del autócrata le había provocado un entusiasmo incontenible:

—¡El *Führer*! ¡La Providencia! ¡Nuestro *Führer* vive!¡Y ahora hacia la victoria final! —exclamaba enfebrecido el mariscal.

Below, ayudante de la *Luftwaffe* de Hitler, que había sobrevivido también al atentado, tuvo la sangre fría, a pesar de las heridas leves que sufría, de correr hasta el barracón de comunicaciones y dar la orden de bloquear todas las líneas telefónicas que salían del Cuartel General, prohibiendo las llamadas que no fueran de Himmler, Keitel y Jodl. Pero esa orden llegó tarde, pues Fellgiebel, como veremos después, ya había podido telefonear a los conjurados de Berlín.

Hitler permanecía sentado en el interior de su búnker, con un gesto de alivio en la cara tras haber superado una prueba tan grave. Se interesó por conservar el uniforme que vestía en el momento de la explosión; el pantalón estaba hecho jirones y la guerrera ofrecía un gran agujero en la espalda. El pantalón sería profusamente exhibido como prueba de que la Providencia estaba con él. Según su secretaria, Christa Schroeder, Hitler le pediría días más tarde que enviase las dos piezas de ropa a Eva Braun para que las guardase.

Nadie tenía aún una idea exacta de lo que había ocurrido. La primera impresión era que el barracón de conferencias había sido alcanzado por una bomba de aviación lanzada desde gran altura. Pero la mayoría se inclinaba por que había estallado una mina supuestamente colocada por los trabajadores que habían estado un tiempo en el cuartel general reforzando el recinto contra los ataques aéreos. Esta hipótesis fue rechazada por Hitler, al intuir desde el primer momento que se trataba de un atentado organizado por el Ejército.

Pasó más de una hora hasta que alguien advirtió la desaparición de Stauffenberg, lo que hizo recaer sobre él todas las sospechas. En cuanto esa información llegó a Hitler, éste vio confirmado su convencimiento de que el Ejército estaba detrás del intento de asesinato. Aseguró entonces que estaba dispuesto a desencadenar una venganza brutal contra los que habían intentado acabar con él. No tardaría en cumplir su amenaza.

Capítulo 8
Bendlerstrasse

Durante el trayecto aéreo entre Rastenburg y Berlín, es de suponer que Stauffenberg no disfrutó del paisaje que podía observarse desde las ventanillas del Heinkel 111. Las suaves ondulaciones de Prusia Oriental, punteadas por pequeños bosques de altos árboles, no debían ejercer en ese momento ningún atractivo para el coronel. Su pensamiento debía encontrarse ya en el lugar a donde se dirigía: la sede del mando del Ejército de Reserva, en Berlín, en donde le esperaban el resto de implicados en el golpe.

Ese lugar era conocido indistintamente por dos nombres; Bendlerstrasse, por la calle en el que estaba situado, y Bendlerblock, en referencia al edificio propiamente dicho. Allí residía el centro neurálgico del golpe. Según lo previsto, en cuanto Fellgiebel telefonease a Berlín para comunicar la muerte de Hitler, desde la Bendlerstrasse se tomarían las primeras medidas para lograr el control de la capital del Reich. Cuando llegase Stauffenberg, el golpe debía estar ya iniciado. Pero el coronel no tenía modo de saber lo que estaba ocurriendo mientras él se encontraba allí, en el aire.

Aspecto actual del patio del Bendlerblock, a donde llegó Stauffenberg en automóvil, procedente del aeródromo de Rangsdorf, a las 16.15 horas.

Primeras dificultades

La impaciencia de Stauffenberg durante su viaje aéreo a bordo del
Heinkel 111 tuvo que ser mortificante, al comprobar que la llegada a
Berlín se retrasaba. Posiblemente, el aire turbulento de un día especialmente caluroso obligó al aparato a ascender y descender continuamente.
El hecho es que el avión tomó tierra en el aeródromo de Rangsdorf entre
las 15.45 y las 16.00, con cerca de media hora de retraso. Stauffenberg
esperaba encontrar el mismo vehículo que esa mañana le había llevado
hasta allí, esperándole para trasladarlo rápidamente a la Bendlerstrasse.

Sin embargo, sorprendentemente, allí no había nadie; estalló en
cólera, al no entender cómo era posible que se hubiera cometido ese
error, cuando no había un segundo que perder[17]. En ese momento, es
probable que por la mente de Stauffenberg comenzara a abrirse paso la
inquietante idea de que en Berlín las cosas estuvieran rodando de un
modo muy diferente al que él había previsto.

Su compañero, el teniente Haeften, llamó desde un teléfono del aeródromo al despacho de Olbricht y se puso en comunicación con el jefe del Estado Mayor, el coronel Mertz von Quirnheim. Para desesperación de los recién aterrizados, éste no tenía ni idea del asunto del coche. Pero ése era un incidente menor comparado con la petrificante noticia que Quirnheim les comunicó: pese a que hacía tres horas que se había producido el atentado, el golpe de estado aún no había sido puesto en marcha.

Stauffenberg, enfurecido y fuera de sí, cogió el auricular y exigió a gritos que se pusiera en marcha de manera inmediata la Operación Valkiria:

—¡Hitler ha muerto! —exclamó a viva voz—, ¡yo mismo lo he visto!

Sin rebajar el tono de su enfado volcánico, espetó a su amigo *Ali* von Quirnheim que cualquier vacilación suponía un suicidio, y que era perentorio lanzar "Valkiria" al instante si no se quería que todo el esfuerzo hubiera sido en vano.

¿Qué había sucedido para que se hubiera producido esa inexplicable parálisis?

En esos momentos, en la Bendlerstrasse reinaba una total confusión, pues no se sabía con certeza si Hitler estaba vivo o muerto. Habían estado esperando la llamada del general Fellgiebel desde la Guarida del Lobo anunciando la muerte de Hitler. Esa llamada se produjo poco después del atentado; Fellgiebel llamó al general Thiele, jefe de las transmisiones de Berlín, pero con tan mala fortuna que éste se encontraba en ese momento ausente, por lo que dejó un mensaje a su secretaria, pero en unos términos un tanto ambiguos. Cuando Thiele recibió el mensaje, poco después de las 13.00, comprendió que algo había fallado, por lo que a partir de ese momento su pensamiento se centró más en cortar amarras con el resto de conspiradores que en ayudar a que el complot triunfase. Thiele se decidió a avisar de esa llamada a Olbricht, por teléfono pese a encontrarse ambos en el mismo edificio, aunque se limitó a decirle que se esperaba un comunicado del Cuartel

---

17 El que el avión de Stauffenberg llegase a Rangsdorf es un dato sujeto a controversia. Ian Kershaw cree que el Heinkel 111, por motivos desconocidos, se vio forzado a aterrizar en el aeropuerto de Tempelhof o en cualquier otro aeródromo de Berlín, lo que explicaría el hecho de que Stauffenberg no hallase ningún vehículo a su disposición. Si sucedió así, puede que su chófer, Schweizer, le estuviera esperando en Rangsdorf, al suponer que aterrizaría allí.

El general *Fritz* Thiele, jefe de las transmisiones de Berlín, fue el primero en darse cuenta de que las cosas no iban según lo previsto. A partir de ahí, se dedicó a torpedear el golpe desde dentro del Bendlerblock.

General del *Führer* y que no tenía ninguna noticia más. Las ratas comenzaban a abandonar el barco y Thiele era la primera de ellas[18].

Poco después, Thiele volvió a llamar a Olbricht, en esta ocasión para decirle únicamente que se había perpetrado un atentado en la *Wolfsschanze*. Olbricht no podía estar más tiempo sin saber si Hitler estaba vivo o muerto, por lo que decidió pedir una conferencia telefónica con la Guarida del Lobo. Cuando comprobó que se establecía la comunicación debió extrañarse, puesto que habían acordado con Fellgiebel que, de tener éxito el atentado, éste cortaría de inmediato todas las comunicaciones telefónicas con el cuartel general.

Olbricht ya tenía al otro lado del hilo a Fellgiebel, quien se limitó a pronunciar una astuta frase:

—Ha ocurrido algo terrible. ¡El *Führer* vive!.

Si había alguien a la escucha, creería que con el adjetivo *terrible* se calificaba el intento de asesinato, no el inesperado fracaso del atentado. Pero seguramente Olbricht no prestó atención a esos juegos semánticos, sino a lo realmente importante: Hitler seguía con vida. Si el dictador nazi estaba vivo, no era aventurado pensar que ellos estarían muertos más pronto que tarde.

Teniendo en cuenta que el complot estuvo a punto de ser descubierto el 15 de julio, después de que se pusiera en práctica de forma precipitada el Plan Valkiria pese a que no se había producido el atentado contra Hitler, Olbricht optó por no hacer absolutamente nada. Esta actitud puede ser comprensible hasta cierto punto ante las desesperanzadoras noticias que llegaban de Rastenburg pero, aunque parezca increíble, Olbricht y Thiele se fueron a almorzar como si nada estuviera ocurriendo. Más que despreocupación, esa apariencia de normalidad era quizás

---

18 Las versiones sobre cómo se produjeron las llamadas entre los conjurados de la Guarida del Lobo y la Bendlerstrasse son muy divergentes. La aquí referida es una más, sin que tenga más visos de ser cierta que otras. Por ejemplo, algunos apuntan a que la primera llamada desde el Cuartel General de Hitler no la hizo Fellgiebel, tal como estaba previsto, sino su jefe de Estado Mayor, el coronel Hahn. Otras versiones prescinden del capítulo de la secretaria de Thiele y aseguran que éste recibió directamente la llamada desde la *Wolfsschanze*. Lo único fuera de toda duda es que las informaciones eran lo suficientemente ambiguas como para que los conjurados percibiesen de inmediato que el atentado no había salido según lo previsto.

debida a un intento de borrar su participación en una conjura que comenzaba a tomar aires de fracaso.

La afirmación rotunda de Stauffenberg desde el campo de aviación de que Hitler estaba muerto vino a romper esa incomprensible inactividad en la Bendlerstrasse. Pero es casi seguro que Olbricht creyese más en las palabras que había escuchado de Fellgiebel desde la *Wolfsschanze* que el testimonio del coronel. De hecho, Olbricht se mostró remiso a lanzar la consigna "Valkiria" que debía poner en marcha el golpe. El coronel Mertz von Quirheim tuvo que insistir ante Olbricht para que sacaran de un armario blindado las órdenes cuidadosamente preparadas para que fueran transmitidas de inmediato.

El plan Valkiria, en marcha

Antes de lanzar la Operación Valkiria, era necesario para los conjurados saber si contaban o no con el apoyo del general Fromm, sin duda la pieza clave para el éxito o el fracaso del complot.

Con ese propósito, el general Olbricht se presentó en el despacho de Fromm, interrumpiendo una reunión rutinaria que en ese momento se estaba celebrando con algunos subalternos. Los reunidos salieron del despacho y Olbricht dijo que acababa de llegar de Rastenburg una comunicación urgente:

—Mi general —dijo Olbricht—, le comunico por obediencia superior que el *Führer* ha sido víctima de un atentado. Hitler ha muerto. Al parecer se trata de un golpe de las SS.

Olbricht propuso al general que difundiera la palabra clave "Valkiria", con el fin de asegurar el mantenimiento del orden. Pero el astuto Fromm debió advertir algún indicio de inseguridad en su interlocutor, porque se mostró dubitativo a aceptar la veracidad de esa extraordinaria información.

—No hay que precipitarse. ¿Está usted completamente seguro de lo que dice? ¿Quién se lo ha dicho?

Olbricht contestó, sin atenerse a la verdad, que había sido el general Fellgiebel, desde la *Wolfsschanze*, quien le había dado la noticia personalmente. Fromm, antes de dar el paso de unir su suerte a los conjurados, prefería cerciorarse de que la noticia fuera totalmente cierta. Seguramente supuso que, de haberse producido el atentado, el mariscal Keitel, con el que tenía contacto directo, le habría llamado para comunicárselo. Además, aún debía tener presentes los violentos reproches del mariscal Keitel por lanzar "Valkiria" el 15 de julio.

Así pues, Fromm creyó que la mejor solución para clarificar el confuso panorama era hablar personalmente con Keitel, por lo que pidió que le pusieran en comunicación telefónica con la *Wolfsschanze*.

Olbricht debía sonreir satisfecho, pues estaba convencido de que a esas horas Fellgiebel había logrado bloquear ya todas las comunicaciones. Pero para enorme sorpresa de Olbricht, Fromm consiguió a las 16.10 establecer línea con Keitel sin ningún tipo de problema e invitó al perplejo Olbricht a seguir la conversación desde un segundo aparato:

—Aquí en Berlín circulan rumores fantásticos —dijo Fromm—, ¿ha sucedido algo en el Cuartel General?

—¿Qué quiere que pase? —contestó evasivamente Keitel, dejando la iniciativa a Fromm.

—Se dice que ha habido un atentado...

—Todo está en orden —afirmó Keitel—. En efecto, ha habido un atentado pero, gracias a Dios, el *Führer* sólo ha resultado levemente herido. Ahora mismo está hablando con Mussolini. A propósito, ¿dónde está el jefe de su Estado Mayor, el conde Stauffenberg?

—Todavía no ha regresado de su viaje a Rastenburg —respondió Fromm, sin sospechar en absoluto que su subordinado podía estar detrás del atentado.

Keitel y Fromm se despidieron. Tras colgar los auriculares, Olbricht y Fromm debieron cruzar una significativa mirada. Éste último se dirigió a su interlocutor diciéndole:

—¿Ve como no convenía precipitarse? No hay ninguna razón para iniciar la Operación Valkiria, así que prohibo que se adopte ningún tipo de medida extraordinaria.

Olbricht, perplejo y confundido, abandonó el despacho de Fromm. Seguramente Olbricht debía estar inmerso en un mar de dudas. Si se retiraba en ese momento de la conspiración, al igual que Fromm, que actuaba como si nunca hubieran hablado del complot, aún podría albergar esperanzas de que su traición quedase oculta. Pero si optaba por seguir adelante con el plan previsto, ya no habría ninguna posibilidad de volverse atrás.

El encargado de que Olbricht, quizás a su pesar, viese quemadas sus naves, sin que le quedase otra opción que ponerse al frente del golpe de Estado, fue el coronel Mertz von Quirnheim. Tras la reunión, Olbricht explicó a Quirnheim la conversación con Keitel, y es posible que le plantease iniciar una maniobra de discreta retirada. Pero el impulsivo Quirnheim ya había tomado sus propias decisiones; adelantándose al final de la entrevista, había ordenado por su cuenta y riesgo poner en movimiento la Operación Valkiria, actuando de forma improcedente en nombre de Fromm.

Olbricht ya no tenía otro remedio que impulsar la Operación Valkiria, pues estaba en juego su propia supervivencia personal. Cancelar el plan una vez iniciado, tal como se hizo el 15 de julio, no evitaría que todas las sospechas recayesen sobre él; se había ido ya demasiado lejos, y había que jugarse todo el destino a una sola carta. Olbricht, junto a Quirnheim, se puso manos a la obra para lograr el éxito. De repente, el Bendlerblock se vio agitado por una actividad febril; como si se quisiera recuperar el tiempo perdido, los conjurados comenzaron a impartir órdenes a toda prisa.

El mayor Von Oertzen fue el encargado de dar las órdenes oportunas al general Von Kortzfleisch, que mandaba la Región Militar de Berlín-Brandeburgo, el cual fue citado urgentemente en la Bendlerstrasse. Para ganar tiempo, el teniente coronel Bernardis impartió por teléfono instrucciones previas al Estado Mayor de la Región Militar.

El general Paul Von Hase, comandante de Berlín, puso en movimiento a las unidades disponibles sin esperar a las órdenes de su jefe, Von Kortzfleisch. Von Hase, de cincuenta y nueve años, estaba plenamente involucrado en la conjura desde que Olbricht lo *reclutó* a finales de 1943.

Las órdenes iban firmadas por el general Olbricht y el coronel Quirnheim "por encargo del comandante en jefe de la reserva, general Fromm", pese a no contar, obviamente, con el permiso de este último.

Poco antes de que llegase Stauffenberg, se presentó en la Bendlerstrasse el general Beck, el hombre que debía convertirse en jefe del Estado en sustitución de Hitler. No llevaba puesto el uniforme, para mostrar el carácter civil que quería dar al golpe de Estado.

Llegada de Stauffenberg

A las 16.15, el coche de Stauffenberg, procedente del aeródromo, fue anunciado en el patio del Bendlerblock. El coronel, con semblante serio y preocupado, entró a la carrera en el interior del edificio seguido por Haeften y subió de dos en dos los escalones, hasta llegar al despacho de Olbricht. Sin perder el tiempo en saludos, un sudoroso Stauffenberg acribilló a Olbricht a preguntas, sobre todo para saber por qué no había comenzado la Operación Valkiria en su momento, lamentándose de que se hubieran perdido unas horas preciosas.

Olbricht le expresó brevemente sus dudas de que el dictador hubiera muerto en el atentado, basándose en el mensaje transmitido por Fellgiebel desde el Cuartel General, a lo que el coronel exclamó:

—¡Hitler ha muerto!, ¡yo he visto con mis propios ojos cómo lo sacaban de entre los escombros!

Con tono seguro y triunfante, Stauffenberg hizo un atropellado relato de la explosión en la sala de conferencias, el barracón destruido, las llamas y la humareda.

—No sólo Hitler está muerto, sino que es probable que no haya habido ningún superviviente. La explosión —añadió el coronel— ha sido comparable a la de una granada de 150 milímetros.

Olbricht insistió en que hacía sólo unos minutos había escuchado al propio Keitel, presente en la sala en el momento del atentado, decir que Hitler seguía vivo, lo que indignó al coronel, tanto por lo que él creía una mentira del mariscal destinada a ganar tiempo, como por la ingenuidad de sus compañeros de complot en creerla.

De todos modos, puesto que la palabra clave "Valkiria" había sido lanzada ya, había que seguir adelante con el golpe, sin perder un minuto más. Acto seguido, Stauffenberg tomó el teléfono y pidió hablar con París. Allí, su primo, el teniente coronel Caesar von Hofacker, también participaba plenamente de la conspiración. Hofacker se había puesto de acuerdo con el coronel Fickh para tomar el control de la capital francesa.

Tanto el comandante de París, como los mandos militares en general, así como el comandante supremo del frente occidental, el mariscal Günther von Kluge, veían con indisimulada simpatía la posibilidad de un golpe de timón. De hecho, los rumores de que Von Kluge estaba decidido, a espaldas de Hitler, a entrar en contacto con las potencias occidentales para acordar un armisticio, corrieron como la pólvora, no sólo en el frente del oeste sino también en el oriental. Sin duda, la proximidad de las tropas aliadas, que seis semanas antes habían desembarcado en Normandía, hacía que la confianza en Hitler para conducir la guerra hubiera disminuido de forma apreciable.

Así pues, en París se esperaba la noticia del golpe de Estado para ponerse mayoritariamente de parte de los conjurados. Stauffenberg comunicó a su primo que Hitler había muerto, añadiendo con un fingido entusiasmo que "aquí, en Berlín, ya está en marcha el golpe de Estado, ha sido ocupado el barrio del Gobierno".

"PARA MÍ, ESE HOMBRE ESTÁ MUERTO"

En esos momentos llegó al Bendlerblock el conde Helldorf, jefe de la policía de Berlín, que había sido requerido telefónicamente por Olbricht, además de otros conjurados, como el conde Bismarck y el doctor Gisevius.

Olbricht comunicó en persona al jefe de Policía de Berlín que el *Führer* ya no vivía y que la policía debía ponerse bajo el mando de las Fuerzas Armadas. Helldorf empezó de inmediato a dar las órdenes precisas. Cuando el jefe de la policía se marchó, intervino el general Beck para admitir que existían dudas sobre el resultado del atentado y que, pese a las afirmaciones de Stauffenberg, lo más probable era que Hitler aún estuviera vivo. Pero Beck declaró solemnemente el principio que debía regir a partir de ese momento entre los conjurados:

—Para mí, ese hombre está muerto. No podemos claudicar de este convencimiento si no queremos llevar el desconcierto a nuestras propias filas.

Hay que admitir que el análisis de Beck, que coincidía en el fondo con el de Stauffenberg, era el correcto. Si Hitler no estaba muerto, había que actuar como si lo estuviese. Ya no era posible retroceder, había que ir hacia delante con resolución. Beck confiaba en que aún tuvieran que transcurrir varias horas hasta que el Cuartel General pudiera ofrecer pruebas irrefutables de que el atentado había fracasado. Si, llegado ese momento, los conjurados ya habían tomado el control de Berlín, el golpe tendría muchas posibilidades de triunfar.

Pero para que los conjurados pudieran imponerse en la capital del Reich era poco menos que decisivo contar con el apoyo del general Fromm, que unos minutos antes había rechazado unirse al complot después de la clarificadora conversación telefónica sostenida con Keitel.

Con la Operación Valkiria en marcha, había llegado la hora de la verdad, en la que no valían medias tintas; había que obligar al general Fromm a sumarse a la conjura o, en caso contrario, prescindir de él.

Olbricht, acompañado ahora de Stauffenberg, lo intentaría por segunda vez. Ambos irrumpieron en su despacho. Olbricht se dirigió al gigantesco Fromm, que permanecía sentado:

—Stauffenberg acaba de regresar de la *Wolfsschanze* y ha visto cómo sacaban a Hitler muerto del barracón —afirmó con rotundidad Olbricht—. No hacen falta más pruebas.

—Pues Keitel en persona me ha dicho lo contrario —replicó Fromm.

—¡Keitel miente! —intervino Stauffenberg—, el mariscal Keitel siempre miente. ¡Yo mismo he visto a Hitler muerto cuanto lo transportaban en camilla!

—Y como está demostrado que el *Führer* ha muerto —dijo Olbricht—, se ha lanzado la palabra clave "Valkiria" a los comandantes de las regiones militares.

Fromm se levantó de un salto y bramó:

—¿Cómo? ¡Esto es un caso de desobediencia! ¿Quién ha dado esa orden?

—El jefe de mi Estado Mayor, el coronel Mertz von Quirnheim — respondió Olbricht.

Fromm, enfurecido, golpéo con fuerza la mesa y ordenó que se presentase de inmediato Quirnheim. Este apareció y reconoció que había puesto en marcha los planes previstos para evitar que se produjeran disturbios. Fuera de sí, Fromm le dijo que desde ese mismo momento estaba arrestado, y que cursase las órdenes precisas para cancelar la Operación Valkiria ya iniciada.

Von Quirnheim, con gran sangre fría, tomó una silla y se sentó, ante la perplejidad de Fromm.

—No pienso moverme de aquí —sentenció *Ali* Quirnheim—. Si estoy arrestado, no tengo libertad de movimientos para cumplir con lo que usted me ha dicho.

Antes de que Fromm estallase de ira ante esa provocación, Stauffenberg tomó la palabra y, con toda calma, declaró:

—Mi general, yo soy el que ha puesto la bomba durante la conferencia del *Führer*. Y le aseguro que la explosión ha sido tan potente que no ha podido sobrevivir nadie.

En un primer momento, Fromm se quedó de piedra ante la confesión del coronel. ¡El jefe de su propio Estado Mayor había cometido el atentado! Seguramente, enseguida ató cabos; ahora entendía por qué Keitel le había preguntado sobre el paradero de Stauffenberg...

Pero el veterano Fromm no perdió la compostura ante esa sorprendente revelación. Dirigiéndose a Stauffenberg, le dijo en tono despectivo:

—Desengáñese, su atentado ha fracasado. Keitel ha dicho la verdad: el *Führer* vive. ¿Tiene un arma?

Stauffenberg, desconcertado, hizo un gesto afirmativo.

—Bien —prosiguió Fromm—, lo mejor que puede hacer es pegarse un tiro, coronel.

—De ningún modo lo haré —replicó desafiante Stauffenberg.

Olbricht aún confiaba en hacer entrar en razón a Fromm para que se sumase al golpe. Con grandes dosis de ingenuidad, le habló de que era necesario actuar con energía, había que actuar para evitar que el país continuara caminando hacia el desastre. En términos patéticos, casi imploró a Fromm que se uniese al levantamiento.

Por toda respuesta, Fromm exclamó:

—¿Así que usted también está involucrado en esta conspiración? ¡Está usted arrestado!

—Mi general —respondió Olbricht—, usted no se hace cargo de la situación. No puede arrestarnos porque somos nosotros los que podemos arrestarlo a usted, y eso es lo que hacemos en este momento. ¡Considérese arrestado!

Fromm dio un salto y sacó su pistola, apuntando a Olbricht. Pero en ese instante entraron en el despacho el teniente Von Haeften y otro oficial. Entre todos lograron reducir, no sin dificultades, al corpulento Fromm, que fue conducido a un despacho vecino, en el que quedaría custodiado por el mayor Von Leonrod. Luego se le permitiría trasladarse a sus dependencias, en el mismo edificio, tras dar su palabra de que no intentaría huir.

Algo similar ocurriría con los oficiales que se mostraron reticentes a tomar parte en el golpe. Entre los que quedaron detenidos por los sublevados estaba también el coronel Glaesemer, comandante de la escuela de carros con sede en Krampnitz. Según el plan, sus blindados debían ser la fuerza de choque del golpe de Estado. Pero Glaesemer, al ver que existían serias dudas sobre la muerte del *Führer*, se resistió a colaborar, por lo que corrió la misma suerte que Fromm.

No hay vuelta atrás

El general Olbricht dijo entonces al general Hoepner que al él le correspondía sustituir a Fromm en sus funciones. Hoepner había sido destituido por Hitler al caer en desgracia a principios de 1942, prohibiéndole volver a vestir el uniforme. Sin demostrar excesivo entusiasmo, Hoepner aceptó el nuevo cargo ofrecido por Olbricht, aunque demandó una orden escrita, denotando un absurdo puntillismo legalista. Después de ponerse el uniforme que había traído en una maleta —había llegado vestido de civil— se instaló en el despacho de Fromm, desde donde emitiría órdenes en nombre del general depuesto.

Aunque Hoepner ostentaba el poder nominal, éste pasó a ser ejercido *de facto* por Stauffenberg. El coronel estableció inmediatamente unas estrictas medidas de seguridad en el edificio del Bendlerblock. Colocó en todas las salidas hombres de guardia que sólo permitían el paso a los que poseían una autorización firmada por el propio Stauffenberg.

Pero estas medidas no debían ser demasiado efectivas porque Stauffenberg recibió en el despacho que ocupaba en ese momento una inesperada visita. Se trataba de un jefe de las SS muy fuerte, de anchas espaldas, acompañado de dos individuos vestidos de paisano, funcionarios de la policía criminal, como luego se comprobaría.

—¡Heil Hitler! —saludó el hombre—. Busco al coronel conde von Stauffenberg.

El coronel, tranquilo y despreocupado, respondió:

—Sí, soy yo. Diga, por favor.

—Soy el *oberführer* Humbert Pifrader —se presentó el visitante—. Vengo de parte del Departamento Central de Seguridad del Reich y tengo que formularle algunas preguntas.

Stauffenberg, solícito, se mostró dispuesto a atenderle amablemente, por lo que le rogó que le acompañasen a una sala contigua para poderles atender más cómodamente. El jefe de las SS y sus ayudantes entraron con él en la sala, en donde, para sorpresa de Pifrader, se encontraban a punto dos jóvenes oficiales, el coronel Jager y el teniente Von Kleist, armados con pistolas ametralladoras.

Pifrader y sus acompañantes fueron rápidamente desarmados y puestos bajo vigilancia en una habitación próxima. Entre tanto, los dos guardias de las SS que esperaban en el patio a Pifrader fueron también detenidos.

Poco después hubo otra visita, en este caso del general Von Kortzfleisch, que estaba al mando de la región de Berlín-Brandeburgo. Bernardis le había llamado por teléfono para decirle que debía tomar las medidas previstas en el Plan Valkiria con el fin de evitar que se produjesen desórdenes, pero Kortzfleisch intuyó que algo extraño estaba sucediendo y exigió que fuera Fromm el que le diese la orden en persona.

Cuando Kortzfleisch acudió al Bendlerblock, fue conducido no ante Fromm, que estaba detenido, sino ante su sustituto, el general Hoepner. Kortzfleisch no reconoció su autoridad y se negó a decretar el estado de excepción en la región que tenía a su cargo. Para él, no había ninguna prueba de que Hitler estuviera muerto, tal como aseguraban los conjurados, y por lo tanto seguía vigente el juramento de fidelidad hecho a su persona. Olbricht y Beck intentaron hacerle entrar en razón; replicaron que, en todo caso, Hitler había traicionado cien veces el juramento hecho al pueblo alemán, y que por lo tanto no podía invocar un juramento de fidelidad hecho a un hombre semejante. Pero esta argumentación no minó lo más mínimo la inconmovible resolución de Kortzfleisch de

El general Erich Hoepner, sustituto de Fromm.
Su falta de resolución fue muy perjudicial
para el desarrollo del golpe.

185

negarse a obedecer a los conjurados, lo que no dejó otro remedio que proceder a su detención.

De todos modos, la obstinada resistencia de Kortzfleisch, pese a ser un importante contratiempo, no había supuesto una sorpresa para los conspiradores, por lo que ya tenían en la recámara un sustituto, el general Von Thüngen, que enseguida tomó el mando de la región militar.

A las cuatro y media ya se había transmitido la primera orden fundamental[19], que llevaba la firma del nuevo comandante en jefe de las Fuerzas Armadas, el mariscal de campo Erwin von Witzleben —pese a que aún no se había presentado en la Bendlerstrasse—. Esta orden se envió a una veintena de destinatarios, incluyendo los jefes superiores de las tropas combatientes de las regiones militares de Alemania y los territorios ocupados.

Una hora más tarde, el coronel Mertz von Quirnheim envió la segunda orden básica[20], destinada a los jefes de las regiones militares, en este caso con la firma del general Fromm.

En el Cuartel General de Hitler no se disponía aún de noticias concretas sobre lo que estaba ocurriendo en Berlín, pero en la capital del Reich el golpe iba tomando cuerpo. Al fin las cosas se ponían en marcha y un aire de optimismo comenzaba a respirarse entre los conjurados, cuando no una cierta euforia.

Stauffenberg había logrado transmitir su ánimo y su autoconfianza a sus compañeros. Con las decisiones que habían tomado, ya no había vuelta atrás posible, y tenían la sensación de que ya nada podría pararles. Sin embargo, estaban muy equivocados.

---

19 Ver Anexo 3.
20 Ver Anexo 4.

Capítulo 9
Hitler reacciona

E l golpe de Estado no había comenzado con la fluidez que habían previsto los conjurados. El retraso había sido importante y se había perdido la oportunidad de actuar con el factor sorpresa a favor pero, gracias sobre todo a la fuerza de voluntad de Stauffenberg, se estaba recuperando el tiempo perdido a marchas forzadas y los implicados vislumbraban ya la posibilidad cierta de que su acción pudiera verse culminada con el éxito.

Pero, mientras tanto, ¿qué sucedía en la Guarida del Lobo?

Tras el atentado, Hitler había expresado a todos los que le rodeaban que él ya sabía, desde hacía mucho tiempo, que se estaba preparando un atentado contra él. Rabiosamente, aseguraba una y otra vez que ahora podría descubrir a los traidores y hablaba de los terribles castigos que les esperaban. También agradecía, en cierto modo, el intento de asesinato porque había reforzado su convencimiento de que la Providencia estaba de su parte. Mostraba a todos sus pantalones desgarrados, así como su guerrera con un gran agujero en la espalda, como si se tratasen de la prueba palpable de que se había "salvado milagrosamente" y que, por lo tanto, era un elegido.

Hay que reconocer que el dictador germano conservaba todavía algo de aquella intuición genial que le había ayudado a ascender de forma irresistible hasta la cúspide del poder. Ante la contrariedad del atentado, por el que se evidenciaba tanto la debilidad del régimen al no haber descubierto la conjura, como la fuerza de la resistencia al haber logrado llegar hasta él, Hitler detectó de manera instantánea las dos grandes oportunidades que se le abrían. Por un lado, podría transmitir a la población germana que su supervivencia era la prueba de su indestructibilidad, y por otro, el atentado era la excusa perfecta para aplastar brutalmente cualquier intento de oponerse al régimen.

Por lo tanto, esa acción que, pese a su fracaso en el objetivo de acabar con la vida del dictador, denotaba que el régimen nazi tenía enfrente enemigos con la capacidad de derribarlo, pasaba a ser un elemento que en realidad iba a ayudar, de forma involuntaria, a apuntalarlo. A la luz de los acontecimientos posteriores, no hay duda de que Hitler acertó en su planteamiento de primera hora, puesto que la resistencia antinazi quedaría prácticamente borrada del mapa y el régimen nazi quedaría firmemente asentado, desplomándose sólo cuando fue derrotado militarmente.

LA VISITA DE MUSSOLINI

El atentado no alteró la agenda de Hitler para ese día. La visita de Mussolini se llevaría a cabo tal como estaba previsto. Hacía exactamente un año que los dos dictadores se habían reunido por última vez, el 20 de julio de 1943 en Feltre, cerca de Bellune, en el norte de Italia. Ahora volvían a verse, pero Mussolini no era ya el Duce de toda Italia, sino de una fantasmal república creada en el norte de la península, la República Social Italiana, controlada por los alemanes.

El intérprete del *Führer*, Paul Schmidt, relató en sus memorias como se desarrolló la entrevista en la Guarida del Lobo. Curiosamente, Schmidt pudo comprobar, muy a su pesar, el reforzamiento de las medidas de seguridad que enseguida se desplegaron en la *Wolfsschanze*;

cuando acudió allí en coche, sin saber que se había producido el atentado, fue detenido en la primera barrera:

—Aunque el mismo emperador de la China le hubiese dado un salvoconducto, no podría dejarle pasar —le dijo el centinela.

—Pero ustedes ya me conocen —protestó Schmidt—, soy el intérprete del Ministerio y tengo orden de presentarme en el apeadero a las tres de la tarde, hora en que llegará una visita. ¿Por qué no puedo pasar?

—Por el *acontecimiento* —respondió el soldado de forma lacónica.

El intérprete insistió en que tenía que entrar, hasta que el centinela se decidió a telefonear al oficial de guardia. Luego le dejó pasar.

Schmidt no se enteraría del *acontecimiento* al que hacía referencia el soldado hasta que, ya en el apeadero, habló personalmente con el médico de Hitler, quien le relató los pormenores del suceso.

—Parece que ni siquiera se ha alarmado —le explicó el doctor—. Cuando lo examiné para ver si tenía alguna lesión interior, su pulso estaba completamente tranquilo, y tan normal como los días anteriores.

Cuando el médico iba a proporcionarle más detalles, Hitler se presentó en la estación. Según Schmidt, nada en su aspecto exterior denotaba lo ocurrido tan sólo dos horas antes. Unos minutos más tarde, cuando llegó Mussolini, sí que advirtió las secuelas, pues dio al Duce la mano izquierda para saludarle, y luego se fijó en se movía con mucha lentitud y que le costaba trabajo levantar el brazo derecho. Mussolini no sabía tampoco absolutamente nada sobre el atentado, y se enteró por boca de Hitler, quedándose lívido al momento.

Hitler y Mussolini cubrieron a pie los escasos centenares de metros que separaban la estación de los barracones y búnkers del Cuartel General. Durante el paseo el dictador germano refirió al italiano lo sucedido. Al intérprete le sorprendió el monótono tono de voz empleado por Hitler, mientras en el rostro de Mussolini se dibujaba el terror que le producía el que hubiera sido posible sufrir un intento de asesinato en un lugar tan aparentemente seguro como ése. Quizás estaba pensando en que eso mismo le podía ocurrir a él.

El *Duce* miraba aún al *Führer* con ojos desorbitados cuando ambos entraron en el barracón en el que se había producido la explosión. La puerta que daba a la sala de conferencias estaba destrozada, y la estan-

Hitler y Mussolini, sonrientes, en una visita a Munich en 1940.
El encuentro entre ambos del 20 de julio se celebraría en unas
circunstancias muy diferentes.

cia misma aparecía totalmente devastada, como si hubiera caído sobre
ella una bomba de aviación de gran calibre.

Las mesas y las sillas estaban reducidas a astillas. Las vigas se habían
desplomado y las ventanas, junto a sus marcos, habían sido proyectadas al
exterior. La gran mesa de mapas, que en último término había salvado la
vida al *Führer*, no era ya más que un montón de tablas destrozadas.

—Aquí fue —dijo Hitler tranquilamente—. Aquí, junto a esta mesa,
estaba yo de pie. Así me hallaba, con el brazo derecho apoyado en la
mesa, mirando el mapa, cuando de pronto el tablero de la mesa fue lanzado contra mí y me empujó hacia arriba el brazo derecho —hizo una
pausa—. Aquí, a mis propios pies, estalló la bomba.

Según el intérprete, Hitler explicaba el hecho indiferente y como
absorto, de una manera bastante extraña. Mussolini, lleno de terror
incrédulo, no hacía más que mover la cabeza.

Después, Hitler le enseñó el uniforme que llevaba en el momento
de la explosión, que aparecía destrozado por la presión del aire, y le
señaló un punto de la nuca en donde tenía el pelo chamuscado.

190

Los dos dictadores permanecieron un largo rato sin decir nada. Después Hitler se sentó sobre un cajón vuelto hacia abajo y el intérprete fue en busca de una de las pocas sillas que quedaban intactas para que Mussolini pudiera también sentarse.

—Cuando me represento toda la escena de nuevo —dijo Hitler en un tono muy bajo— comprendo, por mi salvación milagrosa, que mi destino es que no me suceda nada, ya que ésta no es la primera vez que escapo a la muerte de manera tan providencial. Otros que estaban en esta sala han resultado gravemente heridos y uno incluso fue lanzado a través de la ventana por la onda expansiva.

Estas palabras impresionaron mucho a Mussolini. Hitler prosiguió con su monólogo:

—Después de librarme hoy de este peligro de muerte tan inmediato, estoy más convencido que nunca que mi destino consiste en llevar a cabo felizmente nuestra gran causa común —el *Duce* asintió con la cabeza—. Después de lo sucedido —dijo señalando los escombros—, estoy plenamente convencido de ello, lo mismo que usted. ¡Ésta es una inequívoca señal del cielo!

Durante unos minutos, los dos autócratas estuvieron allí sentados en silencio, en medio de los escombros. Al cabo de un rato, Mussolini felicitó a su anfitrión por haberse salvado de forma tan milagrosa.

Al fin se levantaron, dirigiéndose a uno de los refugios, para cambiar impresiones. Según Schmidt, la conversación de ambos fue tranquila e insignificante, como una especie de despedida. Quizás ambos intuían que ésa era la última vez que se veían, como así fue. Pero Hitler no mantendría esa calma durante mucho tiempo.

REUNIÓN EN EL BUNKER

En el transcurso de la tarde aflorarían en el dictador alemán los nervios reprimidos tras el traumático suceso. Sobre las cinco, Hitler se presentó con Mussolini en su búnker. Allí estaban el ministro de Asuntos Exteriores, Joachim von Ribbentrop y el jefe de la Marina de guerra, el almirante Karl Doenitz, además de Goering, Keitel y Jodl.

La conversación comenzó siendo distendida, en torno a la Providencia que había permitido al *Führer* seguir con vida para cumplir con su misión al frente de Alemania. Pero conforme avanzaba la conversación fueron deslizándose veladas acusaciones entre los contertulios, que poco a poco dejaron de ser sutiles para convertirse en explícitas e hirientes.

Doenitz, con el apoyo de Goering, acusó al Ejército de traidor, para criticar después a la *Luftwaffe* su falta de actividad, lo que enojó al obeso mariscal del Reich. Goering pagó finalmente su enfado con Ribbentrop, al que reprochó su fracasada política exterior, tachándolo de "vendedor de champán" —su actividad anterior a su carrera política— y llegando a amenazarle con su bastón de mariscal.

Mientras se desarrollaba esta lamentable escena, Hitler permanecía hundido en su mullido sillón, manteniendo en la boca una pastilla que le había proporcionado el doctor Morell, mentalmente ausente de esa trifulca entre los jerifaltes del Tercer Reich, y de la que era perplejo testigo el dictador italiano.

Pero cuando uno de los presentes se refirió al asunto de Ernst Röhm y la consiguiente *noche de los cuchillos largos*, en la que las SS ajustaron cuentas pendientes con las SA, Hitler saltó como un resorte. Se puso de pie con una inesperada agilidad y, recordando aquel episodio, bramó asegurando que el juicio que organizó contra aquellos traidores no sería nada comparado con el que le esperaba a los que habían intentado matarle unas horas antes.

El diálogo que hasta ese momento habían mantenido los presentes se convirtió en un largo monólogo que nadie se atrevía a interrumpir, en el que Hitler, fuera de sí, juraba una y otra vez que exterminaría a los culpables, pero también a sus mujeres y a sus hijos. Palabras como sangre, venganza, horca o muerte salían como un torrente de la boca crispada del *Führer*, mientras los criados de las SS, silenciosamente, seguían sirviendo tazas de té.

A las 16.10, el mariscal Keitel dio cuenta al *Führer* de la conversación que acababa de mantener con el general Fromm sobre el atentado, y le comunicó que Stauffenberg aún no había regresado a Berlín. También le explicó que había hablado con Goebbels y que éste le había dicho que todo estaba tranquilo en la capital, pero Keitel añadió que en

Hitler muestra al *Duce* el estado en el que había quedado la sala y Mussolini, estupefacto comprueba los efectos de la explosión en el barracón de conferencias. Luego, ambos dictadores permanecieron sentados entre los escombros largo rato, sin pronunciar palabra.

la Bendlerstrasse había un grupo de oficiales que estaban propagando el rumor de que el *Führer* había muerto.

Las peticiones de aclaración arreciaron sobre el Cuartel General cada vez en mayor número y más apremiantes. Los comandantes en jefe de los frentes y los jefes de las regiones militares querían oir del propio Keitel o del general Jodl la confirmación del fracaso del atentado. Mientras tanto, llegó desde Berlín la noticia de que se había lanzado el Plan Valkiria, lo que produjo gran inquietud. El mariscal Keitel trató de anular estas medidas de excepción, pero no pudo comunicar con los generales Fromm u Olbricht.

Con la llegada de este dato, el nerviosismo aumentaría en la *Wolfsschanze*, donde Himmler decidió incrementar aún más las medidas de vigilancia, ordenando que una compañía de las SS acudiese desde su cuartel en Rastenburg. Sin embargo, al estar compuesta por reclutas, la llegada de esta compañía tan sólo contribuiría a aumentar la confusión en el Cuartel General.

Sobre las cinco y media, Hitler hizo llamar a Goebbels al teléfono y le ordenó que emitiese por la radio una comunicación en la que se precisase que el atentado era obra de una pequeña camarilla de oficiales ambiciosos y criminales, y que el *Führer* se encontraba sano y salvo y en compañía del *Duce*. Otra orden de Hitler fue la de nombrar a Heinrich Himmler jefe del Ejército del Interior, en sustitución del general Fromm.

Durante esa tarde, Hitler no dejaría de manifestar su cólera contra el Ejército, que consideraba en su conjunto reacio a seguir sus directrices. Pero afirmaría también que ese estado de cosas cambiaría en breve; la primera medida, tomada en esos mismos momentos, fue decidir la sustitución del jefe del Estado Mayor General, el general Zeitzler, cuya cooperación con Hitler no era demasiado entusiasta, por el general Heinz Guderian, que fue reclamado con urgencia con el propósito de meter en cintura al Estado Mayor.

El jefe de las SS, Heinrich Himmler, fue nombrado de inmediato por Hitler jefe del Ejército del Interior en sustitución de Fromm, con plenos poderes para reprimir el golpe que estaba desarrollándose en esos momentos en Berlín.

El mariscal Wilhelm Keitel celebró con entusiasmo el que Hitler hubiera sobrevivido al atentado. Creyó que era una señal de la Providencia, que anunciaba la futura victoria de Alemania. En la imagen, diez meses después, firmando la rendición ante los Aliados.

El séquito del *Duce* había sido casi ignorado por los alemanes, pero los representantes italianos consiguieron al menos que los 700.000 soldados transalpinos desarmados y detenidos tras la caída del fascismo e internados en campos de concentración alemanes fueran considerados y pagados como trabajadores libres. Esta petición había sido rechazada en varias ocasiones por Hitler pero en esta ocasión, quizás por el efecto de la dramática jornada vivida, la aceptó de buen grado; los prisioneros serían liberados en seis semanas.

Hitler acompañó a Mussolini a la estación. Intercambiaron promesas de volver a verse pronto y reafirmaron su voluntad de luchar hasta el fin. Tras despedirse del *Duce*, Hitler regresó de inmediato a su búnker; debía poner toda su energía en combatir el golpe de Estado que amenazaba su despótico poder.

Capítulo 10

La respuesta

Mientras tanto, en Berlín, con arreglo a lo estipulado en el Plan Valkiria, el comandante Otto-Ernst Remer, jefe del Batallón de la Guardia *Grossdeutschland*, condecorado con la Cruz de Caballero con hojas de roble, se presentó en el despacho del comandante de la ciudad, el general Von Hase, para recibir instrucciones. Allí se le ordenó ocupar la Casa de la Radio, poner guardia de protección en la Bendlerstrasse, aislar la central de la Gestapo y el Departamento Central de Seguridad del Reich, y tomar el Ministerio de Propaganda, reteniendo al ministro, Joseph Goebbels.

Posiblemente, el comandante Remer tuvo que contemplar con extrañeza estas disposiciones, en especial lo que hacía referencia a las medidas contra la Gestapo y el Ministerio de Propaganda, pero no dudó en comenzar a impartir las órdenes pertinentes para cumplir con los objetivos que se le habían encomendado.

Durante la planificación del golpe, los conjurados no habían previsto que Remer pudiera causarles ninguna dificultad. Estaba considerado como un soldado disciplinado, que cumpliría a rajatabla las órdenes de su superior. Remer, a diferencia de los impulsores del complot, era un hombre de acción; no se le conocía un criterio propio, sino únicamente su disposición férrea a cumplir con la misión encomendada. En cierto modo, Remer era un perro de presa preparado para ejecutar sin contemplaciones las órdenes de su amo.

Los conjurados no se equivocaron lo más mínimo en su análisis de la personalidad de Remer. Pero lo que no pudieron prever es que ese carácter iría precisamente en contra de la suerte del complot, contribuyendo decisivamente a su aplastamiento.

LAS SOSPECHAS DE UN DOCTOR

Un amigo de Remer, un insignificante teniente que se encontraba casualmente en Berlín, imprimiría un vuelco imprevisto a la marcha de los acontecimientos. Era el doctor Hans Hagen, que, debido a las graves heridas recibidas en el frente, había sido liberado del servicio y se dedicaba a escribir una historia del nacionalsocialismo por encargo del Partido. Su cargo era el de oficial de enlace entre el Batallón de la Guardia *Grossdeutschland* y el Ministerio de Propaganda. Ese mismo día, entre las tres y las cuatro de la tarde, el doctor Hagen había impartido una conferencia sobre cuestiones de mando ante suboficiales del Batallón de la Guardia. Después se trasladó al domicilio del comandante Remer para tomar una copa.

Mientras estaban departiendo amigablemente, entró en el salón el ayudante de Remer, el teniente Siebert, e informó a aquél que el general Von Hase había dado orden de ejecutar "Valkiria". Remer recabó más información y compartió con Hagen la noticia del atentado sufrido por Hitler y de que la *Wehrmacht* había asumido el poder.

Hagen cayó entonces en la cuenta de que la noche anterior había creído ver al mariscal Von Brauchitsch en un automóvil que pasó por delante de él. Entonces pensó que se había confundido, pero ahora se confirmaba su primera impresión; el antiguo comandante en jefe del Ejército podía tener algo que ver con la Operación Valkiria. En realidad, Hagen estaba errado en su apreciación, ya que Von Brauchitsch no se encontraba entonces en Berlín, pero por ese camino equivocado había llegado igualmente a una conclusión acertada, pues de él había partido la idea de un golpe de Estado.

Sobre las 17.30, Remer marchó rápidamente a iniciar los movimientos previstos en el Plan Valkiria. A esa hora, Goebbels recibió la llamada del Cuartel General del *Führer* ya referida, por la que se le pedía que emitiese un comunicado por radio anunciando que Hitler seguía vivo. Sin embargo, pese a la urgencia que requería esa actuación, Goebbels se tomaría su tiempo antes de radiarlo. El motivo esgrimido posteriormente fue que al ministro no le gustó el redactado de sus ayudantes, y que él mismo procedió a confeccionarlo, pero no es aventurado suponer que en realidad Goebbels prefirió esperar acontecimientos.

Goebbels había presidido a última hora de la mañana una conferencia sobre la producción de armamento que había pronunciado Albert Speer en el Ministerio de Propaganda. Tras el acto, Goebbels, que estaba departiendo con Speer, fue avisado de que se había producido el atentado, pocos minutos después de que éste tuviera lugar. Goebbels comentó entonces que lo más probable es que los responsables del atentado fueran los obreros de la Organización Todt que estaban trabajando en la Guarida del Lobo, y reprochó a Speer —el responsable de esa fuerza— que no hubiera tomado medidas de precaución suficientemente rigurosas para impedir que sucediera algo así.

Durante la comida en su domicilio, junto a Speer, el ministro de Propaganda estuvo silencioso y pensativo —algo inusual en él—, y después se retiró a dormir su siesta habitual, algo muy sorprendente teniendo en cuenta las circunstancias. Se despertó entre las dos y las tres y a partir de ese momento estuvo en todo momento en contacto con el Cuartel General del *Führer*.

GOEBBELS TELEFONEA A HITLER

Mientras Remer llevaba a cabo las instrucciones recogidas en el Plan Valkiria, el doctor Hagen se entrevistaba sobre las 17.45 con Goebbels en el domicilio particular del ministro, para avisarle de la posibilidad de que la puesta en práctica de "Valkiria" encubriese un golpe de

Estado. Cuando Goebbels, asomándose por la ventana, comprobó que había soldados tomando posiciones tras los setos que separaban su casa de la calle —cumpliendo con las órdenes impartidas por Remer—, concedió veracidad a la hipótesis planteada por el doctor Hagen. Las tropas estaban poniendo cerco al barrio de los ministerios.

Inmediatamente, el ministro de Propaganda levantó el auricular del *Führerblitz* —una especie de *teléfono rojo* por el que podía ponerse de forma instantánea en contacto con el Cuartel General de Hitler— y explicó su terrible impresión de que los golpistas tenían el control militar de la ciudad. Desde la Guarida del Lobo le conminaron a que actuase rápidamente para abortar el levantamiento. No obstante, lo primero que hizo Goebbels fue ir a su domitorio, coger una cajita de pastillas de cianuro y guardarla en su bolsillo. Probablemente, estaba también preocupado por el hecho de que no había podido contactar aún con Himmler; quizás había caído en manos de los golpistas o incluso él podía estar detrás del golpe...

El ministro encargó a Hagen que fuera a llamar a Remer, esperando poder retenerlo para la causa del régimen nazi, pues le constaba que era fanáticamente fiel a Hitler. Si Goebbels no lograba ganarse al jefe del Batallón de Guardia, nada podría impedir ya que los sublevados tomasen el control de la capital del Reich.

Hagen, convertido en improvisado apagafuegos del golpe, acudió a toda prisa ante Remer e intentó convencerle para que revocase las órdenes que acababa de dar. El comandante le contestó:

—Soy un militar y cumplo órdenes de mis superiores, por lo que no me complico la vida —dijo Remer.

Finalmente Hagen logró sembrar la duda en Remer y éste comenzó a temer que estuviera siendo utilizado por sus superiores para ejecutar una acción ilegal. Remer se avino a acudir al domicilio de Goebbels aunque, temiendo que le hubieran tendido allí una trampa, dijo al oficial Buck que tuviera dispuesta fuera de la casa una fuerza de choque y que, si en veinte minutos no salía de ella, entrase y detuviera a Goebbels.

El ministro de Propaganda Joseph Goebbels, durante uno de sus encendidos discursos. Su intervención sería decisiva para aplastar el golpe en Berlín, pese a que a primera hora de la tarde se mantuvo prudentemente a la expectativa.

Cuando Remer entró en el despacho de Goebbels, el ministro le recordó su juramento de lealtad al *Führer*. El comandante replicó:

—Soy leal a Hitler, pero como ha muerto debo obedecer al general Hase y detenerle a usted.

—¡Pero si el *Führer* vive! ¡He hablado con él! –exclamó el ministro—. Ha de saber, Remer, que una camarilla de generales ambiciosos ha puesto en marcha una rebelión. Y usted está obedeciendo órdenes de unos oficiales desleales.

Remer vaciló y, a medida que el genio de la propaganda le hablaba, el ministro de Armamento, Albert Speer, presente en la reunión, pudo ver la transformación de Remer.

—Una gigantesca responsabilidad histórica pesa sobre usted —dijo Goebbels, viendo a su interlocutor a punto de ceder—. Raras veces el destino reservó tal oportunidad a un ser humano. De usted, Remer, depende aprovecharla.

Goebbels dio paso entonces a su gran golpe de efecto. Tomó el auricular del *Führerblitz* y telefoneó a Hitler a la Guarida del Lobo

—¡Heil, mi *Führer*! A mi lado se encuentra el jefe del Batallón de la Guardia *Grossdeutschland*, el comandante Remer. Ha recibido de los golpistas la orden de sitiar el barrio del Gobierno.

El ministro escuchó un momento a Hitler y de pronto extendió a Remer el auricular del teléfono:

—El *Führer* desea hablar con usted personalmente —dijo el ministro.

Remer, quizás pensando que todo era un montaje o una broma macabra, dudó antes de tomar el auricular de manos de Goebbels:

—¿Reconoce usted mi voz? —se oyó a través de la línea.

—¡Sí, mi *Führer*! —contestó Remer, poniéndose instintivamente en posición de firmes, entrechocando los talones. Unas semanas antes, Remer había conocido a Hitler en persona, por lo que aún tenía reciente el recuerdo del timbre de su voz.

—¡Comandante Remer, le hablo como jefe supremo de la *Wehrmacht* de la Gran Alemania y como *Führer* suyo!. Como puede comprobar, el atentado contra mí ha fracasado. Le transmito una orden: aplaste toda resistencia con rigor absoluto. Comandante Remer, queda a mis órdenes directas en tanto no llegue a Berlín el jefe de las SS del Reich, Heinrich Himmler. Óigame, Remer, con efecto inmediato le asciendo a coronel. ¡Actúe implacablemente! ¡Tiene plenos poderes para aplastar el levantamiento!

Remer quedó así al cargo de la seguridad en Berlín en lugar de Von Hase. Esa conversación entre Hitler y Remer marcaría el punto de inflexión del golpe de Estado. El complot se había iniciado de modo titubeante, pero la llegada de Stauffenberg lo había revitalizado. Cuando Remer se disponía a obedecer las órdenes de Von Hase de ocupar los puntos estratégicos de la ciudad, el éxito del golpe parecía a punto de fraguarse. Sin embargo, la aparición del doctor Hagen fue el factor que quebró esa dinámica favorable a la sublevación. La consiguiente intervención de Goebbels, adelantándose a la acción de los conjurados, dio como resultado esa conversación telefónica que supondría el inicio de la cuenta atrás del fracaso final del golpe. La disponibilidad de Remer con sus superiores había cesado de repente y el jefe del Batallón de la Guardia pasaba a obedecer las órdenes directas del dictador germano.

Como se ha apuntado, el flamante coronel Remer era eminentemente un hombre de acción. Impulsivo y dispuesto a enfrentarse a cualquier peligro, los conspiradores no podían haber encontrado un adversario peor. Remer era la antítesis de los oficiales conjurados, puesto que, con la excepción de Stauffenberg, la mayoría de ellos eran más bien remisos a emplear la fuerza, y esperaban ganar con argumentos y una actitud caballerosa lo que otros, como Remer, preferían conseguir por la vía de la imposición.

Así pues, el barrio del Gobierno, que debía haber quedado ocupado por tropas leales a los conspiradores, se había convertido en una fortaleza bajo el poder del Batallón de la Guardia. Ahora, el objetivo para Remer era tomar la Bendlerstrasse, el centro neurálgico del complot que el *Führer* le había ordenado aplastar sin piedad.

CONFUSIÓN ENTRE LOS CONJURADOS

Al cuartel de los conjurados comenzaron a llegar evidencias de que algo había fallado. A las 18.30, se interrumpió la música que hasta ese momento emitía Radio Berlín, y que se podía escuchar a través de los aparatos de radio del Bendlerblock que permanecían encendidos a la

El mayor Otto Remer no tuvo dudas de que el *Führer* había sobrevivido al atentado, tras escuchar su voz al teléfono.

espera de noticias. De repente, se escuchó la voz del comentarista jefe de la emisora berlinesa, el doctor Fritzsche:

> Hoy se ha cometido un atentado, por medio de una bomba, contra el Führer. De las personas que le rodeaban han resultado heridas de gravedad el general Schmundt, el coronel Brandt y el asistente de Estado Mayor Berger.
>
> Han sufrido heridas menos graves los generales Jodl, Korten, Buhle, Bodenschatz, Heusinger y Scherff, los almirante Voss y Von Puttkamer, el capitán de navío Assman y el teniente coronel Borgmann.
>
> El Führer sólo ha sufrido ligeras quemaduras y contusiones. Inmediatamente ha vuelto a su trabajo y, como estaba previsto, ha recibido al Duce para una larga conferencia. Poco después del suceso, el Reichsmarshall Goering visitó al Führer.

Todos los presentes se quedaron de piedra al escuchar esas palabras. Se formaron grupos, se entablaron discusiones en las que no faltaban los reproches. Pronto empezó a extenderse la inquietud y la desconfianza,

Otto Remer vivió sus últimos años en España. Aquí, Remer en una imagen tomada poco antes de su muerte, ocurrida en 1997.

pues se consideraba muy improbable que la radio oficial emitiese una noticia errónea.

Stauffenberg intentó contrarrestar el demoledor efecto del mensaje afirmando con contundencia que la información era totalmente falsa, insistiendo en que Hitler estaba muerto y que la emisión no era más que una maniobra desesperada. Pero, aunque se le pudiera conceder a Stauffenberg la posibilidad de que eso fuera así, el mensaje radiado demostraba que el Batallón de la Guardia no se había apoderado de la emisora, tal como se había previsto. Algo tan importante para los conjurados como era la radio había escapado a su control. El que el golpe no marchaba del mejor modo para los conjurados era algo que ahora estaba fuera de toda duda.

Pero las consecuencias de esta información en el departamento de transmisiones de la Bendlerstrasse resultarían devastadoras. Este departamento, instalado en los sótanos del edificio como protección ante los ataques aéreos, era el encargado de transmitir las comunicaciones de los conjurados a los distintos jefes militares.

Allí se encontraba de servicio el subteniente Röhrig, ajeno al complot; su trabajo era puramente mecánico, pues tenía que limitarse a transmitir las órdenes y mensajes que le iban entregando y comunicar los que recibía. A lo largo de la tarde había estado cumpliendo con su cometido, sin que sus crecientes sospechas de que hubiera en marcha una conspiración le disuadiesen de cumplir con las órdenes recibidas.

Pero Röhrig, al escuchar el comunicado difundido por la radio, vio confirmados sus temores, por lo que confió su inquietud a uno de sus suboficiales adjuntos. Éste, que había seguido también con cierto recelo el inusual tráfico de mensajes, estaba igualmente convencido del carácter anormal de las órdenes transmitidas. Röhring y su ayudante dieron parte de sus sospechas a otros oficiales, extendiéndose así la defección entre el personal del Bendlerblock. No tardarían en acudir a Stauffenberg y sus compañeros en demanda de explicaciones.

Pese a este inesperado y amargo contratiempo, que enfrió de forma apreciable los ánimos en la Bendlerstrasse, en ese momento los conspiradores no eran conscientes aún del giro inevitable que habían dado los acontecimientos. La noticia de la supervivencia de Hitler al atentado no era más que el preludio de los terribles sucesos que estaban a punto de suceder. La cuenta atrás para el aplastamiento completo de la rebelión había comenzado...

Capítulo 11
París se une al golpe

Al mediodía de ese 20 de julio de 1944, en París, el coronel Finckh, maestre general del Oeste, estaba atendiendo llamadas rutinarias procedentes de todo el frente occidental. Peticiones de munición, carburante, piezas de recambio o apoyo aéreo iban llegando una tras otra a su receptor telefónico. Pero de repente llegó una llamada preferente desde el cuartel de Zossen, cerca de Berlín. El mensaje fue lacónico, tan sólo una palabra: *Ubung* (ejercicio).

Seguramente, después de escuchar esa palabra a Finckh comenzó a latirle más rápido el corazón. En dos días anteriores había recibido una llamada idéntica, y en ambas ocasiones había esperado inútilmente la siguiente palabra: *Abgelaufen* (terminado). Pero esta vez estaba convencido de que escucharía por el auricular ese "terminado" que significaba que el atentado contra Hitler no sólo estaba a punto de intentarse –que ése era el significado en clave de "ejercicio"-, sino que se había consumado.

Hasta que llegase esa confirmación tan sólo tenía la certeza de que estaba previsto que el atentado se produjese en las próximas horas. La insoportable espera acabó a las dos y media de la tarde. Desde Berlín llegó el ansiado *Abgelaufen*, pero seguidamente, por motivos de seguridad, se puso fin abruptamente a la comunicación.

Así, en el aire quedaron varias preguntas sin respuesta: ¿Cuál había sido el resultado del atentado? ¿Hitler estaba muerto o herido? ¿Cuáles habían sido las reacciones? Sobre los conjurados de París recaía entonces la enorme y arriesgada responsabilidad de tener que actuar casi a ciegas.

Aunque el coronel Finckh no poseía ninguna información sobre lo ocurrido, más allá de la confirmación de que se había producido el atentado, decidió jugar de farol ante los generales ajenos al complot. Al general Blumentritt le aseguró que Hitler había muerto víctima de una agresión de las SS y que se acababa de formar un nuevo gobierno.

Blumentritt, a la vista de los acontecimientos, decidió ponerse del lado de los nuevos gobernantes y se dirigió al castillo de La Roche-Guyon, el Cuartel General del mariscal Von Kluge, pero éste había salido a girar una visita al frente. Cuando Von Kluge regresó, a las cinco y media de la tarde, encajó sin mover un músculo de su cara la noticia de la muerte del *Führer*.

Es imposible saber lo que pasó en esos momentos por la mente de Von Kluge. Pero el veterano militar, superviviente en cien batallas, demostró que no estaba dispuesto a dar un paso del que después tuviera que arrepentirse. Consideró que lo mejor era dejar pasar el tiempo para contar así con mayor información, por lo que se limitó a convocar una reunión para las ocho de la tarde, a la que debía acudir el general Stülpnagel, además del mariscal Sperrle, comandante de la Tercera Flota Aérea.

Stülpnagel no había conocido la secuencia de los dos mensajes en clave por mediación del coronel Finckh, sino a través de Caesar Von Hofacker, primo de Stauffenberg, que la había recibido directamente desde la Bendlerstrasse berlinesa. Después de mantener un encuentro con otros implicados, Stülpnagel decidió actuar sin pérdida de tiempo; no esperaría a conocer la reacción de su jefe, Von Kluge.

El general Carl Heinrich von Stülpnagel hizo todo lo que estuvo en su mano para que el golpe triunfase.

En la capital francesa estaba todo preparado para secundar el golpe. Así que de inmediato se sacaron de los cajones los planos de la ciudad en los que se indicaban los puntos vitales a ocupar, así como las listas de los jefes de las SS a detener.

Stülpnagel sigue adelante

Entonces llegó el requerimiento de Von Kluge para que Stülpnagel se presentase en La Roche-Guyon a las ocho. Desde las seis ya estaban circulando rumores en París de que el atentado había fracasado y que Hitler seguía con vida. A las siete menos cuarto, el comunicado oficial difundido por radio desde Berlín confirmaba esos rumores; Hitler estaba sano y salvo.

Media hora después, Stülpnagel recibió una llamada desde Berlín; el general Beck admitía que el golpe no discurría como se había planeado, pero aun así le ordenaba que actuase según lo previsto:

—Llegados a este punto —le dijo Beck—, ya no podemos retroceder.

El general Stülpnagel, en una decisión que demostraba su compromiso total con el movimiento de oposición, decidió seguir adelante pese a la evidencia de que el golpe estaba en vías de fracasar. Prometió a Beck –que seguramente en ese momento ya era consciente de que nunca juraría el cargo de Jefe del Estado— proceder a la detención del personal de las SS y de los servicios de Seguridad en Francia.

Beck le preguntó:

—¿Qué dice Von Kluge? ¿Está con nosotros?

—Bueno... —respondió dubitativo Stülpnagel—, creo que lo mejor es que le llame usted mismo al castillo de La Roche-Guyon.

—Así lo haré —concluyó Beck.

Al cabo de unos minutos, Von Kluge recibió la llamada procedente de la Bendlerstrasse:

—Mariscal Von Kluge, Hitler ha muerto —afirmó rotundamente Beck—. Le ruego que mantenga los compromisos adquiridos y ponga fin a las hostilidades en el Oeste, para salvar al país del desastre.

—General Beck, usted sabe que apruebo la acción contra Hitler, pero ¿ha muerto?. Los informes los contradictorios. En el comunicado

El mariscal Günther von Kluge, pese a sentir simpatías por los conjurados, se desdijo de sus compromisos cuando supo que Hitler no había muerto.

de la radio se afirma que el atentado no ha tenido éxito. Para mí, la condición *sine qua non* para el levantamiento es que el *Führer* esté muerto. Si no es así, me considero desligado de toda promesa anterior –le contestó Von Kluge.

—Verá, mariscal, reconozco que no puedo dar una respuesta concluyente a su pregunta de si ha muerto el *Führer*. Es verdad que los mensajes son contradictorios, pero Stauffenberg está seguro de que Hitler ha muerto, el camino está libre.

Von Kluge respondió con una serie de objeciones a la prosecución del levantamiento, ante las que Beck admitió que ya no era relevante que Hitler estuviera vivo o muerto, sino que había que seguir hasta el final.

Como la conversación entre ambos no llegaba a ninguna conclusión definitiva, Beck le formuló la pregunta decisiva:

—Bien, ¿aprueba el mariscal Von Kluge el movimiento y se pone a las órdenes del Gobierno del que yo, el general Beck, asumo la dirección? ¿Sí o no?

—Verá, debe usted comprender que una decisión de tanto alcance no se puede tomar a la ligera. Antes de pronunciarme quiero tener noticias ciertas y, además, consultar a mis colaboradores. Dentro de una media hora le llamaré, general Beck, para darle a conocer mi decisión.

Von Kluge no se atrevía a dar el paso de unir su destino a los conjurados. Pero esa reacción del mariscal no era un caso aislado. Como veremos seguidamente, Stauffenberg y sus compañeros se estaban encontrando con muchos más jefes militares que preferían esperar antes de tomar una decisión de la que luego pudieran arrepentirse. El golpe de Estado comenzaba a hacer aguas.

Capítulo 12
Intuyendo la catástrofe

S obre las ocho de la tarde, el panorama para los conjurados no era demasiado alentador. El mariscal Von Witzleben, en cuyo nombre se firmaban las órdenes más importantes, no había llegado aún a la Bendlerstrasse. El general Hoepner se encontraba sentado tras la mesa de escritorio de Fromm, deprimido, encerrado en un silencio hermético.

No había noticias del conde Helldorf, que tenía que haber detenido a los jerarcas nazis. Tampoco había noticias del *Gruppenführer* SS Nebe, que tenía que haber puesto a disposición del golpe a la policía criminal. Ambos se encontraban retenidos en los locales de la policía a la espera de alguna orden. Por otro lado, los carros de la escuela de blindados de Krampnitz sí que se habían puesto finalmente en camino hacia Berlín, pero habían sido detenidos por el Batallón de la Guardia, por orden de Remer.

Pese a estas contrariedades, en la Bendlerstrasse no había cundido todavía el desánimo, aunque no eran pocos los que ya intuían la catástrofe que estaba cerca de venírseles encima. Stauffenberg, Olbricht y *Ali*

El general von Witzleben
apareció por la tarde en el
Bendlerblock, pero se marchó
de inmediato, disconforme
con el modo como se
estaba conduciendo el golpe.

Quirnheim no paraban ni un momento de impartir órdenes, atender una llamada telefónica tras otra o de hacer alguna corrección de última hora a un comunicado. La emisión radiofónica anunciando la supervivencia de Hitler había provocado un aluvión de llamadas solicitando la confirmación de las órdenes que se habían estado impartiendo hasta ese momento. Por otra parte, desde la Guarida del Lobo, los generales fieles a Hitler habían estado también llamando a los jefes militares advirtiendo de que la Bendlerstrasse estaba en manos de traidores.

De todas partes, de los estados mayores de las regiones militares, de los altos mandos del frente, de los países ocupados, llegaban demandas de explicaciones que no siempre eran atendidas de forma convincente.

En unos momentos en los que era necesario más que nunca mostrarse firmes para conseguir que el complot cuajase, los conjurados evidenciaron una debilidad que fue captada de inmediato por aquéllos que debían cumplir las órdenes que emanaban de la Bendlerstrasse.

Hoepner, poco resuelto

Posiblemente, el gran responsable de esa falta de autoridad fue el general Hoepner, el sustituto de Fromm. Hoepner se dio cuenta de que no bastaba poner una firma al pie de una orden para asegurar que ésta fuera cumplida. Tras la noticia radiada en la que se comunicaba que Hitler estaba vivo, Hoepner tuvo que responder a las apremiantes preguntas que le llegaban de todas partes.

Pero Hoepner no tenía la fuerza ni el convencimiento, que sí le sobraban a Stauffenberg, para imponer su autoridad sobre los jefes de las regiones militares. Éstos le referían la orden del mariscal Keitel en la que les prohibía obedecerle, ante lo que Hoepner se limitaba a replicar lastimeramente: "Hagan ustedes lo que consideren que deben hacer".

Llegaron a darse episodios de humor surrealista, como cuando el jefe militar de la ciudad de Stettin, el general Kienitz, recibió la orden de Keitel antes de que le llegase el comunicado de Berlín. Kienitz telefoneó a Hoepner para salir de su confusión:

—Hoepner, he recibido una orden de Keitel en la que me prohíbe obedecer sus órdenes. Le pido una explicación —exigió Kienitz.

—Le ruego que me explique el contenido de esa orden —contestó Hoepner.

—No puedo hacerlo, pues se me ha exigido guardar el secreto sobre esta cuestión.

—Bien, entonces yo tampoco puedo decirle nada —admitió un resignado Hoepner—. Si usted no ha recibido órdenes de nosotros, ¿cómo las va a cumplir? Por lo tanto, no tiene más remedio que acatar las de Keitel.

Las conversaciones de Hoepner con el resto de jefes militares fueron de un tono parecido. En Viena, en donde las autoridades militares llevaron adelante las primeras órdenes de los conjurados arrestando a algunos funcionarios de las SS, tras escuchar el mensaje radiado y la orden de Keitel trasladaron su inquietud a Hoepner; éste comprendió las dificultades que entrañaba mantener las detenciones, por lo que, desalentado, no insistió y les dijo que cumpliesen las disposiciones de Keitel. Los detenidos fueron liberados.

En otras plazas el levantamiento se saldó con un fracaso absoluto. Por ejemplo, el general al mando de la región de Stuttgart colgó directamente el teléfono a Hoepner tras sostener una breve conversación. En Hamburgo, el jefe de Estado Mayor de la región militar se presentó en la residencia del *gauleiter* —el jefe del Partido— y le dijo que tenía orden de detenerlo; el gobernador le dijo que debía tratarse de algún estúpido error y le propuso compartir una botella de vino hasta que se aclarase todo, a lo que el militar accedió, y ahí acabo todo.

En la Bendlerstrasse, los ánimos entre los conjurados no eran escasos. La fuerza interior la daba la desesperación, pues eran conscientes de que sólo tenían ante sí dos escenarios de futuro, sin término medio: imponerse o morir. Pero en el desarrollo del golpe se percibía a cada momento la falta de previsión de que había adolecido. En algunos momentos el ambiente en el Bendlerblock era poco menos que caótico; sólo el empuje de Stauffenberg, inasequible al desaliento, mantenía vivo el impulso del golpe.

Llegada de von Witzleben

En medio de esta confusión generalizada, el mariscal Von Witzleben, el hombre escogido por los sublevados para ponerse al mando del Ejército, apareció en el patio del edificio en un Mercedes descubierto.

El militar bajó del vehículo y los soldados de guardia se quedaron impresionados al verlo luciendo el uniforme de gala, adornado con una ristra de medallas. Pero al intentar entrar en el edificio se topó con un estricto capitán que no estaba dispuesto a dejarle entrar si no contaba con una autorización firmada por Stauffenberg.

—¡Yo soy el mariscal de campo Von Witzleben!

—Por supuesto —ironizó el capitán—. ¿Cómo puedo saberlo?

El teniente coronel Robert Bernardis
trabajó hasta la extenuación para que el
golpe tuviera éxito.

Ante el enfado monumental del mariscal, el capitán telefoneó directamente a Stauffenberg, que le ordenó que dejase pasar a Witzleben de inmediato. El condecorado militar entró en el Bendlerblock hecho una furia y soltando maldiciones. Caminaba a grandes zancadas con la gorra en la mano, el rostro congestionado y balanceando su bastón de mariscal. El personal iba apartándose a su paso.

Se dirigió sin vacilar al despacho ocupado por Stauffenberg y, a modo de saludo, le espetó:

—¡Bonita chapuza! (*Schöne Schweine rei, das*).

De inmediato presentó sus respetos con el bastón de mariscal al "jefe del Estado", el general Beck, también presente en el despacho diciéndole, en un indisimulado tono cáustico:

—Estoy a su servicio, señor.

Y enseguida Witzleben comenzó a bramar, dando puñetazos en la mesa:

—¡Fantástica manera de dirigir una insurrección! ¿Cómo se atreve a implicarnos en algo tan ambiguo? —rugió mirando a Stauffenberg—. ¿Hitler ha muerto o no? ¿Estamos enfrentados a un hecho o a suposiciones infantiles? ¿Cuál es la verdad? ¿Hay algún dato? ¡Nuestras vidas penden de un hilo! En cuanto a usted... —dijo dirigiéndose a Beck.

—Yo no tengo tropas a mi disposición —se excusó Beck, interrumpiendo a Witzleben—, sólo soy un civil...

Witzleben rechazó con un gesto amargo los tímidos pretextos de Beck y continuó situando a Stauffenberg en su punto de mira, recriminándole que hubiera insistido en llevar adelante el golpe de Estado pese a las evidencias de que el atentado había fracasado.

—Keitel miente, Hitler está muerto —afirmó Stauffenberg.

—¡Vamos! ¿Cómo lo sabe? —preguntó Witzleben, sin esperar recibir una respuesta.

La discusión se prolongó durante unos cinco inacabables minutos, hasta que Witzleben, un poco más sereno, dio por zanjada la cuestión:

—Me lavo las manos en todo este asunto. Ustedes, caballeros, no están capacitados para dirigir un espectáculo de segunda categoría interpretado por monos. Adiós, les veré cuando el verdugo reciba invitados.

A regañadientes, Witzleben estampó su firma en un télex con el que se trataba de confirmar que el *Führer* había muerto y que se le había transferido el mando supremo sobre la *Wehrmacht*.

El mariscal, maldiciendo entre dientes, pasó ante Stauffenberg y sus compañeros y bajó al patio para subir en el Mercedes que le había traído hasta allí. De este modo abandonaba a los sublevados, que quedaron desolados al comprobar como uno de los puntales del levantamiento daba ya por fracasado el golpe.

Stauffenberg intentó subir la moral de sus compañeros, reclamando firmeza en unos momentos en los que era difícil confiar en el éxito del complot:

—Si os dais por vencidos ahora, estamos acabados —dijo el coronel—. ¡Por Dios, os pido que confiéis en mí! Me ocuparé de que todo salga bien, pero sólo pido que me concedáis el día de hoy.

Ante la dura realidad de los hechos, Stauffenberg ya apelaba a la fe, a la confianza ciega en una victora final que a cada minuto parecía más lejana.

Para recuperar los ánimos y las fuerzas, Olbricht pidió a los ordenanzas que les sirvieran una cena fría. Todos se sentaron a comer excepto Olbricht y Stauffenberg, que seguían atendiendo llamadas telefónicas. No obstante, los comensales no tenían demasiado apetito, pues el queso y la ensalada de salchichas de que constaba la cena acabarían casi intactos. Luego se sirvió café.

Capítulo 13
Reunión en La Roche-Guyon

En París, von Kluge estaba atravesando indudablemente un momento dramático. No hay duda de que el corazón de von Kluge estaba con los conjurados, pero su cabeza le decía que debía esperar antes de dar el paso definitivo. No obstante, no podía esperar mucho; comenzaron a telefonearle desde varios puntos del frente, a donde ya había llegado la noticia del atentado, pidiéndole consignas sobre la actitud a tomar. A las siete y media le llegó un télex de la Bendlerstrasse por el que el mariscal von Witzleben afirmaba que el comunicado emitido por Radio Berlín era falso y que Hitler había muerto.

Para acabar de arrojar más dudas sobre el ya de por sí dubitativo Von Kluge, llegó a sus manos el mensaje procedente del Cuartel General del *Führer* en Rastenburg y firmado por el mariscal Keitel, por el que prohibía a los comandantes en jefe poner en práctica las órdenes de Witzleben.

Fue entonces cuando se produjo el punto de inflexión. Von Kluge decidió recabar información directamente de la Guarida del Lobo. De ello se encargó el general Blumentritt, pero no consiguió establecer comunicación. Al cabo de varios intentos, logró telefonear a la Jefatura Superior del Ejército, el *Mauerwall*, a pocos kilómetros del Cuartel General de Hitler.

Desde allí, el general Stieff le confirmó con total seguridad que el *Führer* había sobrevivido al atentado. Blumentritt comunicó la noticia a Von Kluge y éste despejó todas sus dudas de golpe. No participaría en el levantamiento. La suerte del complot en París estaba echada.

Von Kluge se desentiende del complot

A las ocho de la tarde, tal como estaba previsto, Stülpnagel, acompañado de Von Hofacker, apareció en el castillo de La Roche-Guyon para asistir a la reunión convocada por Von Kluge. Stülpnagel, que no sabía que su interlocutor tenía información de primera mano sobre el resultado del atentado, intentó ingenuamente convencerle de que Hitler había fallecido y que el comunicado de Radio Berlín era falso. Después habló el primo de Stauffenberg en el mismo sentido.

El mariscal Von Kluge les escuchó en un enigmático silencio, hasta que, cuando concluyeron en su exposición, les enseñó el mensaje del mariscal Keitel.

—Está claro —les dijo— que la empresa ha fracasado. Seguir con esta aventura sería cosa de insensatos. No voy a mezclarme en este asunto.

Stülpnagel y Hofacker se quedaron atónitos. Todo lo que había dicho anteriormente Von Kluge —aunque ciertamente nunca se había comprometido con los golpistas— había quedado en nada.

—Pero, señor mariscal —balbuceó Stülpnagel—, yo creía que estaba usted al corriente de todo.

—¿Yo? —dijo Von Kluge aparentando total tranquilidad—. Yo no sé nada.

Los conjurados intentaron por todos los medios convencer al mariscal para que se pusiera de su lado. Incluso establecieron comunicación con la Bendlerstrasse para que desde allí trataran de ganarse la voluntad de Von Kluge, pero todo fue en vano.

Imagen actual del castillo de La Roche-Guyon. Aquí, el general Stülpnagel intentó sin éxito convencer a Von Kluge para que se sumase al levantamiento.

Entonces, en un gesto cordial pero inesperado vistas las circunstancias, Von Kluge invitó a cenar a los dos conspiradores. Sorprendentemente, estos aceptaron y pasaron todos al comedor. La cena discurrió en un ambiente glacial, en el que el mariscal conversaba de asuntos que nada tenían que ver con los momentos cruciales que estaban viviendo. Los dos conjurados apenas probaron la comida, pero en cambio Von Kluge demostró no haber perdido el apetito.

Sin esperar a que la cena terminara, Stülpnagel puso fin a la farsa y se levantó, comunicando a Von Kluge que, por propia iniciativa, había ordenado antes de salir de París la detención de los jefes de las SS y de la policía.

A Von Kluge se le atragantó el postre y gritó indignado:

—¡Lo siento por usted, Stülpnagel! ¡Yo no tengo nada que ver con eso!

Al momento, Von Kluge llamó a París y dijo:

—¡Anulen inmediatamente las órdenes que se han dado!

Stülpnagel y Hofacker aún hicieron un último intento por lograr que el mariscal se uniese al levantamiento. Le dijeron que la suerte de millones de alemanes estaba en juego, y que dependía de la decisión que tomase en ese mismo momento. Pero Von Kluge les cortó en seco:

—No —aseveró de forma rotunda.

Después, se dirigió a Stülpnagel y, expresándole una cierta solidaridad con su más que oscuro horizonte, le dijo:

—Creo que sólo le queda una salida: vestirse de paisano y desaparecer.

Los dos conjurados comprendieron que cualquier esfuerzo por atraerse a Von Kluge era ya totalmente inútil. Se despidieron de él sin darle la mano y subieron al coche que les había llevado hasta allí. Pusieron rumbo a París. Faltaban pocos minutos para las once de la noche.

Mientras en el castillo de La Roche-Gyuon se había desarrollado esa tensa y dramática escena, los partidarios del levantamiento se habían adueñado de las calles de París. A las diez de la noche, las tropas ya habían completado su despliegue por los puntos estratégicos de la capital. A las diez y media, el teniente coronel Von Kräwell irrumpió en el Cuartel General del Servicio de Seguridad, sin que los puestos de guardia opusieran resistencia, ante la abrumadora fuerza de los rebeldes.

El *obergruppenführer* Oberg, jefe de los servicios de Seguridad y de la Policía en Francia, fue detenido y confinado en una sala del Hotel Continental. Entonces se llamó a los jefes de las SS que no estaban en el Cuartel General y se les fue deteniendo conforme fueron llegando. En menos de una hora, unos 1.200 detenidos quedaron en poder del Ejército. Se decidió que en veinticuatro horas fueran juzgados sumariamente y que las sentencias se ejecutasen al momento.

Capítulo 14
El golpe, aplastado

Sobre la nueve de la noche, llegaron a las inmediaciones del Bendlerblock las tropas del Batallón de la Guardia, comandados por el resuelto Remer. Se apostaron en las calles adyacentes y, sorprendentemente, a los conjurados no se les ocurrió pensar que llegaban con la intención de sofocar el levantamiento; pensaban que acudían a proteger el edificio. Los conspiradores tampoco sabían que unidades acorazadas leales al gobierno se estaban acercando en esos momentos al centro de Berlín.

Pero lo que los implicados en el golpe menos podían sospechar es que la amenaza más inmediata para los sublevados procedía del interior del propio Bendlerblock. Un grupo de oficiales de Estado Mayor, insatisfechos con las pobres explicaciones que proporcionaban los conjurados a las acuciantes dudas que iban surgiendo a cada minuto, acabaron por rebelarse. No sabemos hasta qué punto influyó en esta decisión el sentimiento de fidelidad a Hitler o si, más bien, era una reacción lógica para salvar el pellejo al verse involucrados en una acción condenada al fracaso.

Poco después de las nueve, los integrantes de este grupo, encabezados por el teniente coronel Franz Herber, se procuraron armas sin que nadie se lo impidiese y se dispusieron a doblegar la resistencia de los sublevados desde el interior del Bendlerblock.

Los oficiales llegaron hasta Olbricht y exigieron que les explicara lo que estaba ocurriendo en realidad.

—¡Olbricht!, ¿qué es lo que está pasando? —preguntó Herber en tono amenazador—. ¿Contra quién debemos proteger el edificio? Tenía entendido que estábamos aquí para proporcionar refuerzos a los ejércitos del frente... pero, en cualquier caso, ¿qué es eso de una conspiración?

El general Olbricht, con gesto apesadumbrado, se dirigió a los oficiales:

—Caballeros, durante largo tiempo hemos observado el desarrollo de la situación militar con gran ansiedad. Nos encaminamos indudablemente hacia una catástrofe. Ha sido necesario tomar medidas... y dichas medidas se están llevando a cabo en este momento. Solicito su apoyo. Eso es todo.

Estas palabras ya no dejaban lugar a dudas:

—¡Estamos ante un alzamiento! —exclamó el coronel Herner.

Los oficiales, apartando momentáneamente su atención de Olbricht, comenzaron a hablar entre ellos. Todos coincidían en que, ante la evidencia de que estaban inmersos en una conspiración, lo que debían hacer era desvincularse rápidamente de ella si no querían correr la misma suerte de los sublevados.

La mejor manera de apartarse del complot era actuar decididamente contra él. El grito de guerra lo dio uno de los oficiales:

—¡El juramento! ¡Están contra el *Führer*!

Los oficiales leales al gobierno exigieron a Olbricht poder hablar con Fromm, y Olbricht les dijo que estaba recluido en su apartamento. Un grupo salió del despacho y se dirigió rápidamente a liberarlo; blandiendo sus armas, iban preguntando a todos los que se cruzaban con ellos:

—¿Con el *Führer* o contra el *Führer*?

Obviamente, todas las respuestas eran afirmativas y el grupo de fieles a Hitler fue creciendo por momentos. Cuando llegaron al apartamento de Fromm, la guardia que estaba encargada de su vigilancia ya se había esfumado y Fromm fue liberado.

Mientras tanto, Olbricht intentaba todavía convencer a los oficiales que el *Führer* al que permanecían leales ya no vivía:

—Se ha recibido un informe de la muerte de Hitler —explicó el general—. Pero también hay noticias en sentido contrario —acabó por admitir Olbricht, tras una pausa—, la situación es enormemente compleja.

Olbricht no tuvo éxito en su empeño en sembrar la duda entre sus interlocutores y fue detenido sin que opusiese resistencia.

Una secretaria que se dirigía al despacho de Olbricht vio como apuntaban al general. Se detuvo y dio la voz de alarma:

—¡Problemas! ¡Apuntan a Olbricht!

Los gritos atrajeron a algunos oficiales favorables a los conjurados, entre ellos Stauffenberg. Acudieron corriendo, pero se detuvieron en seco al escuchar disparos procedentes del despacho. Los oficiales leales al gobierno les estaban tiroteando, en medio de una confusión terrible.

—¡Debajo de la mesa! —gritó alguien a las secretarias, que se hallaban en la línea de fuego.

Stauffenberg resultó herido en el brazo, pero aun así pudo amartillar la pistola y disparar.

El coronel retrocedió corriendo y subió al piso superior, hacia el despacho de Fromm, en donde se encontraba el "jefe de Estado" Beck y su amigo *Ali* Von Quirnheim, además del general Hoepner. Stauffenberg había ido dejando tras de sí un rastro de sangre.

Desde el despacho de Fromm, el coronel que había sido el alma del levantamiento telefoneó una vez más, la última, en este caso al coronel Von Linstow, que se había sumado al golpe en París:

—Todo se ha perdido, todo ha terminado —lamentó Stauffenberg—. Yo mismo he recibido una bala en el brazo.

Luego, Von Linstow oyó a través del auricular ruido de lucha y disparos. Finalmente volvió a escuchar la voz de Stauffenberg, sin aliento, entrecortada:

—¿Me oye? Mis asesinos están ahí fuera, en el pasillo...

Después se hizo el silencio. El propio Stauffenberg u otro había colgado el teléfono. Como veremos después en detalle, el general Stülpnagel, jefe de la conjura en París, al conocer el dramático fracaso de la sublevación en Berlín por boca de Von Linstow, se vería obligado a interrumpir la marcha de la misma en su circunscripción.

El general Fromm
formó un consejo de guerra
sumarísimo y ordenó el
fusilamiento de los
principales implicados
la misma noche
del 20 de julio.

FROMM TOMA EL CONTROL

Fue en ese momento cuando el general Fromm, flanqueado por oficiales fieles al gobierno y ansioso de revancha, se presentó en la puerta del despacho del que había sido desalojado unas horas antes. Ahora el corpulento Fromm tenía ante sí a los golpistas, pero en una actitud muy diferente a la que mostraban en el momento de su arresto. Estaban abatidos, conscientes de que habían luchado por una causa perdida.

—Bien, caballeros —proclamó ampulosamente Fromm—. Ahora les haré yo a ustedes lo que esta tarde me hicieron ustedes a mí. Depongan inmediatamente las armas.

No obstante, la afirmación de Fromm no se correspondería con la realidad. Los conjurados se habían limitado esa tarde a destituirle y a encerrarle en su apartamento, proporcionándole un tentempié y algo de vino. Quizás, en un primer instante, la intención de Fromm era recluirlos a la espera de poder ser entregados a las autoridades militares correspondientes, pero es muy probable que enseguida se diese cuenta de que en ese caso los conjurados no tardarían en implicarle en el complot. Aunque Fromm no había participado en él, tenía conocimiento de su existencia y siempre había mantenido una ambigüedad que no le iba a ayudar ahora a mostrarse totalmente ajeno a la conspiración.

—Han sido atrapados en un acto de traición —prosiguió Fromm—. Serán inmediatamente juzgados por un consejo de guerra que ahora convoco.

A Fromm no le quedaba otra opción que garantizarse el silencio eterno de aquellos hombres. Es probable que los sublevados comprendiesen de inmediato el dilema al que se enfrentaba Fromm y, por lo tanto, lo que significaba en realidad ese "consejo de guerra".

—¡Abajo las armas! —ladró Fromm—. ¡Se lo digo por segunda vez! Stauffenberg accedió a entregar su pistola, pero Beck repuso:

—No le permito que me dé una orden a mí, que he sido su superior. Sacaré la conclusión que crea oportuna de esta desgraciada situación...

Fromm, intemperante, añadió:

—Muy bien, haga usted después lo que le parezca. Pero ahora cumpla lo que le ordeno.

—Le ruego que me permita conservar mi pistola para fines personales —suplicó Beck—. Espero que no privará a un viejo camarada de un antiguo privilegio.

Todos los presentes comprendieron al momento lo que esa petición suponía. Beck quería ser él mismo el que pusiera fin a su vida. Fromm, incómodo, accedió con un gesto:

—Bien, pero mantenga la pistola apuntada hacia sí mismo.

Beck intentó diferir patéticamente el momento de dispararse en la cabeza:

—En un momento como éste recuerdo los viejos tiempos, cuando...

Fromm le interrumpió:

—No nos interesa oir eso ahora. Le ruego que deje de hablar y haga lo que tenga que hacer ¡Vamos! ¡Dése prisa!

Era lógico que Fromm acuciase a Beck para que se disparase. Sabía que si las SS irrumpían en el edificio, se harían cargo de los prisioneros y no les costaría arrancar de ellos una confesión en la que él aparecería de un modo u otro involucrado en el golpe. Sus prisioneros debían estar muertos antes de que eso sucediese.

Beck, tras dirigir una mirada desesperada a todos los presentes, condujo lentamente la pistola hacia la sien izquierda y apretó el gatillo. Sonó la detonación, pero el general no se desplomó. En el último instante había dirigido el cañón hacia arriba, por lo que la bala ni tan siquiera le rozó.

—¿No lo he hecho bien? —preguntó el suicida con voz trémula.

Fromm se dirigió entonces a un capitán:

—¡Ayude al viejo! —gritó—. Quítenle la pistola.

—¡No! —exclamó Beck—, por favor, permítame intentarlo de nuevo. Esta vez no fallaré.

El capitán llevó a Beck a un sillón. Allí, entre sollozos, Beck dirigió nuevamente la pistola a la sien, pero falló otra vez en su propósito. En esta oportunidad la bala si que le rozó, por lo que comenzó a manar de su cabeza un fino reguero de sangre, pero el disparo no había sido mortal. Beck fue entonces conducido por un sargento a una habitación contigua y los presentes escucharon a los pocos segundos el tiro de gracia.

Consejo de guerra

Todos los conjurados fueron conscientes de que su destino no iba a diferir mucho del que acababa de sufrir el "jefe del Estado".

—Muy bien —dijo Fromm fríamente—. Si quieren poner algo por escrito, aún les quedan unos minutos.

Con ese gesto, Fromm daba a entender que el resultado de ese consejo de guerra estaba ya más que establecido.

—Sí —respondió Olbricht—, quisiera escribir algo.

El general Hoepner también señaló su deseo de escribir y Fromm invitó a ambos sentarse junto a una mesa redonda. Fromm abandonó el despacho junto a algunos oficiales para representar la farsa de que iban a deliberar, constituidos en un tribunal sumarísimo encargado de juzgar la insurrección.

Al cabo de unos minutos, que seguramente Fromm aprovechó para impartir las órdenes necesarias para organizar la inmediata ejecución de los implicados, éste regresó al despacho. Hoepner colocó su escrito sobre la mesa y Olbricht pidió un sobre y guardó en ella la carta, cerrándolo personalmente.

Ludwig Beck, quien
debía haberse
convertido
en Jefe del Estado,
optó por el suicidio,
pero falló dos
veces y tuvo
que ser rematado.

Entonces, Fromm se dispuso a pronunciar la "sentencia":

—En nombre del *Führer*, un consejo de guerra sumario convocado por mí ha llegado al siguiente veredicto: el coronel del Estado Mayor General Mertz von Quirnheim, el general Olbricht, el coronel... —hizo un gesto como si no recordase el nombre de Stauffenberg—, y el teniente Von Haeften son condenados a muerte.

—Hay una cosa que quiero decir en mi defensa —dijo sorprendentemente el general Hoepner, que no había sido incluido en el cuarteto de condenados a la pena máxima—. Yo no tuve nada que ver con todo esto.

—Asumo la responsabilidad de todo —dijo, en cambio, Stauffenberg—. Quienes están aquí han actuado como soldados y subordinados. Lo único que han hecho es cumplir órdenes. De ningún modo son culpables.

Fromm simuló no haber oido estas alegaciones. Se dirigió a uno de los oficiales leales, el teniente Schlee, señalando con el dedo a los cuatro que iban a ser fusilados:

—Este caballero, el coronel; el general con la Cruz de Caballero; este coronel del Estado Mayor General y su teniente. La sentencia del tribunal se cumplirá de inmediato en el patio, a tiro de fusil.

—Y escolte a este oficial —señaló a Hoepner— a la prisión militar de Lehrter Strasse —concluyó Fromm.

—¡No, no soy un canalla! —protestó Hoepner, pese a haberse librado de la ejecución—, ¡no lo soy!

—Lléveselo ahora —ordenó Fromm.

El fusilamiento

Pasaban unos minutos de la medianoche cuando los cuatro condenados fueron conducidos al muro posterior del patio del mismo bloque de la Bendlerstrasse. Stauffenberg, que aún perdía sangre por la herida en el brazo, fue ayudado por dos hombres.

Cuando llegaron al patio, cuyo suelo estaba salpicado de ladrillos rotos y trozos de pizarra por el efecto de los bombardeos, quedaron deslumbrados por la tétrica luz de los faros de los vehículos del Batallón de Guardia, que habían sido colocados en semicírculo para iluminar el

Placa que recuerda hoy los cuatro ejecutados en el patio del Bendlerblock: Olbricht, von Quirnheim, Von Stauffenberg y Von Haeften, además del general Beck.

lugar de la ejecución; un montículo de arena extraído de una excavación en el patio.

—¡De prisa! —dijo alguien—, acaba de sonar la alarma de un ataque aéreo.

Los pusieron a todos en un costado; serían fusilados de uno en uno. Dos suboficiales adelantaron a Olbricht unos metros hasta situarlo ante el pelotón de ejecución. Este, deslumbrado totalmente por los faros de los vehículos, entornó los ojos para distinguir a sus verdugos.

En el patio resonó una orden y los soldados dispararon sobre Olbricht, que fue impulsado hacia atrás, quedando apoyado su cuerpo contra el montón de arena. A continuación, los dos suboficiales buscaron a Stauffenberg y lo condujeron al mismo punto, sin llegar a tocarle, quizás por consideración hacia su sangrante herida.

Stauffenberg ya estaba delante del pelotón y unos intantes antes de que le disparasen gritó con todas sus fuerzas:

—¡Viva la sagrada Alemania![21]

Justo en el momento en el que los soldados apretaban los gatillos, su fiel Haeften se arrojó ante Stauffenberg en un gesto instintivo para interceptar el camino de las balas. Ambos cayeron a la vez bajo el fuego del pelotón.

Mertz Von Quirheim fue el cuarto y último en verse deslumbrado por los focos de los coches antes de seguir el mortal destino de sus compañeros. Cuatro tiros de gracia certificaron el cumplimiento de la condena. Pasaban veintiún minutos de las doce de la medianoche. Todo había terminado.

---

21 Existen varias versiones sobre las últimas palabras de Stauffenberg. En general, está aceptado que fueron las que aquí se reflejan, pero según el historiador Wolgang Müller fueron simplemente "¡Viva Alemania!", o "¡Viva Alemania libre!" para el historiador Hans Hagen. Según otros, Stauffenberg se limitó a gritar "¡Alemania!".

Capítulo 15
La voz del *Führer*

Cuatro de los principales implicados en el golpe, Olbricht, Von Quirnheim, Haeften y el propio Stauffenberg, además del frustrado suicida Beck, ya habían pagado con la vida su intento de derrocar el criminal régimen nazi. Sus cadáveres fueron a parar al cementerio de Mattäikirche, cargados en un camión conducido por un sargento.

El sargento encontró cerrada la puerta del cementerio. Fue a casa del sacristán, lo despertó y le dijo:

—Cinco cadáveres. Me han ordenado oficialmente que los entierre aquí. No se mencionarán nombres y nadie debe saber dónde está la fosa.

Al poco rato, el sargento, un soldado y tres policías locales estaban cavando un agujero en el suelo del cementerio, a la luz de las linternas. Después, los cadáveres fueron arrojados a la fosa y la sepultura fue tapada a toda prisa. El camión regresó a la Bendlerstrasse.

Sólo dos horas más tarde, llegó al cementerio el general de las SS Rolf Stundt con la orden de desenterrar los cadáveres. El sacristán abrió la puerta del camposanto y los soldados que acompañaban a Stundt comenzaron la exhumación de los cuerpos. Con las primeras luces del alba, tomaron fotografías con flash de cada uno de ellos y después fueron enviados a un crematorio. Himmler había ordenado que los cuerpos de los traidores fueran quemados y sus cenizas esparcidas.

Ese fue el triste destino que tuvieron los cinco conjurados víctimas del general Fromm y su intento desesperado por desligarse del complot. Lo que no podían imaginar los que se libraron de esa primera ola de castigo es que acabarían envidiando la suerte de sus compañeros.

Pero retrocedamos al momento en el que los cadáveres de los cuatro fusilados en el patio del Bendlerblock se encontraban derrumbados, como muñecos rotos, sobre el montón de arena. De inmediato fueron arrastrados a un lado. Sobre ellos arrojaron el cuerpo también sin vida del suicida Beck. El general Fromm, encaramado a un camión, arengó brevemente a los soldados, conluyendo con tres atronadores *Sieg Heil*.

LAS SS TOMAN EL MANDO

Mientras, a la vuelta de la esquina, el jefe de la Gestapo, Ernst Kaltenbrunner, charlaba con sus subordinados bajo los árboles. Su misión era detener a los participantes en la conjura, pero, inexplicablemente, permaneció imperturbable mientras se oían los disparos de los fusilamientos.

Al poco rato, se presentó Otto Skorzeny, el liberador de Mussolini de su prisión del Gran Sasso tras una brillante operación aerotransportada, y que estaba considerado por los Aliados como "el hombre más peligroso de Europa". Ambos dejaron que el Ejército resolviese sus asuntos dentro de su propio cuartel. Quizás pensaron que era mejor permitir ese purificador primer baño de sangre antes de que los hombres de las SS irrumpiesen en el Bendlerblock para tomar el mando de la situación.

Albert Speer, el ministro de Armamento, llegó hasta esos dos hombres en un pequeño coche deportivo, acompañado por Remer, a quien Hitler debía el aplastamiento del golpe[22].

—Acabamos de estar con el doctor Goebbels. Venimos a detener el consejo de guerra convocado por el general Fromm.

—Nosotros no queremos mezclarnos en las cosas del Ejército —dijeron casi al unísono Kaltenbrunner y Skorzeny—, además, seguramente todo ha terminado ya.

De todos modos, Speer avanzó en la penumbra, dirigiéndose con paso firme hacia la entrada del Bendlerblock. Un visiblemente nervioso Fromm recibió con incomodidad al ministro:

—El levantamiento ha sido aplastado. Acabo de impartir las órdenes necesarias a todos los cuerpos del área de los cuarteles generales... Durante horas me he visto privado de ejercer mi mando sobre el Ejército del Interior, incluso me encerraron en una habitación.

—¿Y bien? —le interpeló Speer.

—En mi condición de autoridad designada, mi deber era celebrar de inmediato un consejo de guerra sumario a todos los implicados en la sublevación. El general Olbricht y mi jefe de personal, el coronel Stauffenberg, ya han sido ejecutados.

—Hubiera sido más conveniente para usted no haberlo hecho. Hitler le destituyó a las seis de la tarde, para sustituirle por Himmler. Desde ese momento carecía de cualquier autoridad para fusilarlos. La rapidez con la que los ha ajusticiado, Fromm, le deja en una posición sospechosa. Acompáñeme a mi Ministerio y pensaremos cómo puede salir de ésta.

Kaltenbrunner se acercó e intercambió un frío saludo con Fromm, mientras Skorzeny se mantenía alejado, por si debía actuar ante alguna maniobra desesperada de Fromm para escapar a su negro destino. Fromm declinó el ofrecimiento de Speer:

---

22 Antes del fin de la guerra, Remer logró los brillantes para su Cruz de Caballero y ascendió a mayor general. Tras la contienda fue el autor del mito del Dolschloss, que sostiene que el derrotismo de los conspiradores impidió a Hitler la victoria. Tal mentira se incorporó al ideario del Partido Socialista Alemán, de carácter neonazi, que fundó Remer en 1950. La justicia alemana le condenó en octubre de 1992 a veintidós meses de cárcel por "incitación al odio, la violencia y el racismo", al publicar en la revista *Remer Depeche* que las cámaras de gas de los campos de concentración no existieron, y que fueron un invento de los judíos para "extorsionar al pueblo alemán".

Otto Remer falleció el 4 de octubre de 1997, a los 84 años de edad, en su casa de Marbella. Postrado en un sillón y conectado a una bombona de oxígeno, Remer pasó allí los tres últimos años de su vida junto a su esposa, tras ser protagonista de una inesperada controversia judicial. Ante la solicitud de extradición por parte de la justicia germana, el juez Baltasar Garzón ordenó el 1 de junio de 1994 la detención del exmilitar nazi en el aeropuerto de Málaga, dictando prisión atenuada. Pero en febrero de 1996 la Audiencia Nacional denegó la extradición de Remer, al no existir ese delito en España. En los últimos años de su vida, Remer guardó silencio ante los medios de comunicación, a los que acusó de "manipular" su comportamiento.

El general de las SS
Ernst Kaltenbrunner
participó en la represión
de los implicados
en el golpe.

—No, gracias. Tengo que llamar al *Führer* y ver al doctor Goebbels. Después me marcharé a casa a descansar, ha sido un día muy duro.

Es probable que en ese momento Fromm ya fuera consciente de que sus prisas por suprimir incómodos testigos no habían servido para nada. Había eliminado a los principales cabecillas del complot, pero ya no tendría tiempo de ajusticiar de forma sumaria a la segunda línea de implicados. En esos momentos, otros compañeros de Stauffenberg, como su propio hermano Berthold, Peter Yorck o Bernardis, permanecían arrestados, a la espera de correr la misma suerte que los que acababan de caer bajo las balas del pelotón de fusilamiento.

Alocución de Hitler

Sobre la una de la madrugada, Otto Skorzeny se decidió a entrar en el edificio del Bendlerblock, con una potente fuerza de miembros de las SS, que ocuparon todas las oficinas y montaron guardia en todas las salidas. Aunque los conjurados habían hecho lo posible por quemar los documentos comprometedores, no habían podido abrir la gran caja fuerte del despacho de Olbricht, que contenía información que resultaría especialmente suculenta para los sabuesos de la Gestapo.

Skorzeny, conduciéndose con corrección, se dirigió personalmente a los conspiradores arrestados. Les informó de que no serían juzgados sumariamente como sus compañeros. Registró personalmente a cada uno de ellos, y procedió a arrancarles las condecoraciones con las manos, arrojándolas en un casco de acero vuelto del revés.

De fondo, por un receptor de radio, se oía por primera vez desde el atentado la voz del *Fürher*, al que Fromm pretendía apelar en busca de un más que improbable gesto de perdón. Era la 1.30 de la madrugada.

—*Deutsche Volksgenossen und Volksgenossinnen!*[23]

Hitler, en tono que ya anunciaba la terrible venganza que se iba a abatir sobre los implicados en el complot, achacó el atentado a "una insignificante camarilla de oficiales ambiciosos, sin honor y de una criminalidad estúpida". En su alocución explicó algunos detalles del atentado: "Una bomba colocada por el coronel conde Stauffenberg ha estallado a dos metros de mí, a mi derecha, y ha herido gravemente a varios de mis fieles colaboradores. Uno de ellos ha muerto. Yo estoy absolutamente indemne. Sólo he sufrido ligeras erosiones, contusiones y quemaduras". Y señaló a la Providencia como su salvadora, confirmándose así que se le había confiado una importante misión, que debía seguir adelante[24].

---

23 ¡Camaradas alemanes y alemanas!
24 Para conocer el texto completo de la alocución radiofónica de Hitler, ver Anexo n° 5. A continuación se escuchó un mensaje de Goering al personal de la Luftwaffe, reproducido en el Anexo n° 6, y otro de Doenitz al de la Marina de guerra, transcrito en el Anexo n° 7.
Se desconoce la razón por la que Hitler tardó tanto en emitir un mensaje radiofónico. A media tarde preguntó cuándo estaría todo preparado para poder radiarlo, y le dijeron que sobre las seis de la tarde, pues el equipo para la transmisión debía llegar por carretera desde Königsberg. Sin embargo, parece ser que los técnicos de la emisora

Pero la frase más significativa fue: "Esta vez ajustaremos las cuentas como nosotros, los nacionalsocialistas, tenemos costumbre de hacerlo". Era el anuncio de una venganza brutal y implacable, como pocas veces se ha dado en la historia.

---

habían ido a la playa para combatir el calor, y que no regresaron hasta última hora de la tarde. A este retraso se unió después el desinterés de Hitler por efectuar la alocución, por lo que Goebbels insistió telefónicamente ante el dictador para que éste dirigiese unas palabras al pueblo alemán.

Capítulo 16
La calma llega a París

La llamada telefónica de Stauffenberg al coronel Hans-Otfried Von Linstow, que dirigía en París las operaciones desde el Hotel Continental, para comunicar que la situación en la Bendlerstrasse era ya desesperada, cayó como un mazazo entre los participantes en el levantamiento. A pesar de que el futuro se presentaba bastante sombrío para ellos, optaron por esperar el regreso de Stülpnagel de la reunión con Von Kluge en el castillo de La Roche-Guyon.

Cerca de la medianoche, en el Hotel Rafael se celebraba con gran alboroto la detención de los miembros de las SS. El *champagne* corría entre los oficiales, ajenos al fracaso del levantamiento.

En ese momento entró Stülpnagel en el salón; se hizo entonces el silencio, a la espera de sus palabras. Stülpnagel se limitó a sonreir nerviosamente y a decir que Von Kluge no había resuelto nada aún, y que su respuesta se demoraría hasta las nueve de la mañana, así que la celebración podía continuar.

Los oficiales siguieron bebiendo *champagne* despreocupadamente, hasta que la radio del vestíbulo, que hasta ese momento estaba emitien-

Hitler se dirige por radio al pueblo alemán en la madrugada del 21 de julio, desde un barracón de la Guarida del Lobo. El mensaje desactivó por completo el levantamiento en París.

do música, anunció que Hitler iba a hablar en breves minutos. Todos se acercaron al aparato, con los vasos en la mano. Cuando estaban arremolinados en torno a la radio, expectantes, se escucharon por el altavoz del aparato las mismas palabras que en ese momento retumbaban también en el patio del Bendlerblock:

—*Deutsche Volksgenossen und Volksgenossinen!*

A los oficiales que hasta ese momento estaban celebrando su victoria sobre los odiados jefes de las SS se les heló la sonrisa y es posible que a alguno se le cayese la copa de las manos. Hitler detalló los poderes que, ante la situación de emergencia que vivía el país, había dado al jefe máximo de las SS, Heinrich Himmler. Con toda seguridad, a todos les entró un sudor frío cuando escucharon al dictador proclamar amenazadoramente:

—Esta vez ajustaremos las cuentas como nosotros, los nacionalsocialistas, tenemos la costumbre de hacerlo.

Los oficiales reunidos en el Hotel Rafael comprendieron al momento que habían estado luchando en el bando equivocado. Stülpnagel y Von

Hofacker fueron conscientes también de que la batalla en la que tantos esfuerzos habían vertido estaba ya totalmente perdida.

Ante la amenaza de que las tropas de la Marina y la *Luftwaffe* destinadas en París, totalmente leales a Hitler, se enfrentasen al Ejército, los conjurados decidieron arrojar la toalla. Había que aceptar las órdenes oficiales.

Cerca de las dos de la madrugada, el general Linstow cursó la orden de poner en libertad a los detenidos. Oberg, el jefe de los servicios de Seguridad que había sido encerrado en una sala del Hotel Continental, fue liberado. Ante la lógica demanda de una explicación por la detención de que había sido objeto, Oberg fue conducido a la presencia de Stülpnagel; éste le dijo que todo era fruto de una confusión, lo que obviamente, no fue aceptado por el indignado Oberg. Pero las dotes diplomáticas del embajador Abetz, presente en el encuentro, lograron convencer al jefe de los servicios de Seguridad que Stülpnagel había obrado de buena fe, pero que había sido confundido por los mensajes contradictorios que le habían estado llegando de Berlín y Rastenburg.

Oberg se declaró satisfecho por las excusas de Stülpnagel e hizo correr entre sus compañeros liberados la explicación de que todo el embrollo había resultado ser un simulacro, pero puesto en práctica con demasiado realismo.

Aunque pueda resultar increíble, la explicación fue aceptada por los jefes de las SS detenidos y liberados; al cabo de unos minutos, ya se pudieron ver a varios de ellos compartiendo una copa en el salón del Hotel Rafael junto a los oficiales del Ejército, que tres horas antes habían participado en su detención.

Sobre las tres de la madrugada, el efecto del alcohol y el cansancio acumulado por tan intensa jornada hizo que la mayoría de los oficiales fueran regresando a sus acantonamientos. Poco después, la tranquilidad en las calles de París ya era absoluta.

Pero al amanecer, un telegrama firmado por el mariscal Keitel ordenaba al general Von Stülpnagel que se presentase de inmediato en Berlín. La metódica venganza a sangre fría contra los participantes en el complot del 20 de julio había comenzando a desatarse.

Capítulo 17
Venganza

En los días siguientes a la dramática jornada del 20 de julio de 1944, la sede central de la Gestapo en Berlín, en el número 8 de Prinz Albrecht Strasse, se convirtió en un infierno para los sospechosos de haber estado implicados en el complot. Las salas de interrogatorios, situadas en el tercer piso, se utilizaban las veinticuatro horas del día. Los gritos de dolor se podían escuchar hasta en las celdas del sótano, en donde decenas de hombres y mujeres esperaban su turno.

El jefe de las SS, el abyecto Heinrich Himmler, extendió la persecución no sólo a los conspiradores, sino a sus familiares. El 3 de agosto, en una reunión de *gauleiters* celebrada en Posen, Himmler declaró:

"Introduciremos una responsabilidad absoluta de parentesco. Nosotros ya hemos procedido en consecuencia y nadie debe venir y decirnos que es algo propio de los bolcheviques. No, esto no es cosa de bolcheviques, sino algo muy antiguo y muy usual entre nuestros antepasados. Para convencerse, sólo es preciso que lean las viejas sagas. Cuando proscribían a una familia y la declaraban fuera de la ley, o si existía en una familia la venganza de sangre, se era del todo consecuente. Si la familia era declarada fuera de la ley

Hitler, en una fotografía captada al día siguiente del atentado. Aunque aparentemente salió ileso, el dictador sufriría secuelas tanto físicas como psíquicas.

y proscrita, decían: "Este hombre ha cometido una traición; la sangre es mala, en ella hay traición y ha de ser exterminado". Y en las venganzas de sangre se eliminaba hasta el último eslabón de todo el parentesco. Así pues, la familia del conde Stauffenberg será exterminada hasta el último eslabón".[25]

HITLER, FURIOSO

En un primer momento, Hitler expresó también su deseo de desatar una venganza bárbara y cruel sobre los participantes en el complot: "Se debe expulsar y exterminar a todas esas vulgares criaturas que jamás en la historia han llevado el uniforme de soldados".

---

25 De acuerdo con los principios expuestos por Himmler, fueron detenidos todos los familiares de los hermanos Stauffenberg, incluyendo a un niño de tres años y al padre de un primo suyo, de ochenta y cinco años de edad. Afortunadamente, los deseos de Himmler de exterminar a toda la familia Stauffenberg "hasta el último eslabón" no se cumplirían. La extensión de la responsabilidad a toda la familia sí que alcanzó a otros implicados, como Goerdeler, Von Tresckow, Von Kleist, Yorck o Haeften, entre muchos otros.

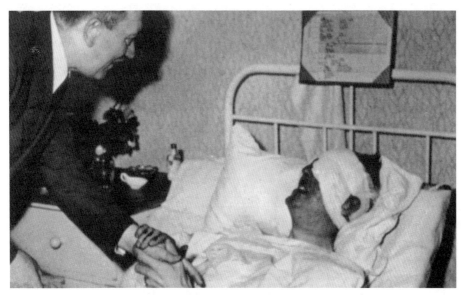

Hitler visita en el hospital al general Schmundt, que fallecería pocos días más tarde a consecuencia de las heridas. El atentado provocó en el *Führer* una insaciable sed de venganza.

El deseo de revancha de Hitler contra los conspiradores no tenía límites. Aseguraba que los "barrería y erradicaría a todos". Según dejó escrito Goebbels en su diario el 23 de julio, refiriéndose a un encuentro con Hitler celebrado el día anterior:

"El *Führer* está muy furioso con los generales, sobre todo con los del Estado Mayor General. Está absolutamente decidido a dar un ejemplo sangriento y a erradicar a la logia masónica que ha estado oponiéndose a nosotros todo el tiempo y que sólo esperaba su oportunidad para apuñalarnos por la espalda en el momento más crítico. El castigo que se debe imponer ahora debe tener dimensiones históricas. El *Führer* está decidido a extirpar de raíz a todo el clan de los generales que se han opuesto a nosotros para derribar el muro que esa camarilla de generales ha erigido artificialmente entre el Ejército, por una parte, y el partido y el pueblo por la otra".

Pero enseguida el dictador nazi se dispuso a diseñar con frío cálculo la representación de su venganza:

"Esta vez el proceso será muy corto. Estos criminales no deben ser juzgados por un consejo de guerra, ante el que se hallan sentados sus ayudantes y donde sufren retrasos los procesos. Todos ellos deberán ser expulsados de la *Wehrmacht* y comparecerán ante un tribunal popular. Ellos no se han hecho merecedores de una bala de fusil honrada: ¡serán colgados como vulgares traidores! Un tribunal de honor deberá expulsarlos de la *Wehrmacht*, y entonces podrán ser considerados como civiles, para no ensuciar el nombre del Ejército. Deben ser procesados con la rapidez del relámpago, sin consentirles que hablen. ¡Y a las dos horas de dictarse la sentencia, ésta se cumplirá! Han de colgarlos inmediatamente, sin compasión alguna. Y lo más importante es que no se les conceda tiempo para que puedan hablar. Pero Freisler ya se encargará de todo".

FREISLER, UN JUEZ INFAME

Hitler llamó a la Guarida del Lobo a dos personajes siniestros. Uno era el juez en el que él confiaba para llevar adelante el proceso; Roland Freisler, el presidente del Tribunal del Pueblo. El otro era Röttger, el verdugo que iba a encargarse de ajusticiar a los primeros condenados.

No sabemos lo que el autócrata dijo a Freisler, pero en vista a cómo se desarrollaron los juicios, es de suponer que le dio carta blanca para ridiculizar, injuriar y degradar a los acusados aún más de lo que hacía habitualmente. De todos modos, no era necesario que Freisler fuera motivado por Hitler para actuar así, pues a lo largo de su infame carrera había dado suficientes ejemplos de cómo se podía reducir a un acusado al silencio más vergonzante.

Roland Freisler, nacido en 1893, había sido militante comunista, hasta que se integró en el partido nazi. Hitler solía referirse a él como *den alten Bolschewiken* (ese antiguo bolchevique) y también como "mi Wyschinski", en referencia al implacable juez soviético que dictaba las penas de muerte durante las purgas stalinistas.

Quizás por ese pasado comunista, del que deseaba hacerse perdonar mostrando la fe del converso, Freisler era visto con cierto desprecio por los jerarcas nazis, pero éstos también eran conscientes de que no encontrarían a nadie mejor como Presidente del *Volkergerichtshof* o Tribunal

El juez Roland Freisler recibió indicaciones expresas de Hitler para que humillara sin límite a los acusados.

Popular. Esta institución, cuya relación con la justicia tal como la entendemos nosotros sólo es nominal, fue utilizada por el régimen nazi para dar una pátina de legalidad a sus actuaciones descarnadamente arbitrarias.

El Tribunal Popular se creó en 1934 como un órgano judicial especial encargado del enjuiciamiento y condena de los actos de traición contra el Estado Nacionalsocialista cometidos en Berlín. Dos años más tarde, en 1936, se convirtió en un órgano judicial común y plenamente integrado en la planta jurisdiccional alemana. Los acusados no contaban con una defensa efectiva, se vulneraban las mínimas garantías de imparcialidad y las penas solían ser extremadamente severas; no era infrecuente que un pequeño robo fuera castigado con la pena de muerte.

Freisler accedería a la presidencia del Tribunal Popular en agosto de 1943. Una estadística muy significativa es que el número de sentencias de muerte dictadas por el Tribunal del Pueblo en el año 1941 fueron 102, mientras que en 1944, con Freisler al frente, pasaron a 2.097.

Las actuaciones de Freisler poco tenían que ver con las propias de un juez. Solía dirigirse de manera humillante a los encausados, que nor-

Roland Freisler, al inicio de una de las sesiones del Tribunal del Pueblo.

malmente se veían obligados a sujetarse los pantalones con una mano, pues tenían prohibido usar cinturón. El acusado carecía del elemental derecho de libre designación de su abogado defensor. El escrito de acusación de la Fiscalía solamente se daba a conocer al acusado y a su abogado unas pocas horas antes del inicio de las sesiones del juicio oral. Era frecuente prohibir todo contacto entre abogado y cliente antes del juicio, de modo que éstos se conocían por primera vez en la misma sala. En los casos de traición y alta traición, el penado no tenía derecho a recibir una copia de la sentencia, sino únicamente a leerla bajo la vigilancia de un funcionario de la Administración de Justicia. Además, era indudable la maestría de Freisler en el manejo de los textos legales, su deslumbrante agilidad mental y, por supuesto, su fuerza verbal abrumadora, unas aptitudes con las que lograba aplastar sin piedad cualquier intento del encausado de demostrar su inocencia.

Una prueba de la catadura moral del hombre que debía juzgar a los encausados por el complot del 20 de julio es que llegó a participar como representante del Ministerio de Justicia en la trístemente célebre

Conferencia de Wannsee, donde se decidió llevar a cabo la "Solución Final" del problema judío en Europa, lo que iba a suponer el exterminio de millones de personas.

En febrero de 1943, tal como vimos en el capítulo correspondiente, Freisler dirigió los juicios contra los jóvenes estudiantes de la Rosa Blanca, ordenando la ejecución sumaria de los hermanos Sophie y Hans Scholl, así como de los demás miembros de esta organización disidente. Fue Freisler el que exigió que las ejecuciones fueran llevadas a cabo de inmediato en la guillotina.

Expulsados del ejército

Con estos antecedentes, es fácil imaginar lo que le esperaba a los implicados en la conspiración para matar al *Führer*. Pero, tal como se apuntaba, existía un obstáculo legal que impedía a la mayoría de los implicados en la conjura ser juzgados por el Tribunal del Pueblo: su pertenencia al estamento militar. Este impedimento quedó borrado al instante cuando Hitler ordenó que fueran sometidos a un "proceso de honor", por el que quedaron expulsados de las Fuerzas Armadas. El tribunal estaría presidido por el mariscal de campo Von Rundstedt, siendo vocales el teniente general Guderian y los generales Schoth, Specht, Kriebel, Burgdorf y Maisel[26].

El 4 de agosto, los miembros de este "tribunal de honor" expulsaron del Ejército, de forma vergonzosa, a veintidós oficiales, entre ellos un mariscal de campo y ocho generales, sin ni siquiera tomar declaración a los interesados. El ser expulsados les situaba ya fuera del ámbito de la jurisdicción militar, por lo que quedaban ya en manos de Roland Freisler.

Si ya se ha apuntado que no conocemos cómo fue la conversación entre el dictador alemán y el juez Freisler, tampoco conocemos en detalle como discurrió el diálogo de Hitler con el verdugo pero, teniendo en

---

26 El Tribunal de Honor militar se reunió por primera vez el 4 de agosto de 1944. En esta sesión y las tres siguientes, celebradas el 14 y 24 de agosto, y el 14 de septiembre, fueron expulsados del Ejército un total de 55 oficiales. El general Guderian escribiría más tarde que participó en el proceso porque recibió orden de asistir, y que lo hizo a regañadientes, faltando a algunas sesiones.

cuenta el modo inhabitual como se produciría la ejecución, es seguro que le expresó su deseo de que los condenados fueran colgados como reses en una carnicería. De todos modos, el hecho de que, antes del juicio, el autócrata ya estipulase la manera cómo debían ser ejecutados los acusados no dejaba dudas de la naturaleza fraudulenta del juicio.

El propio Goebbels también intervino en el dibujo de los detalles del proceso contra los implicados en el intento de golpe de Estado. Se reunió con Hitler y ambos decidieron que las sesiones no fueran públicas; el ministro de Propaganda se encargaría de que estuviesen presentes en los juicios periodistas leales que escribiesen reportajes sobre las sesiones para el público en general. Goebbels estaba también muy interesado en que se mantuviese la ficción de que los conjurados habían sido sólo una pequeña camarilla, para no involucrar al conjunto del Ejército, con el que se esperaba ajustar cuentas en una fecha posterior.

LAS SECUELAS DEL ATENTADO

La crueldad que desataría Hitler contra los implicados en el golpe llegaría a sorprender incluso a los que lo conocían mejor. Hasta entonces, el dictador había demostrado sobradamente su afición por la venganza y la represalia, tanto contra personas concretas como contra ciudades y comunidades. Pero su reacción contra los que participaron de un modo u otro en la gestación o la puesta en práctica del levantamiento superaría, tal como veremos, esas cotas de iniquidad.

Algunos han explicado ese ensañamiento por una reacción psicológica a consecuencia del atentado. Según testigos, como el general Heinz Guderian, tras ese día su desconfianza casi enfermiza, habitual en él, se tornó en odio profundo. Además, pasó cada vez más de la aspereza a la crueldad, de la inclinación a engañar con falsas apariencias, a la falta de veracidad; a menudo decía mentiras, sin darse cuenta, y presuponía que los que le rodeaban querían engañarle continuamente.

Por orden suya, se comprobaban las medicinas y los alimentos que tomaba para ver si contenían veneno Los alimentos que le regalaban, como chocolate o caviar -que le gustaba mucho-, se destruían todos inmediatamente. Las medidas de seguridad, pese a que se incrementaron, no pudieron modificar en nada la profunda conmoción que le causó el hecho de que algunos de sus generales se hubiesen vuelto contra él. El trato con Hitler, que antes ya era bastante difícil, se convirtió progresivamente en un tormento. Su lenguaje fue haciéndose más violento, perdía a menudo el dominio de sí mismo y se dejaba llevar por sus impulsos.

Además de daños psicológicos, la bomba de Stauffenberg también le dejó secuelas físicas. Pese a la euforia del primer momento al ver que había podido escapar casi ileso del atentado, el paso de los días y los meses demostró que esa primera apreciación era precipitada. Dos semanas después, aún se filtraba sangre a través de las vendas de las heridas de la pierna. Sufría dolores fuertes, sobre todo en el oído derecho, y perdió audición. Se tuvo que recurrir a los servicios de dos médicos especialistas en garganta, nariz y oídos, los doctores Giesing y Von Eicken, pero no pudieron evitar que los tímpanos rotos siguieran sangrando durante varias semanas. Se llegó a pensar que del oído derecho no se recuperaría nunca. Las lesiones en el oído interno afectaron a su sentido del equilibrio, lo que le hacía desviar los ojos hacia la derecha y también inclinarse a la derecha al caminar. No podía permanecer de pie mucho tiempo, temía un ataque repentino de mareo y le precupaba también no poder caminar erguido.

Hitler pasó a tener la presión arterial muy alta y a padecer malestar y mareos frecuentes. Los que le vieron en las semanas siguientes al atentado coincidían en que parecía viejo y enfermo. En el mes de agosto, el dictador le confesaría a Morell, su médico, que aquellas semanas transcurridas desde el atentado habían sido "las peores de su vida", aunque tampoco habría que tomarlo al pie de la letra, ya que Hitler solía expresar afirmaciones de este tipo a menudo. Curiosamente, el temblor que tenía antes en su pierna había desaparecido con la explosión, pero a mediados de septiembre el temblor había vuelto.

Pero posiblemente, la secuela más grave del atentado, y más perjudicial para el futuro de los alemanes, fue el reforzamiento de su idea de que era el destino el que le guiaba. Estaba convencido de que la Providencia estaba de su parte; el haberse salvado suponía para él la garantía de que iba a cumplir, pese a todo, su misión histórica. Ese mesianismo le llevó a afirmar en una charla informal ante sus secretarias:

Esos criminales que querían acabar conmigo no tenían ni idea de lo que le habría sucedido al pueblo alemán. No conocen los planes de nuestros enemigos, quieren aniquilar a Alemania para que no vuelva a levantarse nunca. Si las potencias occidentales creen que pueden mantener a raya al bolchevismo sin Alemania se engañan. Yo procuraré que nadie pueda frenarme o eliminarme. Soy el único que conoce el peligro y el único que puede impedirlo.

Pero antes de centrar sus esfuerzos en vencer en los campos de batalla a los enemigos de Alemania, su atención estaba centrada en urdir su venganza contra sus enemigos personales, los que habían intentado apartarle violentamente del poder el 20 de julio. Y el primer acto de esa venganza estaba a punto de representarse, en forma a la vez de farsa y tragedia, en la sede del Tribunal del Pueblo, muy cerca de la céntrica Postdammer Platz berlinesa.

Capítulo 18
El juicio

El Tribunal del Pueblo entró en funciones el 7 de agosto de 1944 para juzgar a ocho encausados por el complot del 20 de julio. Estos eran Witzleben, Stieff, Von Hase, Hagen, Bernardis, Klausing, Yorck y Hoepner. Ese caluroso día, a media mañana, los acusados fueron arrastrados por parejas de policías por la larga sala rectangular en donde se iba a desarrollar el juicio, adornada por los bustos de Hitler y de Federico el Grande, y tres grandes banderas con la esvástica. Debido al calor, las cinco ventanas altas de una de las paredes estaban completamente abiertas.

Freisler, envuelto en una voluminosa toga color burdeos, observó con una media sonrisa la entrada de esos ocho hombres que ofrecían un estado deplorable, en raídas ropas de paisano y sin afeitar. En la sala había ocho abogados de la "defensa" con togas negras. Unos doscientos espectadores, en su mayoría funcionarios, así como los periodistas escogidos por Goebbels, serían testigos de la farsa de juicio que estaba a punto de iniciarse.

Imagen de uno de los numerosos juicios contra los implicados en el golpe.
Esta corresponde a uno celebrado en septiembre de 1944.

Después de llegar al sitio que debían ocupar durante la sesión, cada acusado tenía que adelantarse para ser identificado, escoltado por sus dos policías. El mariscal Witzleben fue el primero; en cuanto oyó su nombre se levantó de su asiento y de forma mecánica esbozó un saludo con la mano derecha. Freisler no tardó ni un segundo en estrenarse en su misión de humillar a los acusados:

—¿Qué derecho tiene usted, dada su situación, a usar el sagrado saludo de la causa que ha traicionado?

Witzleben, confuso, no supo responder nada. Los demás, conforme se fueron identificando, fueron recibiendo sendos comentarios vitriólicos del juez, destinados a minar su ya escasa moral.

El primero en ser interrogado por el juez fue Stieff. Su aspecto era penoso; sin corbata ni cinturón y el pelo echado hacia atrás pegado por el sudor. Su rostro denotaba el desgaste padecido por los largos interrogatorios; estaba demacrado y tenía los ojos hundidos y su nuez subía y bajaba nerviosamente. Las ardientes lámparas situadas en la sala para las cámaras cinematográficas, y que le enfocaban directamente, le forzaban a entornar los ojos.

Reseñar el inicio de su interrogatorio es suficiente para ilustrar hasta qué punto Freisler estaba dispuesto a satisfacer a Hitler, reduciendo a los acusados a carne picada:

—Supongo que no exagero —dijo Freisler— si afirmo que todo lo que dijo en principio a la policía era mentira. ¿Es así?

—Bueno, yo...

—¿Sí o no? —rugió el juez—. ¡Responda a eso!

—No mencioné ciertas cuestiones... —admitió Stieff.

—¿Sí o no? ¿Mintió o dijo la verdad? —Freisler hizo una pausa—. ¿Está despierto?

—Dije toda la verdad... posteriormente —contestó Stieff sin dar muestras de nerviosismo.

—¡Le he preguntado si dijo toda la verdad durante el primer interrogatorio policial!

—En esa ocasión —acabó por admitir Stieff— no dije toda la verdad.

—Muy bien, entonces —sonrió Freisler triunfante—. Si usted, Stieff, tuviera algo de valor, me habría respondido directamente: "Les dije una sarta de mentiras".

El diálogo entre juez y acusado siguió la misma dinámica, en la que Freisler aprovechó cualquier pequeña oportunidad para ridiculizar e insultar a Stieff. Freisler reprochó duramente a Stieff "no haber derribado de un puñetazo" al primer conspirador que le habló del complot. De todos modos, Stieff conseguiría mantenerse erguido y hasta cierto punto desafiante ante los cada vez más estentóreos bramidos del juez, que provocaron que el cámara tuviera que advertirle que estaba destrozando la banda sonora de la grabación.

Después de verter sobre Stieff todo tipo de groserías y sarcasmos, Freisler concluyó repentinamente, despidiendo al acusado como indigno de seguir siendo interrogado.

Humillados ante el estrado

El siguiente fue Hagen, que admitió haber entregado el explosivo a Stauffenberg, sufriendo también los crueles comentarios de Freisler, quien lo calificó de "imbécil", preguntándose "cómo era posible que hubiera aprobado los exámenes de Derecho".

El mariscal Witzleben ofrecería la imagen más patética. En todo momento debía sujetarse los pantalones, demasiado grandes, al no tener ni siquiera un botón. Además, le habían privado de su dentadura postiza. Su aspecto no recordaba en nada a aquella altiva y uniformada figura, cubierta de medallas y condecoraciones, que irrumpió en la Bendlertrasse en la tarde del 20 de julio, recriminando a Stauffenberg la pésima dirección del golpe. Ahora, delante de Freisler, era un anciano desvalido, listo para ser insultado y degradado.

—¿Por qué se tienta la ropa? ¿No tiene botones? ¿Ningún botón? –le espetó Freisler.

Witzleben se limitó a encojerse de hombros y mascullar un casi inaudible "yo...". A partir de ahí, ante las aceradas preguntas del juez, el mariscal contestó sólo con monosílabos, lo que enfureció a Freisler. Esta provocación del acusado excitaría, más si cabe, la inquina del juez:

—Usted padecía de úlcera, ¿verdad? Y también de hemorroides... ¡Oh, pobre! ¿Estaba usted muy enfermo, ¿no?

—Sí —contestó Witzleben mientras se sujetaba con pantalones-.

—Así que estaba usted enfermo para comandar un ejército, pero no lo estaba para meter las narices en esa conspiración, ¿verdad?

Witzleben, consciente de que cualquier respuesta no haría otra cosa que empeorar las cosas, bajó los párpados. Freisler siguió golpeándole con un torrente de acusaciones hasta que el mariscal, sorprendentemente, reunió fuerzas para preguntarle:

—¿Me informará finalmente de cuál considera que es mi parte en toda esta cuestión?

Freisler, quizás cansado por un interrogatorio en que el no había obtenido más que monosílabos como respuesta, decidió poner punto final afirmando:

—Eso está suficientemente establecido. Usted mismo nos ha informado al respecto. Se ha autocondenado.

Con un gesto, Freisler ordenó a los policías que arrastraran a Witzleben a su asiento. Allí se derrumbó sin poder evitar que su desdentado rostro reflejase el fracaso de una situación especialmente dolorosa para todo un mariscal de campo.

Después de una pausa para el almuerzo, la sesión se reinició por la tarde. El siguiente en sufrir las humillaciones del juez sería Hoepner, quien se había librado del fusilamiento en la noche del 20 de julio gracias a la inesperada benevolencia del general Fromm. Visiblemente adelgazado y con la mirada perdida, intentaba ofrecer un rostro amable, sin llegar a sonreir. Vestía unos pantalones de monta, que le proporcionaban una cierta dignidad militar, y una vieja chaqueta de punto.

Freisler vio en Hoepner una víctima propiciatoria para sus mofas, pues tenía muy presente que fue destituido en 1941 por desobediencia. Freisler hizo referencia a la maleta que utilizó para llevar su uniforme cuando acudió a la Bendlerstrasse:

—¡Qué bien que se olvidara de poner en la maleta su Cruz de Caballero! ¡Al fin y al cabo fue destituido por cobardía! —gritó Freisler remarcando esta última palabra.

Freisler continuó burlándose de Hoepner, sin darle la oportunidad de responder, aunque es posible que el encausado lo agradeciese, pues cualquier respuesta hubiera hecho aumentar el escarnio que estaba sufriendo.

—¿Por qué no se suicidó como hizo Beck?

—Pensé en mi familia —balbuceó Hoepner—, había prometido a mi mujer que la acompañaría a probarse unos abrigos...

—¡Vamos! —le interrumpió el juez—, ¡diga! ¿por qué no se suicidó? ¡Se comportó como un cerdo, tenía que haberse disparado!

—¡No, yo no soy un cerdo! —dijo con firmeza, en un intento desesperado de conservar alguna dignidad.

Freisler se acomodó en su silla y sonrió. Hoepner le ofrecía ahora el flanco descubierto, listo para ser golpeado, y Freisler no estaba dispuesto a dejar pasar esa oportunidad. El juez se acercó al micrófono:

—¡Así que no es usted un cerdo! —tomó aire y volvió a rugir—. ¡Dice usted que no es un cerdo! Pues si no es un cerdo, díganos qué clase de animal es usted, díganos cuál es la clase zoológica a la que pertenece. ¡Vamos!

Peter Yorck declarando ante el juez Freisler.
Fue condenado a muerte.

Al acuciante requerimiento de Freisler siguió un largo silencio por parte de Hoepner. En la atestada sala sólo se escuchaba el zumbido de las cámaras que estaban rodando la escena. Es posible que por la mente de Hoepner pasara la posibilidad de pronunciar una respuesta desafiante, consciente de que nada podría librarle ya de una muerte cierta. Pero se impuso la necesidad de responder exactamente como quería Freisler. Quizás pasaron por su cabeza las represalias a las que se debería enfrentar su familia, o la esperanza de poder elegir el modo en que iba a ser ejecutado.

—Y bien, ¿qué es usted? —insistió Freisler.

—Un burro... —dijo Hoepner, apurando el cáliz de la humillación.

Freisler, más triunfante que nunca, asintió con la cabeza satisfecho, y ordenó que arrastraran a Hoepner, reducido a poco más que una piltrafa humana, a su asiento.

Después le tocó el turno a Peter Yorck, que no estaba tan dispuesto como Hoepner a dar concesiones a su interrogador. Freisler cargó de inmediato contra él, pero Yorck se mostró como un hombre de hielo, al que no se afectaban en absoluto los comentarios sardónicos sobre su persona. El juez intentó atacarle por su falta de pertenencia al partido nazi:

—¿Nunca se afilió al Partido?

—No, no me uní al Partido —contestó Yorck sin inmutarse.

—¿Y por qué demonios no lo hizo?

—En principio, porque no era nacionalsocialista. Yo no aprobaba...

—¡No aprobaba! —Freisler creyó haber encontrado el flanco débil—. ¡Usted declaró que era contrario a nuestra política de extirpar a los judíos y que no aprobaba el concepto nacionalsocialista de la justicia!

Pero Yorck no bajó la cara ante Freisler y con toda calma, como si estuviera impartiendo una lección, comenzó a disertar sobre el control totalitario del Estado sobre el ciudadano. El juez, enfurecido, rechazó continuar por ese terreno y derivó de inmediato el interrogatorio a los pormenores la jornada del 20 de julio, sin que lograse tampoco quebrar la imagen de integridad que Yorck ofreció en todo momento.

Los siguientes en pasar por las garras de Freisler esa tarde fueron Klausing —que se dio por vencido desde el comienzo—, y Bernardis, que no ofreció resistencia a los argumentos del juez al hallarse profundamente deprimido.

Sobre las siete de la tarde, el fiscal Lautz denunció a los acusados en términos formales y solicitó la pena de muerte en la horca para cada uno de ellos. Freisler ordenó un receso para continuar la sesión a la mañana siguiente. Los ocho encausados volvieron en camión a sus celdas, a pasar la que estaban convencidos de que sería su última noche con vida.

LA SEGUNDA SESIÓN

Al reiniciarse la sesión en la mañana del 8 de agosto, los asistentes al juicio pudieron comprobar que el aspecto de los acusados era aún más penoso que en la jornada anterior. Caminaban como sonámbulos; era evidente que no habían podido dormir en toda la noche.

Witzleben fue nuevamente interrogado. La primera pregunta de Freisler, formulada a voz en grito sobresaltó a todos los presentes:

—¿Por qué pensó que una conspiración podía tener éxito? ¡vamos! ¡despierte!

—Creí que disponíamos de unidades en las que podíamos confiar —dijo el mariscal mientras le costaba mantener el equilibrio por la falta de sueño.

Freisler insistió en preguntas dirigidas a demostrar que eran pocos los oficiales involucrados en el complot y que éstos en modo alguno representaban al Ejército. Witzleben aceptaba una y otra vez todas las afirmaciones de Freisler, deseando que el interrogatorio acabase cuanto antes. Tampoco le contradijo cuando afirmó:

—De hecho, esta camarilla de oficiales estaba pagada por los Aliados. Eran todos agentes aliados. ¡Pero cómo les hubieran traicionado si el golpe hubiera triunfado! Sólo desean la desgracia alemana.

Quizás Freisler acertaba al suponer la actitud de los Aliados con los golpistas triunfantes, pero lo que estaba claro era que los Aliados no habían tenido nada que ver con el complot. De todos modos, Witzleben estaba tan cansado que no tenía fuerzas para replicarle. Fue llevado nuevamente a su asiento.

El excomandante municipal Paul Von Hase le tomó el relevo. Freisler intentó también destruirle con algunos golpes certeros sobre su temprana implicación en el complot, pero Hase, con las manos cruzadas en la espalda y la cabeza erguida, resistió las embestidas con frases concisas y afiladas.

El juez, por cuyo rostro ya asomaban gotas de sudor, vio que sus gritos no hacían mella en Hase y puso fin al interrogatorio, dando paso a las intervenciones de la "defensa".

Tomó la palabra el representante de Witzleben, el doctor Weissman:

—Podríamos preguntarnos qué sentido tiene llevar adelante una defensa de estos encausados. Lo estipulan las leyes y, más aún, en una época como ésta consideramos que es parte de la tarea de la defensa ayudar al tribunal a emitir un veredicto. Pero no hay duda de que, en un caso como éste, resultará imposible incluso para el mejor abogado decir algo en defensa o en descargo del acusado... En realidad, requiere un esfuerzo sobrehumano encontrar una palabra que decida en su favor. ¿Witzleben? No es más que una hiena ulcerosa.

El discurso de los otros siete abogados redundó en la repugnancia que sentían al haberles correspondido la ingrata labor de defender a sus "clientes". Por su parte, el fiscal Lautz volvió a exigir la pena capital para cada uno de ellos.

Freisler, después de asistir satisfecho a las más que previsibles exposiciones de los abogados y del fiscal, ofreció a los encausados la posibilidad de dirigir al tribunal unas últimas palabras.

Witzleben fue el primero al que se le permitió tomar la palabra. El mariscal, ahora plenamente convencido de que ningún milagro podría salvarle de la horca, se decidió a hablar sin cortapisas:

—Pueden entregarnos al verdugo. Pero sepan que en tres meses el pueblo enfurecido y atormentado les pedirá cuentas y los arrastrará vivos por el estiércol de las cloacas.

Freisler asistió al desafío de Witzleben con gesto de suficiencia, sin darse por aludido. Dio entonces la palabra a Stieff:

—Lo hice por Alemania —dijo mecánicamente, como un autómata—. Solicito ser fusilado.

El juez tampoco realizó ningún comentario, ignorando la petición. Stieff fue arrastrado hasta su silla.

El resto de encausados fueron siguiendo su turno:

—No tengo nada que decir —anunció Yorck imperturbable.

—Culpable —se limitó a decir Bernardis, quizás con la esperanza de obtener una ejecución piadosa.

—Culpable —proclamó también Klausing—. Fusilamiento, por favor.

—No actué para mi beneficio personal —dijo Hoepner, en un absurdo intento de impedir que el adjetivo de traidor quedase unido a su nombre—. Solicito que se dé una pensión a mi familia.

—En realidad no sabía para qué eran los explosivos —afirmó Hagen de manera un tanto desconcertante.

Después de que hubieran hablado los acusados, Freisler tuvo un *recuerdo* para el suicidado Beck y los conjurados que habían sido fusilados en el patio del Bendlerblock. Refirió que ellos ya habían pagado su traición, dejando claro que los ocho hombres que tenía delante la pagarían también con su vida. El juez levantó la sesión para almorzar.

A primera hora de la tarde, Freisler abrió la sesión ofreciendo un extenso resumen, repleto de inacabables recapitulaciones, de todo lo dicho en la sala a lo largo de las dos jornadas. Los encausados, que parecían dormidos, no prestaron atención a las monótonas palabras de su juzgador, hasta que a las cuatro y media pronunció, una detrás de otra, las ocho previsibles condenas a muerte.

El implacable magistrado sonrió satisfecho; el juicio se había desarrollado tal como él había previsto, cumpliendo sobradamente con las expectativas de Hitler. Freisler había cumplido con su trabajo[27].

---

27 Roland Freisler continuaría ejerciendo su detestable labor como juez del Tribunal del Pueblo hasta la misma fecha de su muerte, el 3 de febrero de 1945. Ese día, este tribunal estaba celebrando un juicio contra el teniente Fabian von Schlabrendorff, también implicado en el complot del 20 de julio. En el curso del interrogatorio, Freisler trató de intimidar a Schlabrendorff diciéndole que, si de él dependiera, "lo fusilaría y lo mandaría directo al infierno", a lo que Schlabrendorff le desafió replicando que "con sumo gusto le permitiría que fuera delante". El juicio hubo de ser momentáneamente suspendido debido a una alarma aérea. A resultas del bombardeo aéreo, uno de los más duros que sufrió Berlín, la sede del Tribunal del Pueblo quedó destruida. Entre las víctimas del ataque hubo que contar al propio Roland Freisler. El magistrado nazi fue encontrado debajo de una columna, con el expediente de Schlabrendorff en la mano. El juez que le siguió en la causa absolvería a Schlabrendorff por falta de pruebas. Freisler fue enterrado en el mausoleo familiar de forma anónima. No se le rindieron funerales de Estado por órdenes expresas de Hitler, quizás debido a su pasado comunista. Sus hijos, avergonzados por la abyecta trayectoria de su padre, dejaron de utilizar el apellido Freisler, aunque su viuda siguió cobrando la pensión de viudedad mucho tiempo después de haber concluido la guerra.

Capítulo 19
Ejecución

Después de la lectura de la sentencia por parte del juez Freisler, los condenados fueron arrastrados fuera de la sala, siendo empujados con innecesaria fuerza. Una vez en el exterior, fueron subidos al camión que debía conducirles de regreso a la cárcel, en donde todo estaba preparado para llevar a cabo las ejecuciones. Los convictos llegaron a las cinco y cuarto, y unos minutos más tarde ya estaban equipados con ropas carcelarias y zuecos de madera. Cada uno de los reos fue enviado a su celda. Las puertas permanecieron abiertas duante un largo rato para que las cámaras cinematográficas pudieran filmarles.

Cuando los relojes marcaban las siete de la tarde, los condenados fueron sacados de las celdas y, después de formar una fila, se les hizo marchar por el patio de la prisión camino de la sala de ejecuciones, un breve trayecto del que las cámaras tampoco perdieron detalle. Una columna de oficiales cerraba la siniestra comitiva.

Vista aérea de la prisión de Plötzensee, en donde
fueron ejecutados los primeros condenados.

Ganchos de carnicero

El lugar de la ejecución no podía ser más siniestro. Era una habitación de suelo de hormigón y de paredes encaladas aunque cubiertas de
moho, atravesada por una viga situada justo bajo el techo. A la parte
inferior de la viga estaban fijados ocho ganchos que alguien había ido a
buscar a una carnicería del barrio, para cumplir así con el deseo expreso
de Hitler.

En un rincón de la sala estaba la cámara cinematográfica que debía
rodar la ejecución, tal como también había dispuesto el *Führer*, ansioso
por ver cómo sus enemigos tenían un final tan macabro como deshonro-
so. Los potentes focos necesarios para captar con toda nitidez la escena
daban a la estancia un aire irreal.

Junto a una pared había una mesa con una botella de aguardiente y
unos vasos, por si los encargados de llevar adelante la ejecución necesitaban reunir fuerzas y ánimo para cumplir con su trabajo. En otro rincón

Sala de ejecuciones de la prisión. Pueden apreciarse los ganchos de carnicero que fueron utilizados para colgar a los reos.

de la habitación estaba la guillotina, aunque ese día iba a quedar relegada a favor de un método mucho más cruel, por su lentitud.

El acceso a la sala estaba tapado por un tupido telón negro. Los condenados se alinearon a un lado del telón, esperando que fueran llamados uno por uno para pasar al otro lado, en donde les esperaba el verdugo.

El primero en pasar al lugar de la ejecución fue Witzleben. Fue situado bajo la viga. Le quitaron las esposas y la camisa. Alrededor de su cuello fue colocado un lazo de cáñamo delgado pero muy resistente. Después de alzarlo entre dos guardias, la parte posterior del lazo fue introducida por el extremo del gancho. Luego lo fueron bajando poco a poco, con lo que la cuerda de cáñamo fue apretando cada vez más el cuello.

Witzleben empezó a ahogarse mientras la cámara no perdía detalle de la agonía. Sus zuecos cayeron al suelo, sobre el charco que se estaba formando bajo sus pies. Para aumentar el grado de vejación, le bajaron los pantalones. Cuando su cuerpo dejó de retorcerse, fue cubierto con un gran paño negro.

267

El siguiente en ser reclamado tras la cortina fue Paul von Hase. Manteniendo la compostura, pese a contemplar a Witzleben sin vida colgando de uno de los ganchos, fue situado debajo del que le correspondía a él. Sin ofrecer la menor resistencia, e incluso mostrándose hasta cierto punto colaborador, fue elevado por los guardianes y colgado del mismo modo.

Stieff también mantuvo la sangre fría cuando le tocó el turno. Momentos antes de ser alzado, soltó una risa ronca. Una actitud parecida, entre arrogante y desdeñosa, mostrarían los otros condenados que, sucesivamente, fueron pasando por manos del verdugo: Hagen, Bernardis, Klausing y Yorck. El último sería Hoepner, a quien dejaron para el final con el propósito de hacerlo sufrir más.

Los cadáveres de los conspiradores fueron trasladados al Instituto de Anatomía de la Universidad de Berlín en unos pequeños camiones. El director del Instituto, que conocía personalmente a algunos de los ajusticiados, dio órdenes de que los cuerpos fueran incinerados intactos y enterrados en urnas en el cementerio de Marzahne. Pero el ministro de Justicia Otto Thierack impidió esa maniobra del director y se los llevó, enterrándolos clandestinamente en el claro de un bosque de su finca del distrito de Teltow.

Leyendas y rumores

La película de la ejecución, de 25 minutos de duración y sin sonido, fue vista por Hitler esa misma noche, junto a Goebbels y el SS-Gruppenführer Hermann Fegelein[28]. Al parecer, el ministro de Propaganda apartó la vista al ver la agonía del primero de los ajusticiados, pero Fegelein, el marido de la hermana de Eva Braun, contempló con mucha atención todo el metraje y lamentó en voz alta que Stauffenberg no hubiera sido ahorcado junto a ellos.

---

28 Aunque la lógica hace pensar que Hitler tuvo que ver la película de las ejecuciones, tal como aquí se refleja, este dato está sujeto a controversia. No hay acuerdo sobre si realmente el dictador vio la cinta y, si fue así, en cuántas ocasiones asistió a su proyección. Por un lado, Albert Speer explicó en junio de1971, en una entrevista para la revista *Playboy*, que Hitler la vio muchas veces, en una clara manifestación de sadismo; en el otro extremo, Walter Frenz, cámara de Hitler, aseguraría mucho después de la guerra que, en efecto, la película llegó hasta la Guarida del Lobo, pero que el dictador no mostró interés por asistir a su proyección y que el único que la vio fue Fegelein.

El general Paul von Hase, comandante de Berlín, sufrió la muerte humillante prescrita por Hitler.

El teniente Albrecht von Hagen
fue uno de los ajusticiados
el 8 de agosto de 1944.
Confesó haber proporcionado
losexplosivos a Stauffenberg.

Posteriormente, se hizo una exhibición de la película en la Guarida del Lobo para los miembros de las SS, pero no acudió un solo oficial, quizás porque ninguno tenía muy claro si algún día podía llegar a ser el protagonista involuntario de otro *film* igual. La aleccionadora película se pasó también a un grupo de cadetes de Berlín, pero el efecto sobre su moral, que se pretendía elevar, en realidad fue demoledor.

Los comentarios de todo aquel que contemplaba esas bárbaras imágenes acabaron por convencer a Hitler y Goebbels que lo mejor era retirar la película. Finalmente, fue destruida y se desconoce si sobrevivió alguna copia[29].

Unos días después de la ejecución, durante una reunión diaria de información en la Guarida del Lobo, Fegelein irrumpió en la sala, interrumpiendo bruscamente la exposición que en ese momento estaba ofreciendo el general Guderian sobre la situación en el frente del este, y arrojó un fajo de fotografías sobre la mesa de mapas del *Führer*. Se trataba de las imágenes de los ajusticiados el 8 de agosto.

Hitler se puso las gafas, agarró ávidamente las macabras fotografías y las contempló durante un buen rato evidenciando un placer morboso. Después de que las viese Hitler, fueron circulando de mano en mano.

Después de la guerra, esta ejecución sería objeto de numerosas leyendas y rumores. Se ha hablado de que se utilizaron cuerdas de piano, o incluso se ha afirmado que a los condenados se les introdujo el gancho en el cuello, por debajo del mentón. También se ha asegurado que los verdugos alargaron la agonía de los condenados durante diez interminables horas.

Nada de ello es cierto, pero el relato de la ejecución, tal como se desarrolló, es suficiente para evidenciar la crueldad y el ensañamiento con que fueron tratados los que se atrevieron a conspirar contra el dictador nazi. El ajuste de cuentas de los nacionalsocialistas respondería a lo anunciado por Hitler en su alocución radiofónica de la madrugada del 21 de julio.

SUICIDIOS

A finales de agosto se desató una operación policial a gran escala contra los sospechosos de haber participado de un modo u otro en el complot, denominada *Gewitteraktion* (Acción Tormenta). El hecho de que fueran detenidas e interrogadas más de cinco mil personas lleva a pensar que esta acción fue más bien una excusa para detener de forma indiscriminada a los opositores del régimen y extender el terror entre la población.

---

29 Una referencia a la proyección de esta película formaría parte de un incidente diplomático entre Alemania e Israel en mayo de 1981. A su regreso de un viaje a Arabia Saudí, el canciller federal Helmut Schmidt manifestó que los palestinos "tienen derecho a la autodeterminación y a la creación de un Estado". Estas palabras no sentaron bien al primer ministro israelí, Menahem Beguin, que acusó al canciller federal de estar "ansioso de dinero" y de ser "arrogante".
Pero Beguin fue todavía más lejos, cuando habló de "la arrogancia de un hombre que en una sala determinada, en presencia de Hitler, fue testigo de cómo fueron ahorcados con las cuerdas de piano los generales que en 1944 quisieron liquidar al demonio. Yo creo que no soy el único que sabe quién estuvo allí presente, cuando Hitler y sus compañeros de ideología aplaudían, mientras los generales morían lentamente". Beguin sacó así a relucir un punto oscuro de la biografía de Schmidt, que ha sido motivo de discusión. Durante la Segunda Guerra Mundial, el entonces teniente Schmidt asistió al proceso contra los militares que atentaron contra la vida de Hitler en 1944; este hecho está comprobado, pero la afirmación de Beguin de que Schmidt asistió a la proyección de la película en una sala donde estaba Hitler es bastante improbable.

El mariscal Rommel se vio obligado a suicidarse, por su relación con los conspiradores. Así evitó un proceso público y las represalias contra su familia.

R 335

Film·Foto·Verlag

Generalfeldmarschall Rommel
Träger des Eichenlaubs mit Schwertern und Brillanten zum Ritterkreuz des Eisernen Kreuzes

Juicios y ejecuciones similares a los aquí descritos se repetirían sin descanso en los meses posteriores. La mayoría de los condenados a muerte fueron ahorcados poco después de ser dictadas las sentencias, pero hubo otros que no fueron ejecutados hasta meses después, cerca ya del final de la guerra. Cuando terminó la ola de venganza levantada por Hitler, el número de muertos entre los supuestamente implicados en el golpe ascendía a más de doscientos.

El destino de los que habían participado realmente en el complot fue poco envidiable. El doctor Goerdeler, quien tenía que haber tomado el cargo de canciller en caso de triunfar el golpe, logró huir pero no pudo encontrar refugio, pues se había advertido a la población que el que ayudase a un sospechoso de haber participado en el golpe se expondría a la pena de muerte. Así pues, Goerdeler se vio obligado a vagar por los campos de Prusia Oriental. Hambriento, Goerdeler decidió entrar en un pequeño restaurante, pero tuvo la desgracia de ser reconocido por una auxiliar femenina de un campo de aviación cercano, que avisó a la policía. Se le condenó a muerte el 7 de septiembre, pero su ejecución se demoró hasta el 2 de febrero de 1945. La razón de este retraso es que, paradójicamente, los nazis se interesaron mucho por las ideas que tenía para la reorganización del Estado y le obligaron a ponerlas por escrito, dando como resultado un trabajo de cientos de páginas.

Otros, sabiendo que intentar huir era una aventura inútil y que cuando fueran detenidos tendrían que sufrir torturas e interrogatorios, teniendo la horca como ineludible destino, decidieron poner ellos mismos fin a sus vidas. Fue el caso del general Henning Von Tresckow, destinado en el frente oriental. En la mañana del 21 de julio, Tresckow avanzó por tierra de nadie disparando varios tiros para simular que estaba ahuyentando un grupo de guerrilleros y, cuando se encontró solo, cogió una granada, sacó la clavija y la apoyó contra su pecho. Su hermano Gerd, que era teniente coronel, también se suicidó.

En el frente occidental los suicidos también estuvieron a la orden del día. El general Von Stülpnagel, que había sido citado en Berlín por el mariscal Keitel, se despidió con normalidad de sus colaboradores en la mañana del 21 de julio y emprendió viaje por carretera a la capital del Reich. Al llegar a la región de Verdún, donde Stülpnagel había combatido durante la Primera Guerra Mundial, hizo parar el coche, anduvo unos

GENERAL
FELDMARSCHALL
ERWIN
ROMMEL
+ 14.10.19

Hier wurde Gfm. Erwin Rommel
am 14.10.1944. zum Freitod
gezwungen! Er nahm den
Giftbecher und opferte sich,
um das Leben seiner Familie
vor den Schergen Hitlers zu retten.

pasos y se descerrajó un tiro en la cabeza. Sin embargo, no consiguió matarse, sólo quedarse ciego. Fue conducido a Berlín y juzgado por el Tribunal del Pueblo junto a los coroneles Von Linstow y Finckh y los tenientes coroneles Von Hofacker, Smend y Rathgens, siendo todos condenados a muerte y ejecutados.

Otro que optaría por el suicidio sería el mariscal Von Kluge. Después del 20 de julio, Von Kluge mantuvo la dirección de las operaciones destinadas a evitar los avances aliados en Normandía. Parecía que el veterano militar había logrado esquivar cualquier sospecha sobre su estrecha relación con los conjurados. Pero los interrogatorios de los implicados fueron señalando su implicación indirecta en el complot. El 17 de agosto, Von Kluge perdió la confianza de Hitler; fue sustituido por el mariscal Walter Model y reclamado en Berlín. Para evitar sufrir un agónico proceso y una segura ejecución, durante el trayecto hizo también parar su vehículo y, en este caso, ingirió una cápsula con veneno, poniendo fin a su vida.

Meses más tarde, la venganza de Hitler llegaría a recaer incluso sobre su antes admirado mariscal de campo Erwin Rommel. El Zorro del Desierto fue amenazado con un proceso y con represalias contra su familia por su participación, aunque tangencial, en el complot del 20 de julio. Los generales Burgdorf y Maisel acudieron a verle y le ofrecieron una cápsula con veneno. Rommel aceptó el sacrificio el 14 de octubre de 1944 por el bien de su familia, y fue enterrado con todos los honores.

Otros implicados que se quitaron la vida fueron el general Wessel Freytagh-Loringhoven, el mayor Ulrich Oertzen, el teniente coronel Hans-Alexander von Voss, el general Eduard Wagner, el coronel Siegfried Wagner o el teniente coronel Karl Michel, además de la esposa del general Lindemann.

El general Fromm, cuya actitud había perjudicado tanto a los conjurados pese a que les había dado esperanzas de contar con su apoyo, no se libró de un severísimo castigo. La prisa con la que mandó fusilar a Stauffenberg y sus compañeros despertó de inmediato las sospechas de Himmler, ya que daba toda la sensación de ser una maniobra desespera-

Estas dos placas recuerdan el lugar en el que Rommel se quitó la vida el 14 de octubre de 1944.

da para reducir al silencio a unos testigos incómodos. Por tanto, fue detenido por orden del jefe de las SS antes del amanecer del 21 de julio. La instrucción de la causa contra Fromm duró varios meses y hasta febrero de 1945 no se le condenó a muerte, una sentencia que se cumplió el 19 de marzo en la prisión de Brandeburgo. En todo momento dijo haber permanecido fiel al *Führer*, pero lo único que consiguió fue ser fusilado en vez de ahorcado.

Sus últimas palabras fueron: *Heil Hitler!*

Capítulo 20
¿Por qué fracasó el golpe?

E l levantamiento que debía iniciarse tras la explosión de la bomba introducida por Stauffenberg en el cuartel general de Hitler fue un completo fracaso, tal como hemos visto en las páginas precedentes. El artefacto estalló a las 12.42 de la mañana del 20 de julio; menos de doce horas más tarde los principales conjurados yacían sin vida en el patio de la Bendlertrasse. ¿Qué errores contenía el plan de los conspiradores para que éste fallase de forma tan estrepitosa?

La supervivencia de Hitler

La respuesta que parece evidente a esa cuestión es que Hitler, el objetivo de la bomba de Stauffenberg, sobrevivió milagrosamente a la explosión. No obstante, la planificación de los conjurados al respecto había sido exhaustiva, y se había intentado no dejar nada a la improvisación. El explosivo y el dispositivo de cebo habían sido probados en repetidas ocasiones. Los peritos consultados habían asegurado que con una carga de un kilogramo era suficiente para obtener un resultado positivo, en un local cerrado, tal y como se creía que se desarrollaría la reunión durante la cual se depositaría la bomba.

Stauffenberg cumplió con su papel. Logró dejar el artefacto a menos de dos metros de Hitler, lo que teóricamente aseguraba su muerte. Pero el hecho de que el barracón estuviera con las ventanas abiertas, debido al intenso calor, hizo disminuir el efecto mortal del explosivo. Además, la débil estructura del barracón, al ser una construcción muy ligera, no opuso resistencia a la onda expansiva, lo que no hubiera ocurrido de haberse celebrado la conferencia en un búnker de hormigón. Stauffenberg tampoco podía contar con que la cartera sería movida del lugar en el que la había dejado, siendo colocada tras un grueso zócalo de madera, que actuó como pantalla de protección.

Esa conjunción de circunstancias adversas, ante las que Stauffenberg nada podía hacer por corregirlas en dirección a sus intereses, provocó que el objetivo de matar a Hitler no pudiera lograrse. No hay duda de que la inesperada supervivencia del dictador restó muchas posibilidades de éxito al plan de los conjurados, pero se puede afirmar que ese factor, con ser muy destacado, no fue determinante para el éxito o fracaso del golpe.

EL CONTROL DE LAS TRANSMISIONES

La muerte de Hitler era necesaria para seguir adelante con el plan, pero éste podía desbaratarse pese a la desaparición del *Führer* o, por el contrario, podía triunfar aunque el dictador hubiera salvado la vida. La clave era la posesión de las transmisiones.

Los conjurados debían haber valorado de forma adecuada este factor, y no lo hicieron. Aunque Hitler hubiera caído, al no estar presentes en aquella sala los grandes jerarcas del Tercer Reich, como Heinrich Himmler o Hermann Goering, éstos podían haber tomado las riendas de la situación, debido a su control directo sobre las SS y sobre el personal de la *Luftwaffe*, respectivamente. El ministro de Propaganda, Joseph Goebbels, también era un elemento importante, al contar con todo el aparato de comunicación del Reich. Era impensable creer que estos diri-

Portada del diario nazi *Völkischer Beobachter*, del 22 de julio de 1944, informando del aplastamiento del golpe contra Hitler.

gentes iban a permanecer de brazos cruzados mientras se estaba desarrollando un golpe de estado en Berlín.

La solución para atar de pies y manos a esa oposición frontal al golpe era reducirla al silencio. Si no podían ponerse en contacto con sus tropas ni emitir un mensaje a la población al no contar con la radio, un teléfono o un teletipo, todo su poder en apariencia omnímodo se vería reducido a la mínima expresión.

En cambio, si los conspiradores lograban hacerse con esas herramientas de comunicación, apareciendo ante el Ejército y la población como la única fuerza visible, las posibilidades de éxito se multiplicarían. En cuanto el nuevo poder estuviera asentado, el siguiente paso, la neutralización física de los defensores del régimen nazi, podría desarrollarse sin obstáculos. Aunque el *Führer* hubiera sobrevivido al atentado, en este escenario favorable los conjurados tendrían múltiples mecanismos para apartarlo definitivamente del poder.

Pero, como se ha indicado, era absolutamente imprescindible controlar las transmisiones, y eso era algo que los conspiradores no habían comprendido. El gran error fue permitir que el general Thiele, jefe de transmisiones de Berlín, fuera el encargado de este aspecto crucial. En cuanto se cometió el atentado, Thiele recibió un mensaje desde Rastenburg, enviado por Fellgiebel, que le anunciaba la muerte de Hitler. Sin embargo, el mensaje de Fellgiebel era un tanto ambiguo, por lo que Thiele interpretó que el *Führer* no había fallecido, por lo que consideraba que las acciones previstas en Berlín no tenían ya sentido.

El escepticismo del general Thiele, que veía la operación como un acto insensato, tuvo efectos devastadores. Su escasa fe en el éxito del golpe se trasladó al personal del departamento, que pronto se convertiría en clara hostilidad hacia los propósitos de los conjurados. Por ejemplo, el subteniente Röhrig se dedicaría a partir de las ocho de la tarde a sabotear la transmisión de las órdenes.

Al situar en la espina dorsal del golpe, las transmisiones, a colaboradores tan poco fiables como Thiele, los conspiradores habían cometido un error irreparable, que en última instancia condenaría el golpe al fracaso. Posiblemente, los oficiales de Estado Mayor que participaron en la conjura confiaban en que sus órdenes serían obedecidas ciegamente, por lo que consideraban que cada una de las piezas de la maquinaria del golpe funcionaría de forma mecánica. Se equivocaban, y ese error de apreciación, al verse evidenciado en el crucial departamento de transmisiones, lo pagarían muy caro. Por el contrario, el régimen nazi contaba con todos los recursos comunicativos intactos.

Además, la fecha elegida para llevar a cabo el golpe, el 20 de julio, fue sin duda la más desfavorable que podía darse en lo que hace referencia al control de las transmisiones. El avance de los ejércitos soviéticos había provocado unos días antes la decisión de trasladar el Cuartel General del Ejército desde Angerburg a Zossen, cerca de Berlín; el 20 de julio era precisamente el día señalado para hacer el traslado de todo el equipo de transmisiones, por lo que se habían tomado medidas especiales para que las comunicaciones no sufrieran ningún tipo de interrupción. Por lo tanto, esa jornada no era la más indicada para llevar a cabo un golpe de Estado.

La consecuencia de estos graves errores de planificación fue que, mientras que los conjurados tropezaban con dificultades insalvables para transmitir sus órdenes –de hecho, la mayor parte de ellas no llegaron a su destino–, los leales a Hitler no tuvieron la menor dificultad para emitir las suyas. El mensaje clave para abortar el golpe fue el que Goebbels lanzó por la radio notificando la supervivencia de Hitler al atentado. Ese comunicado oficial hizo que se extendieran las dudas sobre la legitimidad de las órdenes que en ese momento partían de los conspiradores y, en último término, provocara las defecciones que darían al traste con el intento de golpe.

FALTA DE CONFIANZA

El llevar a cabo un golpe en un Estado totalitario supone un esfuerzo excepcional, y para acometerlo es necesario contar con personas que posean también un empuje excepcional. Esta condición se daba de sobras en el caso de Stauffenberg, pero no en el resto de los conjurados.

El propio Stauffenberg se dio cuenta de que sus compañeros no estaban a su misma altura en este aspecto en cuanto llegó a Berlín procedente de Rastenburg. Para su perplejidad y asombro, no se había hecho prácticamente nada durante las horas que habían transcurrido desde el atentado. Tuvo que ser él el que tomase la iniciativa y comenzase a impartir las primeras órdenes. A lo largo de la tarde, las dudas e indecisiones de sus compañeros acabarían por desinflar toda la operación.

Pero Stauffenberg podía haber previsto que algo parecido podía suceder, ya que la selección de las personas que debían participar en el golpe no había sido las más afortunada. Tal como se indicó en el capítulo dedicado a la conjura, el general Beck, un hombre de gran cultura, destacaba por sus buenas maneras pero no era un hombre de acción. Goerdeler le llamaba "olímpico señor". Además, al haberse retirado seis años antes, sólo era popular entre los antiguos oficiales de Estado Mayor, pero era casi un desconocido entre las tropas y los jefes, por lo que era difícil que fuera reconocida su autoridad.

También estaba retirado el mariscal Von Witzleben y, además, su salud se encontraba muy resentida. Él era el encargado de desempeñar las funciones de comandante en jefe de las Fuerzas Armadas, pero en ningún momento pudo darse esta posibilidad. En cuanto llegó a la Bendlerstrasse, dejó clara su disconformidad con el modo como se estaba llevando el golpe y mantuvo una agria disputa con el general Beck. Al comprender que el plan estaba condenado al fracaso, prefirió marcharse a su casa a esperar tranquilamente que la Gestapo acudiera a detenerle.

El general Hoepner tenía como misión asumir las funciones del general Fromm y restablecer el orden lo más pronto posible. Sin embargo, Hoepner carecía del prestigio necesario para imponer sus órdenes a los jefes de las regiones militares; había sido destituido por Hitler tras el fracaso de la toma de Moscú y se le había prohibido vestir de uniforme. Esa disposición le hacía parecer, aunque de forma injusta, como un cobarde e incompetente ante la mayoría de oficiales. La sospecha de que se había sumado al golpe como venganza personal por esa afrenta no le ayudaba en su propósito.

Por su parte, el general Olbricht, junto al coronel Mertz von Quirnheim, su leal colaborador, luchó tenazmente para que el golpe pudiera tener éxito. Intentó levantar el ánimo a los más vacilantes y transmitir al resto de conspiradores una dosis de confianza, aunque, desde el primer momento, su actitud dejaba traslucir un cierto escepticismo. Olbricht no era la persona más adecuada para sostener buena

El fracaso del golpe hizo que la guerra se alargase innecesariamente, con un coste enorme de vidas. Hitler enviando a la batalla a un grupo de muchachos en abril de 1945, en una de sus últimas fotografías.

parte del peso del golpe, pues no ejercía ningún mando ni disponía de tropas a sus órdenes. Dirigió todo el golpe desde su despacho, y así era difícil asegurarse el control de los puntos vitales, como podía ser una emisora de radio.

Por tanto, el único que presentaba el perfil idóneo para llevar a cabo el golpe era Stauffenberg; joven, resuelto y carismático, no le faltó empuje ni confianza para impulsar el plan. Fracasó en su intento de acabar con la vida de Hitler, pero su empeño en actuar como si el *Führer* hubiera resultado muerto en el atentado no era desacertado. Una vez desatado el golpe, era necesario seguir hasta el final, sin ninguna otra consideración. Si los participantes en el complot resultaban derrotados, sabían que sus horas de vida estaban contadas, por lo que debían lanzarse por la pendiente con todas las consecuencias. Por eso no se entiende que se mantuvieran actitudes caballerescas que sólo podían perjudicar al desarrollo del plan, como fue el débil encierro al que fueron sometidos Fromm, Piffrader y Kortzfleisch, del que pudieron escapar sin ningún tipo de dificultad.

Uno de los conspiradores, Hans Bernd Gisevius, preguntó por qué no habían sido "inmediatamente colocados ante un paredón", después de ser arrestados, aquel jefe de las SS y el comandante fiel a Hitler que se opusieron a los rebeldes en la Bendlerstrasse. Según Gisevius, "el golpe de Estado hubiera realmente inflamado los espíritus, adquiriendo, además, carácter de máximo desafío". Esa falta de contundencia contra los que se negaron a obedecer las órdenes de los conjurados animó a los que no acababan de identificarse con el levantamiento; si hubiera existido la perspectiva de un castigo brutal e inmediato, es obvio que muchos de ellos se hubieran sumado al golpe, ni que fuera por conservar su vida.

Aunque hay que valorar desde el punto de vista humano que los conjurados no optasen por la eliminación física inmediata de los que se oponían al golpe, no es menos cierto que fue una muestra de ingenuidad rayando en la inconsciencia el pensar que unos oficiales podían ser neutralizados simplemente encerrándolos con llave en un despacho. Estaba claro que los enemigos del golpe no iban a tener esas mismas consideraciones con ellos.

MENTALIDAD CADUCA

Entre los motivos del fracaso, hay que destacar uno un tanto difícil de apreciar, pero que marcó de forma decisiva el desarrollo del golpe; el hecho de que los militares encargados de llevarlo a cabo no pudieran desembarazarse del peso de la tradición inherente a su estamento. Los conceptos de obediencia y lealtad, tan imbricados en la mentalidad prusiana, acabarían volviéndoseles en contra.

En un momento en el que había que actuar con rápidez y decisión, los conspiradores quisieron atenerse absurdamente al reglamento, con el fin de mantener la ficción de la Operación Valkiria como un "golpe de Estado legal". Por ejemplo, tal como se indicó, el general Hoepner no asumió el mando del Ejército de Reserva hasta que recibió el correspondiente nombramiento oficial, por el que se confirmaba la legalidad de su nuevo cargo. Naturalmente, este respeto al procedimiento imprimiría al golpe una lentitud exasperante.

Aunque es loable ese propósito de seguir unas reglas que sus enemigos se saltaban a diario, no era ése el mejor modo de enfrentarse al régimen nazi, que había demostrado sobradamente andar falto de los escrúpulos que les sobraban a los participantes en el levantamiento.

Esa actitud moral se mantendría incluso después de fracasado el golpe. En lugar de intentar escapar, la mayoría de conjurados esperó a sus perseguidores. Theodor Steltzer, incluso, regresó de Noruega para entregarse. En los interrogatorios, muchos se autoprohibieron mentir por motivos morales, lo que tendría efectos terribles tanto para ellos como para los nombres que aparecieron en esas confesiones.

MANDO SIN TROPAS

Al planificar un golpe de Estado, es evidente que se necesitarán tropas leales dispuestas a llevar a la práctica de forma incondicional las órdenes de los conspiradores. Sin embargo, el complot del 20 de julio no contaba con ese elemento crucial.

El levantamiento debía poner en acción el número de tropas necesarias para tomar los puntos más sensibles, detener a los dirigentes y a los oficiales que permaneciesen fieles al régimen nazi y, como era fácilmente previsible, enfrentarse con éxito a las SS, de las que no se podía esperar que obedeciesen las órdenes procedentes de la Bendlerstrasse. Pero los conjurados no disponían de esa fuerza.

Aunque disponían de simpatías y complicidades entre los jefes de las unidades situadas en los alrededores de Berlín, no tenían el control directo sobre esas tropas. Además, por motivos de seguridad, tampoco se les informó de la inminencia del golpe, por lo que muchos de ellos acogieron con sorpresa las primeras órdenes emitidas por el grupo de Stauffenberg. En lugar de obedecer de forma incondicional, tal como pensaban los conjurados que sucedería, esos jefes militares demandaron más información antes de cumplir las misiones que se les encargaban. Como las explicaciones no les parecieron demasiado convincentes, la mayoría de ellos prefirió dejar transcurrir el tiempo a la espera de que se aclarase la situación en uno u otro sentido. Los mensajes radiados que anunciaban el fracaso del atentado acabaron de frenar la prevista salida de las tropas apoyando el golpe. Los oficiales optaron por mantenerse fieles al juramento de fidelidad a Hitler.

Los conjurados confiaban en las unidades de la Escuela de Infantería de Doeberitz para tomar las calles de Berlín. Pero ese recurso falló; por desgracia para ellos, el general que estaba al frente de la Escuela, que era favorable al complot pero que desconocía la fecha en la que se llevaría a cabo, se encontraba ausente de las instalaciones en ese día. Los intentos de movilizar a esas unidades desde la Bendlerstrasse resultaron inútiles.

Siguiendo esa dinámica propia de un círculo vicioso, la falta de efectivos de los conjurados hizo desistir a los vacilantes. Hay que pensar que si los hombres de Stauffenberg hubieran logrado realizar una manifestación de fuerza, otras unidades se habrían unido al levantamiento por efecto del contagio, pero se produjo exactamente lo contrario. Conforme fueron pasando las horas, los oficiales de los que se podía esperar su colaboración pasaron de ser pasivos a mostrarse hostiles con el complot.

En cambio, en París los hechos se desarrollaron tal y como debían haber sucedido en Berlín. Allí, el general Von Stülpnagel no se limitó a dar las órdenes desde un despacho, sino que obligó por la fuerza a ejecutarlas. La detención de los jefes y del personal del servicio de Seguridad quebró cualquier intento de resistencia al golpe.

FALTA DE APOYO POPULAR

Es innegable que la resistencia al régimen nazi no contaba con apoyo popular. En otras circunstancias, el rumor de un golpe de Estado hubiera sacado a la población a la calle, dispuesta a apoyar el levantamiento. Pero los alemanes percibieron la rebelión del 20 de julio como un auténtico crimen, al que asistieron con una mezcla de rechazo y desinterés.

A esas alturas de la guerra, pese a las derrotas militares y los bombardeos aliados, Hitler contaba aún con un gran apoyo entre la población. El prestigio del *Führer* seguía intacto; aunque ya no existía la admiración de tiempo atrás, la mayoría de los alemanes se sentían unidos al dictador, con un sentimiento cargado de cierto fatalismo. De forma paradójica, albergaban la vaga esperanza de que Hitler les pudiera sacar de la desgracia en la que él mismo les había metido. Esa expectativa se veía consolidada por la propaganda y la presión intimidatoria de la Gestapo y los delatores, en un autoengaño masivo que tendría fatales consecuencias.

Quizás de forma inconsciente, la posibilidad de que el derrocamiento de Hitler situase a los alemanes ante la abyecta realidad de un régimen al que estaban apoyando, aunque fuera por omisión, les hizo rechazar el levantamiento. Prefirieron dar por buena la versión oficial de que los impulsores del golpe eran "un reducidísimo grupo de oficiales ambiciosos, estúpidos, desalmados y criminales", tal como dijo Hitler en su discurso radiado en la madrugada del 21 de julio.

Por su parte, los conjurados tampoco hicieron ningún esfuerzo por ganarse la simpatía de las masas. En su mentalidad prusiana, creyeron que un golpe de timón en las altas instancias militares sería suficiente para conseguir derribar el régimen; no creyeron necesario contar con apoyos entre los ciudadanos. Stauffenberg y los oficiales más jóvenes eran partidarios de un acercamiento a los sectores obreros, pero ése era un trabajo que, de todos modos, escapaba a sus posibilidades.

Mala fortuna

Ante la puesta en práctica de cualquier plan hay, indefectiblemente, un espacio que queda en manos del azar. El objetivo ha de ser reducir al máximo la influencia de esos aspectos imponderables. En este caso, los conjurados permitieron que la suerte, o mejor dicho la mala suerte, disfrutara de una preeminencia que debía haber sido acotada estableciendo una mayor previsión.

Hay que reconocer que hubo circunstancias ante las que nada podían hacer los conspiradores; el hecho de que la conferencia de la mañana del 20 de julio en la Guarida del Lobo se celebrase en un barracón en lugar de un búnker, o que las ventanas permaneciesen abiertas, con lo que, tal como se ha explicado anteriormente, el resultado de la explosión fue menor de lo previsto. Pero, obviamente, el momento en el que la mala suerte se cebó con los conjurados fue cuando el coronel Brandt movió la cartera de Stauffenberg unos centímetros, colocándola tras la pata de madera de la mesa que actuaría como pantalla, protegiendo a Hitler de la onda expansiva.

Todo ello hizo que el intento de golpe comenzase en las peores circunstancias posibles. Aun así, era obligación de los conspiradores haber considerado la posibilidad de que el atentado fallase y, en ese caso, poner en marcha un Plan B. Sin embargo, en cuanto comenzaron a llegar informaciones a Berlín que apuntaban a la supervivencia del *Führer*, el complot se vio desnortado; ese plan alternativo, sencillamente, no existía. La única solución, la que puso en marcha Stauffenberg, fue actuar *como si* Hitler hubiera muerto. En ese momento seguramente fue la mejor opción, por ser la única que les quedaba, pero estaba claro que con Hitler vivo las circunstancias cambiaban totalmente. Dejando en manos del azar tal posibilidad, el grupo de Stauffenberg cometió un gran error.

Además, una vez iniciado el golpe, pese a todas las dificultades con las que tuvo que batallar para ponerse pesadamente en marcha, la mala suerte siguió persiguiendo a los conjurados. Como hemos visto, casualmente ese día, el general que debía movilizar la Escuela de Infantería de Doeberitz no se encontraba en su puesto. Y también casualmente, el doctor Hagen se encontraba en el batallón de guardia; éste determinaría el comportamiento de la unidad, pues aseguró a su jefe, el mayor Remer, que había creído ver por mañana en la ciudad al general retirado Von Brauchitsch vestido de uniforme, lo que le había "olido muy mal". Fue él quien impulsó a Remer a acudir a reunirse con Goebbels y sería finalmente su batallón el que se encargaría de ahogar la rebelión y fusilar a Stauffenberg y sus compañeros.

Tampoco ayudó a los conspiradores el que el mariscal Rommel resultase herido sólo tres días antes de esa jornada, con lo que perdieron un valiosísimo activo. Si el 20 de julio Rommel hubiera dado un paso al frente, poniéndose del lado de los oficiales rebeldes, su prestigio y su ascendente sobre las tropas alemanas, incluso entre las SS, habría dado un impulso, quizás determinante, al éxito del golpe.

Como vemos, la Diosa Fortuna no se vio seducida por los hombres de Stauffenberg, que vieron cómo ésta se les mostró desafiantemente esquiva, cuando más la necesitaban.

¿UN GOLPE CONDENADO AL FRACASO?

Con todo lo expuesto anteriormente, puede llegarse a la conclusión de que el golpe no tenía posibilidades de triunfar. Los graves errores de planificación y de ejecución despojaron a los conjurados de cualquier opción de conseguir sus objetivos. La prueba es que durante esas doce horas que duró la sublevación, el grupo de Stauffenberg no logró imponer su voluntad en ningún sitio y en ningún momento.

De todos modos, la Historia no está nunca escrita de antemano, y habría que imaginar lo que hubiera ocurrido si Hitler hubiera resultado muerto en el atentado. Entonces, ¿el golpe hubiera fracasado?

Es muy posible que eso hubiera sucedido igualmente, pero es indudable que la desaparición del dictador habría abierto múltiples interrogantes. En ese caso, la confusión generalizada en las filas nazis habría hecho crecer de modo apreciable las posibilidades de éxito del complot. No sería aventurado creer que, tras la desaparición de Hitler, muchos alemanes, tanto civiles como militares, habrían mirado a los oficiales conjurados como una referencia sólida en esos momentos de desconcierto, lo que les habría proporcionado la legitimidad buscada.

HISTORIA ALTERNATIVA

Aventurar lo que hubiera ocurrido en el caso de que el golpe hubiera triunfado es algo que no deja de ser un ejercicio lúdico. Pero, aun así, puede ser útil plantear esa historia alternativa, con el fin de comprender mejor las circunstancias en las que se desarrolló el golpe del 20 de julio.

Lo primero que hay que tener presente es que, si bien los participantes estaban de acuerdo en acabar con el poder de Hitler, a partir de aquí las posiciones sobre cómo debía organizarse la nueva situación eran discrepantes. Como hemos visto, las diferencias ya habían comenzado en el momento de decidir el modo de neutralizar al autócrata nazi, puesto que no eran pocos los que desaprobaban el recurso al asesinato, aunque finalmente se vieron obligados a aceptarlo a regañadientes.

Si el golpe hubiera triunfado y se hubiera consolidado esa nueva dirección del país, el criterio para abordar los problemas sociales, políticos y económicos de Alemania no estaba concretado en absoluto. Es muy probable que se hubiera producido un choque entre los planteamientos revolucionarios de los jóvenes y los más conservadores, defendidos por los más veteranos. También había que contar con la oposición socialista y comunista que, presumiblemente, irrumpiría para reclamar su cuota de poder en ese nuevo gobierno antinazi. Estas profundas divergencias en la oposición al régimen hacen imprevisible el camino que finalmente hubieran podido tomar los acontecimientos.

Por otra parte, habría que considerar el efecto que ese terremoto en la cúspide política del Reich hubiera tenido en la marcha de la guerra. No hay que descartar que algunos jefes leales a los principios nazis utilizasen sus tropas contra el nuevo gobierno, dando lugar a una guerra civil. Pero la consecuencia más temida habría sido la desmoralizacion, el hundimiento de los frentes y el caos, una situación equiparable a la sufrida por Rusia en 1917, en plena Primera Guerra Mundial. La indiferencia que los conjurados encontraron entre las potencias enemigas hacen pensar que el establecimiento de ese nuevo gobierno no habría modificado esos planteamientos, por lo que lo más probable es que la exigencia de la capitulación incondicional, sumada a la férrea unión entre la Unión Soviética y los aliados occidentales, no habría librado a Alemania de la misma derrota total y absoluta que se daría diez meses más tarde. Pero lo que es prácticamente seguro es que esa capitulación se habría producido mucho antes, evitándose así la destrucción del país y la pérdida de miles de vidas.

Del mismo modo, en el caso de que Hitler hubiera muerto en el atentado pero el golpe no hubiera triunfado, una posibilidad con más visos de ser cierta, los acontecimientos también habrían sido muy diferentes a como se desarrollaron. Es impensable que el enroque suicida del Tercer Reich ante los avances aliados en ambos frentes, alentado por un Hitler más fanatizado que nunca, se hubiera producido con otro dirigente nazi, sea cual fuera, en el poder. El hecho de que tanto Himmler como

La estatua de Stauffenberg aparece desamparada en el patio del Bendlerblock. El hizo todo lo que estuvo en su mano, pero la deficiente planificación del golpe lo condenó al fracaso.

Goering tanteasen a los Aliados en las últimas boqueadas de la contienda para alcanzar un acuerdo con las potencias enemigas hace pensar que ambos, de haber alcanzado el poder sustituyendo a Hitler, habrían hecho lo posible por poner lo más pronto posible fin a la guerra, presumiblemente a cambio de mantener su poder político en la Alemania de la posguerra. La respuesta de los Aliados ante esta hipotética oferta es previsible, la exigencia de la rendición incondicional, pero no hay duda de que el desarrollo de la conflagración hubiera sido muy distinto sin Hitler, y es altamente improbable que los alemanes hubieran continuado luchando desesperadamente hasta mayo de 1945.

Para algunos historiadores, como Ian Kershaw, de haber tenido éxito el atentado posiblemente hubieran disminuido, en lugar de aumentar, las probabilidades de una rápida instauración de la democracia. Según esta paradójica conclusión, se habría creado sin duda una nueva leyenda de la puñalada por la espalda, como sucedió tras la Primera Guerra Mundial, lo que habría ido en detrimento de los que hubieran apostado por una salida democrática, como sucedió despues de la Gran Guerra con la fracasada República de Weimar. Tampoco hay que olvidar que las figuras destacadas de la conspiración contra Hitler no eran demócratas, y que algunos pretendían incluso mantener los territorios conquistados por los nazis, lo que vendría a apoyar esta hipótesis. Según este planteamiento, fue mejor que Alemania sufriera una derrota total, infligida por fuerzas del exterior, para que los alemanes también pudieran ver toda la dimensión del desastre que el nazismo supuso para su país y para el mundo entero.

Dejando de lado las especulaciones, de lo que no hay duda es que el atentado del 20 de julio de 1944 marcó un momento crucial en la historia, no sólo de la Segunda Guerra Mundial, sino de toda Europa y del mundo. Si los acontecimientos hubieran discurrido de diferente modo, si aquella cartera no se hubiera movido unos centímetros, cabe pensar que la historia del siglo XX habría podido ser muy distinta. No sabemos lo que pudo haber pasado, por lo que debemos centrarnos en lo que, efectivamente, ocurrió. Y lo que sucedió es que un grupo de alemanes actuaron según les dictaba la conciencia y dejaron constancia de su repulsa al régimen nazi intentando acabar con él.

No lo lograron, pero el testimonio de aquellos hombres valientes quedó como muestra de que no todos los alemanes se dejaron arrastrar a la locura por Hitler. Claus von Stauffenberg, el alma de los conjurados, fracasó en su plan para derribar al dictador, pero alcanzaría una brillante victoria póstuma; hoy, Stauffenberg tiene el honor de contar con una calle en Berlín, mientras que el nombre de los dirigentes de ese régimen criminal que él trató de vencer han quedado para siempre hundidos en la vergüenza y el oprobio.

Anexo 1
Ideas para la defensa contra unidades de paracaidistas en territorio nacional

(FRAGMENTOS)
POR EL CONDE DE STAUFFENBERG

(...)

Tras esa breve panorámica sobre posibles y probables objetivos enemigos en territorio nacional, pasaré ahora a los nuevos medios para su realización. Aquí, en primer lugar, se presenta un hecho: una parte de las misiones puede realizarse sin combates, pero otra parte no puede prescindir de ellos.

Al primer grupo pertenecen todas las tareas que caen dentro de la competencia de los agentes, así como aquellos destrozos que pueden realizar hombres solos o pocos y con escaso material y breve tiempo. Los grupos dedicados a esas acciones de paracaidistas los denominaremos comandos paracaidistas.

Al contrario de esos grupos de paracaidistas, las unidades que habrán de entablar lucha abierta las denominaré tropas paracaidistas de combate. Los supuestos tácticos de esas unidades se diferencian básicamente entre sí. También, a su vez, los problemas de defensa son distintos en ambos casos.

Es característico de los comandos paracaidistas que no puedan ni deban entablar combate. Avión y paracaídas son los medios para introducirse en el país inadvertidamente. Lo esencial es que su vuelo y descenso queden totalmente ignorados; de lo contrario, el cumplimiento de su misión resulta imposible.

(...)

Ahora me ocuparé de las tropas de combate.

Deben estar preparadas para luchar. En ese supuesto se basa su equipamiento personal y material. Su formación será parecida a la de una unidad mixta de tropas de tierra. La fuerza depende de las misiones que se hayan de cumplir. Pero habrá siempre que medirlas de modo que sean capaces de tener fuerza propia. Por eso no estará casi nunca por debajo del batallón.

Unidades de este tipo necesitan –indistintamente de si deben saltar totalmente o en parte mientras aterrizan otras unidades- gran cantidad de aviones de transporte. Que su aterrizaje resulte inadvertido para el enemigo es algo con lo que no se puede contar. ¡Se ha de combatir incluso para poder aterrizar!

(...)

Anexo 2
Balance de víctimas del atentado

A continuación se enumeran los 24 asistentes a la reunión que se encontraban en la sala a las 12.42, momento que hizo explosión la bomba dejada minutos antes por el coronel Claus von Stauffenberg, indicando los daños sufridos por cada uno de ellos.

Partiendo de la posición de Hitler en la mesa, los siguientes nombres están ordenados según la posición que ocupaban alrededor de la misma, en el sentido contrario a las agujas del reloj. La bomba se encontraba delante del coronel Brandt (4).

* **Adolf Hitler**. Heridas leves.

* General **Heusinger**, vice-jefe del Estado Mayor general. Ileso.

* General de la Luftwaffe **Korten**, jefe del Estado Mayor de la Aviación. **Muerto** a consecuencia de las heridas recibidas.

* Coronel **Brandt**, ayudante de Heusinger. **Muerto** por las heridas recibidas.

* General de la Luftwaffe **Bodenschatz**, oficial de enlace de Goering con el cuartel general de Hitler. Heridas graves.

* General **Schmundt**, ayudante en jefe del Führer. **Muerto** pocos días después por las heridas.

* Teniente coronel **Borgmann**, ayudante de Hitler. Gravemente herido.

* Contralmirante **Von Puttkammer**, ayudante del *Führer* para la Marina. Heridas leves.

* Secretario **Berger**. **Muerto** en el atentado.

* Capitán de navío **Assmann**, oficial del Estado Mayor del Almirantazgo. Ileso.

* General **Scherff**, comisario especial de Hitler para la historia militar. Herido ligeramente.

* General **Buhle**, jefe del Estado Mayor del Ejército. Herido ligeramente.

* Contralmirante **Voss**, representante de la Marina ante el cuartel general. Ileso.

* General de las SS **Fegelein**, representante de las SS ante el cuartel general. Ileso.

* Coronel **Von Below**, del Estado Mayor, ayudante del *Führer* para la aviación. Ileso.

* Capitán de las SS **Gunsche**, ayudante de Hitler. Ileso.

* **Hagen**, taquígrafo. Ileso.

* Teniente coronel **Von John**, del Estado Mayor, ayudante de Keitel. Ileso.

* Mayor **Büchs**, del Estado Mayor, ayudante de Jodl. Ileso.

* Teniente coronel **Weizenegger**, del Estado Mayor, ayudante de Keitel. Ileso.

* **Von Sonnleithner**, representante del ministerio de Asuntos Exteriores ante el cuartel general del *Führer*. Ileso.

* General **Warlimont**, vice-jefe de la oficina de operaciones de las Fuerzas Armadas. Contusiones.

* General **Jodl**, jefe de la oficina de operaciones de las fuerzas armadas. Herido ligeramente.

* Mariscal de campo **Keitel**, jefe del mando supremo de las fuerzas armadas. Ileso.

Anexo 3
Orden N° 1

EL TEXTO ORIGINAL EMPEZABA CON LAS PALABRAS: "EL *FÜHRER* ADOLF HITLER HA MUERTO", QUE FUERON SUPRIMIDAS

Transtornos en el interior:

Una pandilla de hombres sin escrúpulos, de jefes del Partido que nunca han estado en el frente, ha intentado aprovecharse de la situación atacando por la espalda al Ejército, enzarzado en una lucha cruel, y adueñarse del poder con miras exclusivamente personales.

En estos momentos de grave peligro, el Gobierno del Reich, para mantener la tranquilidad y el orden, ha declarado el estado militar de excepción y, al mismo tiempo, me ha conferido el poder ejecutivo, así como el mando de las Fuerzas Armadas.

En consecuencia, dispongo lo que sigue:

Transmito el poder ejecutivo —con el derecho de delegación en los jefes territoriales— en todo el territorio nacional al jefe del Ejército de Reserva, al que, al propio tiempo, nombro comandante en jefe del Territorio Nacional; en los territorios ocupados del Oeste, al comandante en jefe del Oeste (comandante en jefe del Grupo de Ejércitos D); en Italia, al comandante en jefe del Sudoeste (jefe del Grupo de Ejércitos F); en los territorios ocupados del Este, a los comandantes en jefe de los Grupos de

Ejércitos de Ucrania del Sur, de Ucrania del Norte, del Centro, del Norte y al comandante en jefe Ostland, cada uno para su zona de mando respectiva; en Dinamarca y Noruega, a los jefes de las Fuerzas Armadas.

A los que ostentan el poder ejecutivo están subordinados:

El conjunto de los servicios y de las unidades de las Fuerzas Armadas que se encuentran en su jurisdicción de mando, incluso los que pertenecen a las Waffen SS, al servicio del Trabajo y a la organización Todt.

Todas las autoridades de los servicios públicos (del Reich, de los países y de las comunas), especialmente el conjunto de la policía del servicio de orden, de seguridad y administrativa.

Todos los jefes de los servicios y de los organismos del Partido Nacionalsocialista y de los organismos anexos.

Los servicios de comunicación y avituallamiento.

Las Waffen SS quedan en su totalidad integrados en el Ejército con efecto inmediato.

Los que ostentan el poder ejecutivo son responsables del mantenimiento del orden y de la seguridad pública. Especialmente, tiene que velar sobre:

*La seguridad de las instalaciones de transmisiones.

*La eliminación de los servicios de la Seguridad.

Toda resistencia al ejercicio del poder militar debe ser reprimida sin consideraciones.

En este momento de grave peligro para la patria, la cohesión de las Fuerzas Armadas y el mantenimiento de una estricta disciplina son la ley suprema. Por eso encargo a todos los jefes del Ejército, la Marina y la Aviación que apoyen por todos los medios de que dispongan a los responsables del poder ejecutivo en su difícil tarea y se aseguren de que sus instrucciones son observadas por los servicios subordinados.

El soldado alemán se encuentra frente a una misión histórica. De su energía y de su actitud dependerá la salvación de Alemania. Las mismas responsabilidades incumben a todos los jefes territoriales, los jefes superiores de las Fuerzas Armadas y a los jefes directamente subordinados al Ejército, la Marina y la Aviación.

El Jefe Superior de las Fuerzas Armadas:
VON WITZLEBEN, GENERALFELDMARSCHALL

Anexo 4
Orden Nº 2

Al jefe de la Región Militar Nº.....

En virtud de los poderes que me ha transmitido el comandante en jefe de las Fuerzas Armadas, delego el poder ejecutivo en las regiones militares a los jefes de estas regiones. Con el poder ejecutivo pasan a los jefes de la Región las atribuciones de los comisarios de defensa del Reich.

Han de adoptarse inmediatamente las siguientes medidas:

Instalaciones de transmisión. La seguridad de las construcciones más importantes y de las instalaciones de la red de transmisiones del Correo y de las Fuerzas Armadas (incluso las instalaciones de radio) se han de asegurar sistemáticamente. Las fuerzas que se destinen a este efecto deben ser evaluadas de modo que se impidan las intervenciones no autorizadas y las destrucciones violentas. Las instalaciones técnicas importantes de transmisiones deben ser ocupadas por oficiales.

Arrestos. Deben ser relevados inmediatamente de sus funciones y sometidos a arresto especial individual: todos los *gauleiters*, *reichstatthalters*, ministros, presidentes superiores, jefes superiores de las SS y de la policía, jefes de la Gestapo y directores de los servicios de las SS, de los servicios de propaganda, y de los *kreisleiter*.

Campos de concentración. Deben ocuparse con urgencia. Los jefes de los campos quedarán detenidos, y los guardias desarmados y acuartelados. Debe hacerse saber a los detenidos políticos que han de abstenerse hasta su liberación de toda manifestación y acción individual.

Waffen SS. Si hay dudas en cuanto a la obediencia de los jefes de formaciones Waffen SS o de los jefes locales más antiguos de las Waffen SS, o si se juzgan sospechosos, han de ser arrestados y sustituidos por oficiales del Ejército. Los destacamentos de Waffen SS cuya subordinación sea dudosa deben ser desarmados. En este caso, importa intervenir con fuerzas superiores, a fin de evitar efusiones de sangre considerables.

Policía. Las oficinas de la Gestapo y del Servicio de Seguridad deben ser ocupadas. Además, la policía de orden debe utilizarse ampliamente para descargar a las Fuerzas Armadas. El jefe de la policía alemana difundirá las órdenes por la cadena de mando de la policía.

Marina y Aviación. Debe establecerse el enlace con los jefes de la Marina y la Aviación. La acción común debe asegurarse.

Para todas las cuestiones políticas que surjan del estado de excepción delego cerca de cada jefe de Región un apoderado político. Este asumirá hasta nueva orden las funciones de jefe de la Administración y aconsejará al jefe de Región en toda cuestión política.

El servicio que actuará cerca del comandante en jefe del territorio nacional para tratar toda cuestión relativa al poder ejecutivo será el Estado Mayor del territorio nacional, el cual enviará un oficial de enlace a los jefes de Región para la comunicación recíproca de la situación y de los proyectos.

En el ejercicio del poder ejecutivo no se pueden tolerar actos arbitrarios ni de venganza. La población debe darse cuenta de que el poder ejecutivo repudia los métodos arbitrarios de los que han ejercido el poder hasta hoy.

El Jefe Superior del territorio de guerra nacional:
FROMM, GENERALOBERST.
Coronel conde Stauffenberg

Anexo 5
Discurso del *Führer* del 21 de julio

¡Camaradas alemanes y alemanas!

No sé cuántos atentados han sido proyectados y ejecutados contra mí. Si os hablo hoy es, sobre todo, por dos razones: para que oigáis mi voz y sepáis que estoy sano y salvo y para que conozcáis los detalles de un crimen que no tiene equivalentes en la historia alemana.

Un insignificante grupo de oficiales ambiciosos, sin honor y de una criminalidad estúpida, ha tramado un complot cuya finalidad era suprimirme y eliminar al mismo tiempo al Estado Mayor de las Fuerzas Armadas. Una bomba colocada por el coronel conde Stauffenberg ha estallado a dos metros de mí, a mi derecha, y ha herido gravemente a varios de mis fieles colaboradores. Uno de ellos ha muerto. Yo estoy absolutamente indemne. Sólo he sufrido ligeras erosiones, contusiones y quemaduras. Considero que mi salvación confirma que la Providencia me ha confiado uan importante misión y que debo seguir adelante por la ruta de mi destino, como he hecho hasta ahora. Porque puedo afirmar solemnemente ante la nación entera que, desde el día en que entré en la Wilhelmstrasse, no he tenido más que un pensamiento: cumplir con mi deber como mejor pueda hacerlo y con toda conciencia. Desde que vi claramente que la guerra era inevitable y no se podía retrasar, no he tenido más que preocupaciones y trabajo. Durante innumerables días y noches en vela, sólo he vivido para mi pueblo.

Ahora que los ejércitos alemanes están enzarzados en los más duros combates, se ha descubierto en Alemania, como en Italia, un pequeño grupo que creía poder dar una puñalada por la espalda, lo mismo que en 1918. Pero esta vez los conspiradores se han equivocado del todo. La afirmación de estos usurpadores de que he perdido la vida queda desmentida desde el momento en que os hablo, mis queridos conciudadanos.

El círculo de estos conspiradores es insignificante. No tiene nada común con las Fuerzas Armadas alemanas, sobre todo con el Ejército. Es un reducidísimo grupo de elementos criminales cuya implacable eliminación ha empezado ya.

En consecuencia, ordeno:

1º Que ninguna autoridad civil acepte orden alguna de los servicios que estos usurpadores se atribuyen.

2º Que ninguna autoridad militar, ningún jefe de tropa, ningún soldado obedezca orden alguna de estos usurpadores; que, por el contrario, todos tienen la obligación de detener en el acto a todo hombre que transmita o dé tales órdenes, y, si se resiste, darle muerte inmediatamente.

A fin de restablecer definitivamente el orden, he nombrado al ministro del Reich, Himmler, jefe del Ejército del Interior.

He designado al general Heinz Guderian jefe del Estado Mayor General para reemplazar al anterior, incapacitado por enfermedad, y he nombrado para secundarle a un segundo jefe procedente del frente del este.

En todos los demás servicios del Reich, nada se modifica. Estoy convencido de que con la eliminación de esta pequeña pandilla de conspiradores y traidores crearemos al fin, y también en la retaguardia, la atmósfera que necesitan los combatientes. Porque es inadmisible que mientras en la vanguardia cientos de millares de valientes se sacrifican hasta el fin, una diminuta banda de criaturas ambiciosas y miserables intente constantemente en el interior sabotear tal proceder.

Esta vez ajustaremos las cuentas como nosotros, los nacionalsocialistas, tenemos costumbre de hacerlo.

Estoy convencido de que todo oficial responsable y todo soldado valiente comprenderá esta resolución.

La suerte que se habría abatido sobre Alemania si el atentado hubiese tenido éxito, pocos pueden imaginarla. Personalmente, doy gracias a la Providencia y a mi Creador no por haberme salvado —mi vida no es más que preocupación y trabajo por mi pueblo—, sino por haberme dado la posibilidad de continuar sobrellevando estas preocupaciones y proseguir mi trabajo lo mejor que pueda y a conciencia.

Todo alemán, cualquiera que sea, tiene el deber de oponerse por todos los medios a estos elementos, de detenerlos en el acto o, si se resisten, darles muerte. Las órdenes han sido transmitidas al conjunto de las tropas. Serán ejecutadas ciegamente, con la disciplina tradicional del Ejército alemán.

Deseo sobre todo saludar una vez más con alegría a mis antiguos compañeros de combate por haberme librado de nuevo de una suerte que para mí no tiene nada de terrible, pero que habría sembrado el terror en el pueblo alemán. Veo también en ello un signo de la Providencia: es necesario que prosiga mi obra y, por consiguiente, la proseguiré.

Anexo 6
Proclama del mariscal Goering a la aviación

Camaradas de la *Luftwaffe*:

En nombre de una detestable camarilla de antiguos generales expulsados por su comportamiento, el coronel conde von Stauffenberg ha intentado hoy un atentado vil contra nuestro *Führer*.

Mediante órdenes falsificadas, esos criminales tratan ahora de provocar el desorden entre las tropas. Ordeno que el general comandante de cuerpo de ejército Stumpf, en calidad de jefe de Aviación del Reich, mande en mi nombre todas las formaciones de la *Luftwaffe* en el interior del territorio alemán. Sólo deberán ser obedecidas mis órdenes y las suyas.

Todas las autoridades de la *Luftwaffe* deberán apoyar lo más activamente posible al *Reichsführer* de las SS Himmler. No podrán efectuarse transportes de correo en cualquier aparato más que con mi autorización o la suya. Los oficiales y soldados, así como las personas civiles que tomen partido con esos criminales usurpadores, y que traten de ganaros para sus proyectos, deberán ser detenidos y fusilados sin consideración.

Allí donde tengáis necesidad de extirpar a los traidores deberéis actuar con la mayor energía.

Los oficiales que participen en este crimen se colocan fuera de la comunidad de su pueblo, fuera de las fuerzas armadas alemanas y fuera del honor del soldado, fuera de su juramento y su fidelidad. El aniquilamiento de los traidores nos dará una fuerza nueva.

Frente a la traición, la *Luftwaffe* maniesta su fidelidad inquebrantable y su ardiente cariño hacia el *Führer*, así como su adhesión sin reservas para conseguir la victoria.

¡Viva nuestro *Führer*, a quien Dios Todopoderoso ha salvado hoy!

20 de julio de 1944

Anexo 7
Proclama del almirante Doenitz a la Marina

Al eliminar al *Führer*, la camarilla de criminales traidores quería sustraernos al duro, pero inevitable, combate que nos ha sido impuesto por el destino. En su mezquindad de espíritu no se daban cuenta de que su acto criminal nos arrastraría a un terrible caos y nos entregaría a merced de nuestros enemigos. Las consecuencias serían el hambre, la miseria y la desesperación para nuestro pueblo.

La Marina de guerra alemana repudia a los traidores y fiel a su juramento estrecha sus filas alrededor del *Führer* con el mismo sentimiento de adhesión y con el mismo espíritu combativo de siempre.

La Marina no acepta más órdenes que las que recibe de mí, que soy su comandante en jefe, o de sus propios jefes. Con suprema energía aniquilará a todos los que se conduzcan como traidores.

¡Viva nuestro *Führer*, Adolf Hitler!

20 de julio de 1944

Anexo 8
La noticia del atentado en la prensa alemana

"Con profundo agradecimiento al destino, observamos que la perfidia y la bajeza no han alcanzado lo que se proponían. Sin dejarse abatir por nada, el *Führer* reanudó inmediatamente su trabajo. Sabe que sus soldados luchan y lucharán con el mayor vigor y sabe que el conjunto de la nación seguirá firme y fuerte. El 20 de julio constituirá una nueva corriente de fuerza para la nación alemana y esta corriente estimulante pasará por todas sus comarcas. El pueblo alemán se sitúa nuevamente detrás de su *Führer* y le asegura su inviolable fidelidad y le promete poner en acción cada pensamiento y vibrar hasta lograr la victoria".

(*Voelkischer Beobachter*, 21-7-1944)

"La lucha formidable que libramos exige ahora, después de que la Providencia se ha manifestado una vez más sobre el *Führer*, una intensidad acrecentada. Alemania se compromete solemnemente después de este acontecimiento a aumentar su decisión combativa, ya testimoniada hasta ahora, y a abrigar la certidumbre de la victoria".

(*Deutsche Allgemeine Zeitung*, 21-7-1944)

Anexo 9
La noticia del atentado en la prensa española

"Un atentado ha sido realizado hoy contra el *Führer* por medio de un explosivo. Hitler no sufrió más que ligeras quemaduras y contusiones. De su séquito resultaron gravemente heridos el teniente general Schmundt, el coronel Brandt, el teniente coronel Borgmann y el colaborador Berger. Resultaron ligeramente heridos el general Jodl, los generales Korten, Bulhe, Bodenschatz, Heusinger, Scherff y los almirantes Voss y Von Puttkammer. Inmediatamente después del hecho, el *Führer* reanudó su trabajo y recibió, como estaba previsto, al *Duce*, para una larga entrevista. Poco tiempo después del atentado, el mariscal Goering acudió al lado del *Führer*".

(Agencia EFE, 20-7-1944)

"El complot contra el *Führer* ha fracasado por completo, según se anuncia oficiosamente, y sus organizadores han huido en parte y en parte han sido fusilados por batallones del Ejército alemán. Entre éstos últimos se encuentra el autor del atentado, coronel conde von Stauffenberg (sic). No se han registrado incidentes en ningún sitio".

(Ya, 21-7-1944)

"Todos los periódicos han publicado ediciones especiales, en las que al lado de la fotografía del *Führer* se lee la declaración oficial y, al lado, las alocuciones de Goering y Doenitz. En sus comentarios se dice que no es ésta la primera vez que, durante la guerra actual, se ha atentado contra la vida de Hitler. Despues de manifestar alegría y satisfacción, los periódicos dicen unánimemente que el pueblo alemán seguirá trabajando tranquilamente y redoblará sus esfuerzos".

(Resumen de prensa transmitido por la Agencia EFE desde Berlín el 21-7-1944).

"El conde Von Stauffenberg, de treinta y siete años de edad, que fue fusilado a mediodía de ayer (*en realidad fue a medianoche del día anterior*), es el autor material del atentado al depositar una bomba con mecanismo de relojería junto al *Führer*, al tiempo que era el intermediario de un grupo de ambiciosos, que estaba en estrecha relación con una potencia enemiga, según pudo comprobarse por la documentación encontrada horas después del fracasado intento contra el *Führer*. Durante el interrogatorio que precedió al momento de pasar por las armas a los principales conjurados, éstos hicieron declaraciones que prueban este hecho. La camarilla se componía de algunos generales destituidos y un puñado de oficiales, que ocupaban importantes puestos en el Ejército de reserva, y que pueden ser considerados los inspiradores del hecho. Anteriormente a la guerra no tenían ninguna posición destacada, ni jugaron un papel importante alguno en el Ejército alemán, pero ahora se ha sabido que estaban en relaciones desde hace tiempo con una potencia enemiga. El hecho de que la *Wehrmacht* no tenga nada que ver con el atentado demuestra que ninguno de los conjurados estaba en contacto con los frentes".

(El Alcázar, 22-7-1944)

Anexo 10
Entrevista con
Berthold von Stauffenberg

En julio de 2007, con ocasión del 63° aniversario del atentado contra Hitler, la cadena estatal alemana de información internacional DW-WORLD entrevistó al hijo de Stauffenberg, Berthold Maria Schenk Graf von Stauffenberg.

Ésta es la transcripción de dicha entrevista:

Tenía 10 años cuando su padre murió. ¿Sabía usted o el resto de su familia algo de su participación en el movimiento de la resistencia alemana?

Por supuesto que no. Todo eso tenía que ser un secreto. Si nosotros, los niños, nos hubiéramos enterado, hubiésemos corrido el riesgo de que habláramos de más. Mi madre sí sabía algo y lo consintió. Pero nosotros no nos dimos cuenta de nada.

¿Y cuándo lo descubrió su madre?

Se dio cuenta de que algo pasaba bastante pronto y mi padre se lo dijo. No sé cuánta información le proporcionó. Mi madre sabía que tenía un plan entre manos. Pero lo que ella sí que no sabía era que mi padre iba a ser quien colocase la bomba.

¿Cómo y cuándo se enteró del atentado? ¿Qué pensó y qué sintió?

Oí en la radio que había ocurrido un atentado. Al día siguiente nuestra madre nos dijo a uno de mis hermanos y a mí que había sido nuestro padre, cosa que no pudimos comprender. Nos conmocionó mucho. Aquella misma noche se llevaron a mi madre. No la volvimos a ver hasta junio de 1945.

Ha hablado de conmoción, ¿fue porque se enteró de que su padre había muerto o porque estaba involucrado en el movimiento de resistencia?

Por ambos motivos. Hoy en día cuesta creerlo, pero en aquel entonces la muerte no era nada fuera de lo normal. Casi la tercera parte de mis compañeros de clase habían perdido a sus padres; era algo con lo que había que contar; la muerte podía llegar de muchas maneras, por bombardeos desde el aire por ejemplo. Pero también fue por las circunstancias de su muerte, porque se enfrentó al jefe del Estado. Eso era inimaginable para nosotros. Nos preguntamos cómo pudo hacer algo así contra el *Führer*. Nuestra madre nos contestó que lo tuvo que hacer por Alemania. Entonces no alcancé a comprenderlo del todo. Me llevó tiempo hasta que lo entendí.

¿Fue usted educado de acuerdo a los preceptos de la época?

Sí, pero no como nazis verdaderos. Pero es que el entorno era así. Como ya he dicho, mis padres tuvieron que andarse con cuidado. Delante nuestro no criticaban el sistema, aunque tampoco lo alababan. Sin embargo, en la escuela recibí una educación nazi.

¿Qué ocurrió después de que se llevasen a su madre?

Mi familia se desintegró. La mayor parte de los adultos de mi familia fueron llevados a campos de concentración, incluso aquellos que visiblemente no estaban involucrados. Entonces se aplicaba la llamada "corresponsabilidad familiar", es decir, que toda la familia pagaba por las acciones del padre. Mi madre y mi tía pasaron mucho tiempo en prisión preventiva, porque querían descubrir si ocultaban información. Pero no consiguieron nada. A nosotros nos llevaron a un orfanato especialmente habilitado para los hijos de los involucrados en el atentado del

20 de julio y los del General Seydlitz, que hizo propaganda contra Hitler. Permanecimos allí hasta la llegada de los norteamericanos.

¿Marcó el atentado el camino que tomó después en su vida? Siguió la carrera militar...

Quizá "marcar el camino" sea decir mucho, pero sí que tuvo una influencia sobre mí. Si tu nombre es conocido, y el nuestro lo era, no puedes llevar la misma vida que si fueras un personaje anónimo. Por lo general, todos los trabajos son difíciles, pero cuando sigues los pasos de tu padre, lo es aún más. Me metí a militar porque pensé que me gustaría. No lo hice ni para seguir la tradición, ni por mi padre, sino pese a él.

¿Existe alguna idea equivocada sobre su padre que a usted le enerve especialmente?

Bueno... Siempre se comenta que al principio era nazi y que luego cambió de parecer. Eso suena excelente, suena bien para aquellos que fueron nazis. Yo no tendría nada en contra, en caso de que esa fuese la verdad. Pero no es así. Al principio mi padre no era ni nazi, ni antinazi, sino que quería ver qué iba a pasar y juzgar imparcialmente. Por aquel entonces no sólo se mostró contrario a los partidarios del nazismo, sino también a los opositores declarados. La imparcialidad era algo a lo que él le daba mucha importancia.

¿Qué pinceladas le faltan a la imagen que se tiene hoy de su padre?

Eso yo no lo puedo juzgar correctamente, porque no llegué a conocerlo tan bien. Él no era un "superhombre", o "super estrella" como se dice hoy, y tampoco era un hombre cualquiera. Yo creo que era una persona muy dotada.

Se han rodado varias películas y documentales sobre su padre, ¿No tiene la sensación de que los medios se están apropiando de su historia personal?

Por supuesto que los medios se han apropiado de la historia de mi padre. En la literatura se pueden encontrar ejemplos tanto opuestos o refractarios como mezquinos, y eso sin mencionar las tan benevolentes películas que se han hecho sobre él.

Y, sin embargo, su familia no se ha cerrado a los medios de comunicación...

No. Nosotros no creemos que el honrar o no honrar la acción de mi padre sea asunto de nuestra familia, sino que deberíamos mantenernos al margen de eso. Lo cual no significa que estemos en contra o que no apoyemos sus actividades. Pero no nos pronunciamos activamente.

Con el paso de los años, la imagen de su padre como líder de la resistencia ha cambiado mucho. Primero se le denunció; luego se le idealizó, después llegó una mezcla de ambas opiniones... ¿Se aproximan las nuevas valoraciones a la realidad?

Sesenta años son muchos años. Ya quedan muy pocas personas que hayan participado activamente en la guerra. Incluso sus hijos son ya ancianos. Obviamente su imagen ha ido cambiando. Ahora está dejando de pertenecer a la memoria activa y a formar parte de la historia, en la que se van colando errores. Eso ha sido siempre así; la historia que conocemos seguro que está repleta de inexactitudes que ni conocemos ni se pueden detectar.

¿Qué significado cree que tienen los acontecimientos del 20 de julio de 1944 para Alemania? ¿Y en el marco internacional? ¿Y para usted?

No quiero aleccionar ni a los alemanes ni al resto del mundo, pero tal vez sí se pueda decir algo, y es que si uno siente una obligación moral, entonces hay que ser coherente con ella. No se trata de si lo que hizo mi padre fue políticamente bueno o no; no es una cuestión de política. Tampoco es cuestión de si uno es demócrata o no. Es una cuestión moral. ¿Puede uno tolerar, si se tiene la posibilidad de evitarlo, que un pueblo viva gobernado por criminales?

(DW-WORLD, 20 de julio de 2007)

Cronología del
20 de julio de 1944

6.00: El coronel Claus von Stauffenberg sale de su casa y sube al automóvil oficial que le ha de conducir al aeropuerto berlinés de Rangsdorf.

7.00: El avión oficial en el que viaja Stauffenberg despega rumbo al cuartel general de Hitler, en Rastenburg, Prusia Oriental.

10.00: El avión aterriza en el aeródromo cercano al Cuartel General del *Führer*.

12.30: Las personas convocadas a la reunión presidida por Hitler se dirigen al barracón de conferencias y da comienzo la misma.

12.32: Stauffenberg pone en marcha el mecanismo de detonación de la bomba con la que va a cometer el atentado.

12.37: Stauffenberg coloca la cartera que contiene la bomba bajo la mesa de la sala.

12.42: La bomba hace explosión. Stauffenberg sale rápidamente del cuartel general hacia el aeropuerto.

13.07: El avión de Stauffenberg despega del aeródromo de Rastenburg de regreso a Berlín.

16.00: Stauffenberg aterriza en Berlín. Se dirige de inmediato al ministerio de la Guerra, en donde se entera de que los conjurados aún no han hecho nada de lo planeado.

17.00: Hitler entra en su búnker con Mussolini.

18.45: La radio informa del atentado y de que Hitler ha sobrevivido al intento de asesinato.

19.15: Von Stülpnagel, al frente de la conjura en París, recibe órdenes del general Beck de seguir los planes previstos.

23.00: Un grupo de oficiales, dirigido por el teniente Von der Heyde, arresta a los principales conspirados.

24.00: Los detenidos son ejecutados tras un breve consejo de guerra presidido por el general Fromm.

Los escenarios

POLONIA

GUARIDA DEL LOBO

El Cuartel General de Hitler en Prusia Oriental se encuentra a cinco kilómetros de la localidad polaca de Kertrzyn (Rastenburg). Pese a los trabajos de demolición emprendidos por los alemanes en su retirada, y por los soviéticos tras la guerra, el complejo de barracones y búnkeres se encuentra en buen estado y es posible hacerse una idea fidedigna del aspecto que tenían entonces.

El punto exacto en el que estalló la bomba colocada por Claus von Stauffenberg está señalado con una placa.

Se admiten visitas turísticas e incluso es posible pernoctar en un hotel emplazado en el mismo recinto, en el edificio de la guardia de las SS.

Dirección: Wilczy Szaniec, Gierloz.

Horario de visita: Consultar web

Página web: www.wolfsschanze.home.pl

ALEMANIA

BENDLERBLOCK

El Ministerio de la Guerra del Reich, en Berlín, fue el centro neurálgico del intento de golpe del 20 de julio. Aquí residía el Mando Supremo de la *Wehrmacht*, bajo jurisdicción directa de Hitler desde 1938.

El patio del edificio conocido como Bendlerblock, al estar situado en la Bendlerstrasse, fue el escenario del fusilamiento de Stauffenberg y sus compañeros. Como recuerdo y homenaje a Stauffenberg, se le erigió una estatua de bronce. En una pared —rodeada siempre de coronas de flores— están inscritos los nombres de los conjurados que fueron fusilados frente a este paredón.

El Bendlerblock acoge hoy día un museo dedicado a la resistencia alemana. En la segunda planta se exponen numerosas fotografías, anotaciones y documentos sobre la actividad de los diferentes grupos integrantes de la resistencia al régimen nazi.

Dirección: Stauffenbergstrasse, 13-14. (Metro Postdammer Platz).

Horario de visita: Lunes, martes, miércoles y viernes, de 9 a 18 horas. Jueves, de 9 a 20 horas. Sábados y domingos, de 10 a 18 horas.

Página web: http://www.gdw-berlin.de/indez-e.php

CUARTEL CENTRAL DE LA GESTAPO

El número 8 de la Niederkirchnerstrasse de Berlín aparece hoy al visitante como un extenso solar, atravesado por un foso accesible que se abre paralelo a la calle, en la que se conserva todavía un largo tramo del Muro de Berlín. En ese foso se encuentra la exposición al aire libre *Topographie des Terror* (Topografía del Terror), que ya proporciona una idea de lo que antes ocupaba ese terreno.

Allí estaban el Hotel Prinz-Albert y el Prinz-Albert Palais, en donde entre 1933 y 1945 se establecieron las sedes de la policía secreta estatal, la temible Gestapo, y las SS. Entonces la calle era la Prinzalbertstrasse, nombre que sería después de la guerra cambiado por el de la luchadora antinazi Katia Niederkirchner.

A esos edificios fueron conducidos a partir del mismo 20 de julio de 1944 los sospechosos de participar en el golpe, en donde fueron sometidos a terribles torturas para obtener nombres de otros implicados.

Derruidos ambos edificios durante la guerra, una especie de olvido sumió esta parcela de terreno en un total abandono hasta que, en 1986, fueron desescombrados los sótanos que habían servido de calabozos de la Gestapo.

En 1987 se montó en las ruinas la exposición "Vigilancia, persecución y asesinato por toda Europa bajo los nazis", base de la exposición actual. El conjunto respira un aire de provisionalidad, a la espera de que se construya en el solar un centro de interpretación, aunque los problemas presupuestarios hacen pensar que este proyecto aún tardará en ser una realidad.

Dirección: Niederkirchnerstrasse, 8.

Horario de visita: Todos los días de 10 a 20 horas. En invierno hasta las 18 horas.

Página web: http://www.topographie.de/en/index.htm

TRIBUNAL DEL PUEBLO

La sede del Tribunal del Pueblo, en Berlín, en el que fueron juzgados los implicados en el golpe del 20 de julio, bajo la autoridad del juez Roland Freisler, resultó destruida el 3 de febrero de 1945, a consecuencia de un bombardeo aéreo.

Hoy no queda nada de aquel edificio, pero una placa erigida entre el moderno Sony Center y el parque Kleist, cerca de la Postdammer Platz, señala la localización de aquella ignominiosa institución, que condenó a muerte a 4.951 hombres y mujeres desde agosto de 1934 al final de la guerra.

Dirección: Bellevuestrasse, 15 (Metro Potsdammer Platz).

PRISIÓN DE PLÖTZENSEE

La prisión de Plötzensee fue construida en 1879, a las afueras de Berlín. Bajo el régimen nazi, unos 3.000 opositores al régimen fueron ejecutados en este lugar. La mayoría de los sentenciados a muerte por su participación en el complot del 20 de julio vieron aquí cumplidas sus penas; la primera ejecución se efectuó el 8 de agosto de 1944.

Plötzensee es actualmente un reformatorio juvenil rodeado de canales. Los altos muros de la prisión encierran un pequeño recinto pavimentado rodeado de árboles. En 1951, en un pequeño edifico de la penitenciaria se instaló el Plötzensee Memorial, en donde se exponen fotografias de los ajusticiados, así como documentos que ilustran sobre las prácticas judiciales y penales del régimen nazi. La cámara de ejecuciones es hoy un memorial dedicado a las víctimas. Fuera del edificio hay una gran urna con tierra de todos los campos de concentración.

Dirección: Hüttigpfad (Metro Beusselstrasse).

Horario de visita: Todos los días, de marzo a septiembre de 9 a 17 horas. Entre octubre y febrero de 9 a 16 horas.

Página web: http://www.gedenkstaette-ploetzesee.de/index_e.html

FRANCIA

CASTILLO DE LA ROCHE-GUYON:

El castillo de La Roche-Guyon se encuentra en el pueblo del mismo nombre, en el departamento de Val d'Oise. Construido en el siglo XII y ampliado en el XVIII, fue elegido en febrero de 1944 por el mariscal Rommel para albergar el Cuartel General del Grupo de Ejércitos B.

Aquí, en la tarde del 20 de julio de 1944, los oficiales implicados en el complot intentaron ganarse el apoyo del mariscal Von Kluge, pero éste rechazó sus presiones y se mantuvo leal al régimen nazi.

En los sótanos del castillo se construyeron búnkers que fueron utilizados como depósitos de armas, y que hoy se pueden visitar. En agosto de 1944, la aviación aliada bombardeó el pueblo por error y ocho bombas cayeron sobre el castillo; los daños fueron muy grandes y se tardó veinte años en devolver a la fortaleza el aspecto que tenía antes de la guerra.

Dirección: Rue de l'Audience, 1. La Roche-Guyon.

Horarios de visita: Consultar web.

Página web: http://www.chateaudelarocheguyon.fr/

Los protagonistas

BECK, coronel general Ludwig. Educado en la tradición militar, llegaría a la jefatura del Cuarto Militar del Reich en 1935, pero el creciente poder de las SS y la política expansionista de Hitler le llevaron a presentar su dimisión en 1938. Tras un período de retiro, se unió a la resistencia. En caso de triunfo del golpe del 20 de julio hubiera sido nombrado jefe del Estado. Tras ser aplastado el complot, se le permitió suicidarse; erró el tiro en dos ocasiones y fue rematado.

BERNARDIS, teniente coronel Robert. Miembro del Estado Mayor General. Trasladado por razones de salud al Ministerio del Ejército en 1942. Participó en el golpe. Condenado y ahorcado el 8 de agosto de 1944.

BOESELAGER, Barón Georg von. Hermano mayor de Philipp. Teniente coronel de Caballería. Se implicó en el complot desde el primer momento. Planeó disparar a Hitler durante una visita al frente ruso en 1943, pero no tuvo ocasión de hacerlo. En el golpe ayudó a conseguir una parte de losexplosivos y, junto a Philipp, hacérselos llegar a Von Stauffenberg. Pudo escapar a la represión contra los implicados, pero murió en combate contra los rusos el 27 de agosto de 1944.

BOESELAGER, Barón Philipp von. Hermano menor de Georg. Teniente de Caballería. Su misión en el golpe era trasladar una unidad de caballería desde el frente a ruso a Berlín para ocupar varios cuarteles de las SS. Al enterarse de que el atentado había fracasado, el traslado se canceló. Boeselager se convertiría en el último superviviente del grupo de conspiradores, falleciendo el 1 de mayo de 2008 a los 90 años.

BONHOEFFER, Dietrich. Teólogo protestante y profesor, miembro del Servicio de Inteligencia (*Abwehr*). Sobrino del general Paul von Hase, implicado en el golpe.

BRANDT, coronel Heinz. Miembro del Estado Mayor General, asistente del general Heusinger. Participó en el *atentado de las botellas* del 13 de marzo de 1943. En el atentado de Stauffenberg fue quien cambió de sitio la cartera con la bomba, por lo que, en última instancia, fue quien salvó la vida a Hitler. Murió en la explosión.

CANARIS, almirante Wilhelm. Jefe del Servicio de Inteligencia (*Abwehr*). Enfrentado a las SS, mantuvo contactos con la resistencia. Tras el atentado fue arrestado y enviado al campo de concentración de Flosenbürg. Fue ejecutado el 9 de abril de 1945.

CORDS, capitán Helmut. Estaba a cargo de la seguridad de la Bendlerstrasse el 20 de julio de 1944.

FAHRNER, profesor Rudolf. Miembro del círculo de Stefan George. Catedrático de la Universidad de Heidelberg.

FEGELEIN, general de División de la SS Herman. Representante personal de Himmler en el Cuartel General de Hitler. Estaba casado con Gretl, hermana de Eva Braun. Sería ejecutado el 28 de abril de 1945 acusado de deserción.

FELLGIEBEL, general Erich. Jefe de Comunicaciones de la *Wehrmacht*.

FINCKH, coronel Eberhard. Miembro del Estado Mayor General. Amigo de Stauffenberg, de los tiempos del Colegio del Estado Mayor. Oficial de Intendencia del Grupo de Ejércitos Sur en Stalingrado. En junio de 1944 fue trasladado a París como asesor del comandante en jefe del frente occidental. Fue detenido tras el golpe, y ejecutado en la cárcel de Plötzensee el 30 de agosto de 1944.

FREISLER, Roland. Abogado y político nazi. Presidente del Tribunal del Pueblo de Berlín entre 1942 y 1944. Fue el encargado de juzgar a los implicados en el golpe.

FROMM, coronel general Friedrich (*Fritz*). Comandante en jefe del Ejército de Reserva, en la Bendlerstrasse. Stauffenberg fue nombrado jefe de su personal en junio de 1944. Ordenó el mismo 20 de julio la ejecución de Stauffenberg y sus colaboradores, pero eso no le libró de ser posteriormente ejecutado a su vez por su relación con los implicados en el golpe.

GEORGE, Stefan. Poeta. Era amigo de los tres hermanos Stauffenberg, de Rudolf Fahrner y del hermano mayor de Albert Speer. Stauffenberg lo consideraba el más grande poeta de la época.

GERSTENMAIER, doctor Eugen. Profesor de teología de la Universidad de Berlín. Fue condenado a muerte por el Tribunal del Pueblo, pero salió en libertad tras pasar siete años en la cárcel. Sobrevivió a la guerra y llegó a ser presidente del Bundestag.

GISEVIUS, Hans Bernd. Anteriormente miembro de la Gestapo. Trabajó para el *Abwehr* de Canaris desde Suiza.

GOEBBELS, Joseph. Ministro de Propaganda desde 1933. Estaba en Berlín el día del atentado y su intervención fue decisiva para su fracaso, aunque en un primer momento se mantuvo a la expectativa. Se suicidó el 1 de mayo de 1945.

GOERDELER, Carl Friedrich. Alcalde de Leipzig entre 1930 y 1937. Desde ese año fue el principal líder de la resistencia entre la generación de más edad. Fue confidente de numerosos contactos fuera de Alemania, como los banqueros suizos Jacob y Marcus Wallenberg, a los que informaba sobre los planes bélicos germanos. Tras el atentado contra Hitler buscó refugio en el campo, pero fue detenido, arrestado y confinado en la cárcel de Plötzensee. Murió en la horca el 2 de febrero de 1945.

GOERING, Hermann. Comandante en jefe de la *Luftwaffe*. Pese a que estaba prevista su presencia en la conferencia en la que estalló la bomba, no acudió a ella. Condenado a muerte en Nuremberg, se suicidó el 15 de octubre de 1945.

HAEFTEN, Hans Bernd von. Antiguo alumno de Cambridge. Destinado en el ministerio de Asuntos Exteriores durante la guerra. Colaboró con su hermano, Werner von Haeften.

HAEFTEN, teniente Werner von. Asistente de Stauffenberg. Anteriormente fue asesor jurídico. Se sumó al ministerio de Olbricht en noviembre de 1943. Ayudó a Stauffenberg a ejecutar el atentado, acudiendo con él a la Guarida del Lobo. Fue fusilado junto a Stauffenberg en el patio del Bendlerblock, la misma noche del 20 de julio.

HAGEN, teniente Albrecht von. Asesor jurídico de un banco antes de la guerra. Prestó servicios con Stauffenberg en África del Norte, en la 10ª División Acorazada. Junto con Klamroth proporcionó los explosivos para el atentado del 20 de julio. Condenado a muerte y ahorcado el 8 de agosto de 1944 por su implicación en el golpe.

HALDER, coronel general Franz. Jefe del Estado Mayor General entre 1938 y 1942, cuando fue destituido por Hitler. Stauffenberg estuvo próximo a él desde 1940, como subordinado y amigo.

HALEM, Nikolaus von. Trabajó en el Ministerio de Industria del Reich, en Berlín. Conspirador independiente, fue uno de los primeros partidarios de asesinar a Hitler.

HANSEN, coronel Georg. Sustituyó a Canaris al frente del *Abwehr* en 1944. Se reunió a menudo con Stauffenberg en junio y julio de 1944.

HARDENBERG, conde Carl Hans von. Terrateniente asociado a Von Tresckow. Se casó con Margarete von Oven.

HASE, teniente general Paul von. Comandante de Berlín. Tío del teólogo Dietrich Bonhoeffer. Condenado a muerte y ahorcado el 8 de agosto de 1944 por su implicación en el golpe.

HAYESEN, mayor Egbert. Ayudante de campo del comandante municipal Paul von Hase el 20 de julio. Uno de los oficiales de enlace del golpe.

HELLDOORF, conde Wolf Heinrich von. Presidente de la Policía de Berlín. Su segundo era *Fritzi* von der Schulenburg.

HIMMLER, Heinrich. Fundador de las SS. Jefe de la Gestapo desde 1936. Ministro del Interior desde 1943. Pese a que estaba prevista su presencia en la conferencia del 20 de julio, no acudió a ella al preverse breve por la visita de Mussolini. Fue nombrado ese mismo día jefe del Ejército de Reserva para abortar el golpe. Se suicidó el 23 de mayo de 1945.

HOEPNER, coronel general Erich. Comandante de las fuerzas blindadas. Hasta noviembre de 1938, comandante de la 1ª División Ligera, en Wuppertal, a la que Stauffenberg se unió en verano de ese año. Destituido en diciembre de 1941 por desobedecer instrucciones en el frente ruso. Durante el golpe reemplazó a Fromm como comandante del Ejército de Reserva, pero se mostró débil y poco resolutivo. Condenado a muerte y ahorcado el 8 de agosto de 1944.

HOFACKER, teniente general coronel Caesar von. Oficial de la *Luftwaffe*, prestó servicios como miembro del personal de Stülpnagel en Francia. Primo de Stauffenberg, fue iniciado en la conspiración el 25 de octubre de 1943, con ocasión de una visita a Berlín para una boda familiar.

KALTENBRUNNER, teniente general de las SS Ernst. Jefe de Seguridad del Reich. Participó en la represión del golpe del 20 de julio. Responsable de los llamados Informes Kaltenbrunner a Bormann y a Hitler relativos al atentado. Sentenciado a muerte en el Proceso de Nuremberg y ejecutado el 15 de octubre de 1946.

KEITEL, mariscal de campo Wilhelm. Jefe del Alto Mando de las Fuerzas Armadas alemanas (OKW). Consejero militar más cercano a Hitler. Resultó ileso en el atentado del 20 de julio y ayudó a Hitler a salir del barracón en ruinas. Condenado a muerte en Nuremberg y ejecutado el 15 de octubre de 1946.

KLAMROTH, teniente coronel Bernhard. Miembro del Estado Mayor General. Se cree que, junto con Albrecht von Hagen, proporcionó los explosivos utilizados en el atentado. Fue detenido por su implicación en el golpe y ejecutado el 15 de agosto de 1944.

KLAUSING, capitán Friedrich Karl. Gravemente herido en el frente oriental, fue destinado al Ministerio del Ejército en 1944. El 11 y el 15 de julio acompañó a Stauffenberg al cuartel general de Hitler, pues Werner von Haeften estaba enfermo. Se interesó por la conspiración a través de *Fritzi* von der Schulenburg. Condenado a muerte y ahorcado por su implicación en el golpe el 8 de agosto de 1944.

KLUGE, mariscal de campo Günther von, también conocido como *Hans*. Comandante del Grupo de Ejército en Francia. Era reacio a unirse a la conspiración y negó su apoyo a los conjurados el 20 de julio, pero fue posteriormente destituido por Hitler, que dudaba de su lealtad. Optó por el suicidio cuando fue reclamado a Berlín.

KRANZFELDER, capitán de corbeta Alfred. Oficial de enlace entre el Alto Estado Naval y el Ministerio de Relaciones Exteriores. Se unió a Stauffenberg en cuanto éste llegó a Berlín para sumarse al personal de Olbricht. Intimo amigo de Berthold von Stauffenberg.

LANCKEN, teniente coronel Friedrich von der. Ayudante de campo de Olbricht. Guardó en su casa de Potsdam los explosivos utilizados en el atentado del 20 de julio.

LEBER, Julius. Líder socialista alemán. Pasó cuatro años internado en campos de concentración. Estaba previsto que fuera ministro del Interior en caso de triunfar el golpe.

LERCHE, Anni. Secretaria de Olbricht en la Bendlerstrasse.

LERCHENFELD, barón Gustav von. Suegro de Stauffenberg.

LINDEMANN, general Friedrich. Oficial de Artillería del Alto Mando. Su principal tarea consistió en realizar sondeos en los cuarteles generales del Cuerpo, cuyos comandantes o jefes eran antiguos colegas suyos. Amigo de Stieff.

LINSTOW, coronel Hans Ottfried von. Miembro del Estado Mayor General. Jefe de personal del general Stülpnagel.

MANSTEIN, mariscal de campo Erich von. Se negó a implicarse en la conspiración, pese a la insistencia de Stauffenberg. En 1949 sería condenado a dieciocho años de prisión por un tribunal británico, pero posteriormente fue puesto en libertad por motivos de salud.

MEICHSSNER, teniente coronel Joachim. Miembro del Estado Mayor General. Compañero de Stauffenberg en el Colegio del Estado Mayor, permanecería leal a él. Al principio estuvo destinado en la Sección Organizativa del OKW, con acceso a Hitler. Luego fue destinado al OKW en Potsdam-Eiche, pero todavía con acceso a Jodl o Keitel.

MERTZ VON QUIRNHEIM, coronel Albrecht *Ali* Ritter. Miembro del Estado Mayor General. Fue un nazi convencido hasta que los excesos del régimen comenzaron a resultarle repugnantes. Amigo de Stauffenberg en el Colegio del Estado Mayor, le sucedió como jefe de personal de Olbricht en junio de 1944. Su esposa Hilde llevaba un diario en el que relataba los movimientos de los conjurados. Fue fusilado junto a Stauffenberg.

MÜLLER, teniente general de la SS Heinrich. Jefe de la Gestapo. Era conocido como "Gestapo" Müller. Participó en la represión del golpe.

MUMM VON SCHWARTZENSTEIN, doctor Herbert. Ex diplomático. Fue colaborador de Nikolaus von Halen.

OERTZEN, mayor Hans Ulrich von. Miembro del Estado Mayor General. Oficial profesional en Comunicaciones. Íntimo amigo de Von Tresckow.

OLBRICHT, coronel general Friedrich. Jefe de la Sección de Suministros del Ejército de Reserva, luego comandante del Ministerio del Ejército. Aunque siempre receló de Hitler, le sirvió con brillantez y abnegación, destacando por su eficacia en las campañas de Francia y Polonia. Una vez que optó por involucrarse en la conjura, su participación sería decisiva en el diseño del Plan Valkiria. Si Hitler hubiera muerto, estaba previsto que Olbricht pasase inmediatamente a ocupar la Oficina de Guerra, comandada ésta por el general Fromm. Una vez ahogado el golpe, fue ejecutado por orden de Fromm en el patio del Bendlerblock.

OVEN, Margarete von. Secretaria de Stauffenberg y Von Tresckow.

REMER, mayor Otto Ernst. Comandante del Batallón de Guardias de Berlín, de la División *Grossdeutschland*. Al principio del golpe obedeció las órdenes de los conjurados, pero después contribuyó a sofocar la rebelión, siguiendo órdenes directas de Hitler.

ROMMEL, mariscal Erwin. Comandante del Afrika Korps y después del Grupo de Ejércitos B en Francia. Se oponía al asesinato de Hitler. Los conspiradores tenían previsto ofrecerle el mando del Ejército. Su implicación periférica en la resistencia le supuso ser obligado a suicidarse el 14 de octubre de 1944. Fue enterrado con todos los honores.

SANDER, teniente coronel Ludolf Gerhard. Oficial de comunicaciones de la *Wehrmacht* en la Guarida del Lobo.

SAUERBRUCH, profesor Ferdinand. Médico cirujano en cuya casa Stauffenberg, que era amigo de su hijo Peter, conoció a otros conspiradores más veteranos.

SCHLABRENDORFF, mayor Fabian von. Oficial del personal de Von Tresckow en el frente oriental y oficial de enlace entre éste y Berlín. Fue uno de los impulsores del fracasado *atentado de las botellas* contra Hitler, el 13 de marzo de 1943.

SCHULENBURG, conde Friedrich Dietlof von der. Vicepresidente de la Policía de Berlín bajo la presidencia de Helldorf.

SCHWEIZER, cabo Karl. Chófer de Stauffenberg. No estaba implicado en el complot.

SCHWERIN VON SCHWANENFELD, conde Ulrich Wilhelm, capitán de Intendencia General. Actuó como intermediario entre los conspiradores mayores.

SKORZENY, capitán de las SS Otto. Se hizo célebre por rescatar a Mussolini del Gran Sasso en 1943. Acudió a la Bendlerstrasse para reprimir el golpe de Estado.

SPEER, Albert. Ministro de Armamentos y Municiones. Estuvo junto a Goebbels el 20 de julio. Condenado en Nuremberg a veinte años de prisión.

SPEIDEL, teniente general doctor Hans. Jefe de Personal de Rommel en el Grupo de Ejército B, en La Roche-Guyon. Fue destituido tras el atentado. Después de la guerra se incorporó al Ejército de la República Federal de Alemania.

STAUFFENBERG, conde Alexander von. Hermano mayor de Claus y mellizo de Berthold. No estuvo implicado en la conspiración.

STAUFFENBERG, conde Alfred Schenk von. Padre de Claus.

STAUFFENBERG, doctor Berthold Schenk von. Hermano mayor de Claus, del que era muy amigo.

STAUFFENBERG, condesa Caroline Schenk von. De soltera, condesa Von Üxküll-Gyllenband, madre de Claus.

STAUFFENBERG, conde Claus Schenk von. Hijo de una familia aristocrática, destacaba por su simpatía, elegancia, carisma y poder de persuasión. Al principio aceptó la hegemonía nazi, hasta que la política de exterminio de que fue testigo en el frente del este le abrió los ojos sobre la verdadera naturaleza del Tercer Reich, decidiéndose a conspirar contra él. Pese a la pérdida de un ojo, una mano y dos dedos en un ataque aéreo sufrido en Túnez, tomó la responsabilidad de llevar a cabo personalmente el atentado. Su intento de asesinar a Hitler fue el que más cerca estuvo de su objetivo. Murió fusilado por orden del general Fromm antes de que acabase esa misma jornada.

STAUFFENBERG, condesa Nina Schenk von. De soltera, Freiin von Lerchenfeld, esposa de Claus. Con él tuvo cinco hijos: Berthold (1934), Heimeran (1936), Franz Ludwig (1938), Valerie (1940) y Constanze (1945).

STIEFF, general de División Helmuth. Jefe de la rama organizativa del OKH, *Mauerwald*. En 1944 era el más joven entre los generales. Supuestamente, intentó en alguna ocasión atentar contra Hitler. Amigo de Lindemann.

STÜLPNAGEL, coronel general Karl Heinrich von. Gobernador militar en Francia entre 1942 y 1944. Primer instigador del golpe en Francia. Intentó, sin éxito, ganarse al mariscal Von Kluge para la conjura. Tras el fracaso del golpe se disparó en la cabeza, pero sólo logró quedarse ciego. Fue ejecutado.

STUNDT, teniente general de las SS Rolf. Comandante de formación de las Waffen SS hasta que se le retiró de la acción militar por cuestiones de salud. Desapareció en 1945.

THIELE, teniente general Fritz Walter. Oficial mayor de Comunicaciones en el OKH, Bendlerstrasse. Reclutado para la conjura por Fellgiebel, terminaron siendo ejecutados juntos, pese a que intentó desmarcarse del golpe desde el primer momento.

TRESCKOW, mayor general Henning von. Jefe de personal del Grupo de Ejército Central en el frente oriental. Uno de los primeros instigadores de la conjura y creador de la Operación Valkiria para la toma del poder. Un año antes ya había intentado matar a Hitler con un artefacto colocado en su avión. Su esposa, Erika, fue secretaria de Stauffenberg en Berlín. Al conocer el fracaso del golpe, huyó hacia el este, suicidándose con una granada de mano.

WAGNER, general Eduard. General de Intendencia en el OKH, Zossen; en contacto diario con los departamentos de Fromm y Olbricht; se suicidó en Zossen el 23 de julio de 1944.

WITZLEBEN, mariscal de campo Erwin von. Comandante en jefe del Grupo de Ejército Occidental desde marzo de 1941 hasta febrero de 1942, año en el que se unió a la conspiración. Fue uno de los conjurados de mayor edad. De haber triunfado el golpe, habría sido nombrado comandante en jefe del Ejército alemán. Fue condenado a muerte y ahorcado el 8 de agosto de 1944, en la cárcel de Plötzensee.

YORCK VON WARTENBURG, conde Peter. Pertenecía al Departamento Oriental del Ministerio de Economía Militar. Anteriormente prestó servicios como oficial de tanques en la campaña de Polonia. Primo de Stauffenberg, tenía una gran influencia sobre él. Fue ahorcado el 8 de agosto de 1944 por su implicación en el golpe.

ZEITZLER, coronel general Kurt. Jefe del Estado Mayor del Ejército que destinó a Stauffenberg a África del Norte. Fue el sucesor del general Franz Halder.

ZIEGLER, Delia. Secretaria de Olbricht y Stauffenberg en la Bendlerstrasse.

Filmografía

ES GESCHAH AM 20. JULI (1955)
   País: Alemania.
   Director: Georg Wilhelm Pabst.
   Guión: Gustav Machaty.
   Intérpretes: Bernhard Wicki, Karl Ludwig Diehl y Carls Wery.

LA ROSA BLANCA (1982)
   Titulo original: *Die weisse Rose*.
   País: Alemania.
   Director: Michael Verhoeven.
   Guión: Michael Verhoeven y Mario Krebs.
   Intérpretes: Lena Stolze, Wulf Kessler y Oliver Siebert.

The plot to kill Hitler (1990)
Producción para TV
País: Estados Unidos.
Director: Lawrence Schiller.
Guión: Steven Elkins.
Intérpretes: Brad Davis, Madolyn Smith Osborne y Ian Richardson.

Rebeldes del swing (1993)
Título original: *Swing Kids*.
País: Estados Unidos.
Guión: Jonathan Marc Feldman.
Director: Thomas Carter.
Intérpretes: Robert Sean Leonard, Christian Bale y Frank Whaley.

Die Stunde der Offiziere (2004)
Producción para TV.
País: Alemania.
Director: Hans-Erich Viet.
Guión: Hans Christoph Blumenberg.
Intérpretes: Harald Schrott, Bernard Schütz y Tilo Prückner.

Operación Walkiria (2004)
Título original: *Operation Valkyrie*.
Producción para TV
País: Alemania.
Director: Jo Baier.
Guión: Jo Baier.
Intérpretes: Sebastian Koch, Christopher Buchholz y Ulrich Tukur.

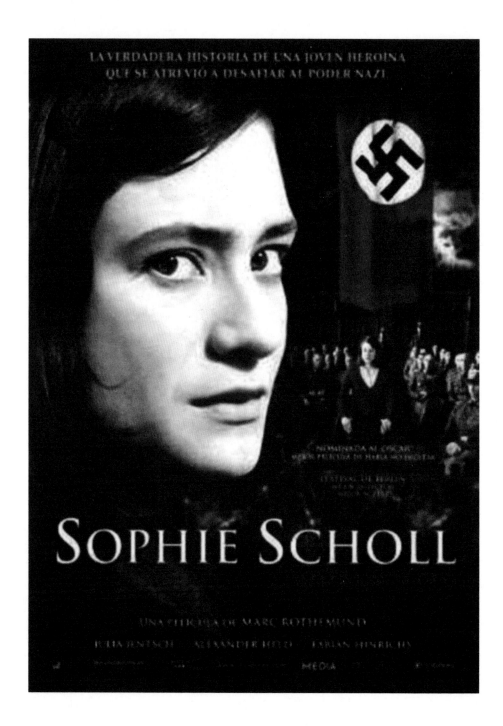

SOPHIE SCHOLL: LOS ÚLTIMOS DÍAS (2005)
Título original: *Die letzten Tage*.
País: Alemania.
Director: Marc Rothemund.
Guión: Fred Breinersdorfer.
Intérpretes: Julia Jentsch, Alexander Held y Fabian Henrichs.

VALKYRIE (2009)
País: Estados Unidos-Alemania.
Director: Bryan Singer.
Guión: Christopher McQuarrie y Nathan Alexander.
Intérpretes: Tom Cruise, Carice van Houten, Kenneth Branagh y Stephen Fry.

Bibliografía

BAIGENT, Michael. *Secret Germany: Stauffenberg and the true story of the Operation Valkyrie.* Skyhorse Publishing, 2008.

BENTZIEN, Hans. *Claus Schenk graf Von Stauffenberg.* Neue Das Berlin GmbH, 2004.

BERBEN, Paul. *El atentado contra Hitler.* Editorial Juventud, 1983.

BURLEIGH, Michael. *El Tercer Reich.* Taurus, 2002.

DULLES, Allen W. *Germany's Underground: The anti-nazi resistance.* Da Capo Press, 2000.

ERICKSEN, Robert P. *Betrayal.* Augsburg Fortress Publishers, 1999.

FEST, Joachim. *Hitler. Una biografía.* Planeta, 2005.

---. *Plotting Hitler's death: The story of german resistance.* Metropolitan Books, 1996.

GALANTE, Pierre. *Operation Valkyrie: The german general's plot against Hitler.* Cooper Square Press, 2002.

GILL, Anton. *An honorable defeat. A history of german resistance to Hitler.* 1933-1945. Henry Holt & Co, 1995.

GISEVIUS, Hans. *To the bitter end: An insider's account to the plot to kill Hitler, 1933-1944.* Da Capo Press, 1998.

GUDERIAN, Heinz. *Recuerdos de un soldado.* Inédita Editores, 2007.

HAMEROW, Theodore S. *On the road to the Wolf's Lair: German resistance to Hitler.* Belknap Press, 1999.

HOFFMANN, Peter. *Hitler's Personal Security: Protecting the Führer, 1921-1945.* Da Capo Press, 2000.

---. *Stauffenberg: A family history, 1905-1944.* McGill-Queen's University Press, 2003.

---. *The history of the german resistance, 1933-1945.* McGill-Queen's University Press, 1996

KERSHAW, Ian. *Hitler 1936-1945.* Península, 2000.

KOPLEK, Maik. *Berlin 1933-1945. Traces of German History. A guide book.* Linsdruck, 2005.

KRAMARZ, Joachim. *Stauffenberg. La vida de un oficial de la Wehrmacht.* Ediciones Grijalbo, 1974.

LEIGH, Michael. *Secret Germany: Claus Von Stauffenberg and the Mystical Crusade.* Jonathan Cape, 1994.

McDONOUGH, Frank. *Opposition and Resistance in Nazi Germany.* Cambridge University Press, 2001.

MOORHOUSE, Roger. *Killing Hitler.* Bantam, 2006.

MÜLLER, Christian. *Stauffenberg. Eine Biographie.* Droste, 2003.

NEWBORN, Jude. *Sophie Scholl and the White Rose.* Oneworld Publications, 2007.

NORTON, Robert E. *Secret Germany: Stefan George and his circle.* Cornell University Press, 2002.

OTTAWAY, Susan. *Hitler's traitors: German resistance to the nazis.* Pen and Sword, 2004.

PUCIATO, Czeslaw. *Wolfsschanze. Hitler's Headquarters in East Prussia.* Bartograf, 1997.

SIEMINSKI, Stanislaw. *Wolf's Lair. Hitler's former headquarters.* Ketrzyn, 2006.

STEFFAHN, Harald. *Claus Skenk graf Von Stauffenberg.* Rowohlt, 1994.

STEINERT, Marlis. *Hitler.* Vergara, 1996.

UEBERALL, Jörg. *Swing Kids.* Archiv der Jugendkulturen Verlag, 2004.

UEBERSCHÄR, Gerd R. *Stauffenberg und das Attentat des 20. Juli 1944.* Fischer Taschenbuch, 2006.

VENOHR, Wolfgang. *Stauffenberg: Symbol des Widerstande: eine politische Biographie.* Herbig, 2000.

WEST, Paul. *The very rich hours of count Von Stauffenberg.* Overlook, 1991.

El autor agradecerá que se le haga llegar
cualquier comentario, crítica o sugerencia
a las siguientes direcciones
de correo electrónico:

jhermar@hotmail.com

jesus.hernandez.martinez@gmail.com